586세대에 던지는 408의 도전장

자신 없으면 내려놓아라!

개정증보판

586세대에 던지는 408의 도전장

자신 없으면 내려놓아라!

전성하

다온북스

부산광역시장 보궐선거 국민의힘 경선에 도전한 게 2021년 봄이었다. 내가 만으로 딱 마흔이 되었을 때였다. 과분한 격려를 받았고, 성원에 감사했다. 그로부터 3년, 우리 안팎으로 많은 일들이 있었다. 정권 교체가 이루어졌다. 부산광역시장도 보수로 바뀌었다.

국제적으로는 미국과 중국 간의 패권 경쟁에 따라 무역전쟁의 양상이 격화되고 있다. 미국과 유럽은 너나 할 것 없이 빗장을 걸어 잠글 태세다. 여기에다 우크라이나전쟁에 이어서 하마스와 이스라엘이 사생결단으로 맞붙고 있다.

어쩌면 가장 큰 일은 ChatGPT의 등장이 아닌가 싶다. 샘 올트먼의 오픈에이아이(Open AI)가 2022년 11월 30일 공개한 ChatGPT는 5일 만에 일일 이용자가 100만을 돌파하면서 지구촌을 AI 돌풍으로 뒤흔들었다. 2016년 구글 딥마인드(Deep Mind)의 인공지능 바둑 프로그램 알파고(AlphaGo)가 이세돌 9단과 격돌했을 때만 해도 이 정도까지는 아니었다. 지금은 유치원생들도 AI라는 단어를 입에 달고 산다.

세계는 인공지능 시대를 준비하고 있다. 우리는 어떤가. 서프샤크(Surfshark)라는 네덜란드 디지털 보안 기업이 조사하는 '디지털 삶의 지수'에서 한국의 순위는 2021년 2위, 2022년 10위, 2023년 20위로 해마다 10등씩 급전직하하고 있다. 우연의 일치일까. 공교롭게도 2022년은 ChatGPT가 등장한 해다. 2024년 순위는 또 얼마나 내려갈지 가슴이 떨릴 정도다.

구글, 마이크로소프트, 메타(페이스북), 애플 등 글로벌 빅테크 기업들이 AI에 쏟아붓는 돈은 상상을 초월한다. 오죽하면 AI 업계에서는 이 '쩐의 전쟁'을 '포커판'이라고 부른다고 한다. 정부도 마찬가지다. 미국, EU, 중국은 AI를 아예 국가안보로 간주한다. 2018년 구성된 '인공지능에 관한 국가안보위원회(NSCAI)'는 2021년 3월 발표한 보고서에서 비국방 분야 AI R&D에 2030년까지 매년 320억 달러(한화 45조 원)의 연방정부 예산을 투입할 것을 대통령에 권고했다.

나는 어렸을 적부터 대한민국은 인적 자원이 풍부하다는 말을 수도 없이 들으며 자랐다. 대한민국은 풍족하지는 않았지만, 정부는 교육 예산 배정에 세심하게 공을 들였다. 우리 부모님 세대는 물론이고 우리 세대도 그 점에 감사하고 뿌듯했다. 그런데 언젠가부터 교육이 복지의 후순위로 밀리기 시작했다. 사교육비의 많고 적음이 수능 성적을 결정하고, 최고 성적을 받은 수험생들은 죄다 의대로 몰려갔다.

이런 지가 벌써 20년이 넘었다. 이러는 사이 우리 경제의 핵심 성장엔진인 반도체는 만성적인 연구인력 부족에 시달렸고, 조선과 자동차는 아예 일손을 구하지 못해 발을 동동 구르는 지경이 되었다. 한편에서는 고급 과학기술인력이, 다른 한편에서는 숙련 노동인력이 점점 고갈된다. 현재 대한민국이 배출하는 인적 자원의 질과 양 그리고 구성이 AI와 빅데이터로 상징되는 4차산업혁명 시대에 어울리는지 의문이다. 저출생 고령화가 문제가 아니다.

국회 예산정책처가 펴낸 〈OECD 국가별 시간당 노동생산성(2022)〉 보고서에 따르면, 달러로 환산한 한국의 시간당 노동생산성은 37개 국가 가운데 33위로, 평균 64.7달러에도 못 미치는 49.4달러였다. 이런 현실에, 최근에 읽은 어느 일간지 칼럼은 "우리 사회는 바쁘고 성실한 것으로 보이지만 사실 무의미한 노동으로 가득 차 있다"면서, "핵심에 집중해 높은 부가가치를 만들어내기보다는 무미건조하게 반복하거나, 보여주기식 일이 훨씬 많은 것이 우리의 모습"이라고 꼬집었다.

따지고 보면 정치가 가장 그렇다고 할 수 있다. 내가 만난 정치인 중에는 좋은 이가 더 많았는데, 정치가 왜 그렇게 됐을까. 세상의 변화를 따라가지 못하고 있기 때문이다. 옛날 방식으로 인맥을 만들 줄밖에 모르니까 다양한 유권자, 특히 사회 각 분야에서 혁신을 선도하는 젊은 리더들과 일상적으로 교감할 채널을 만들지 못한다. 이런 상태로는 정책 개발에 매달린들 변화의 속도에 뒤처질 수밖에 없다.

변화의 비전을 앞서서 설계하고 실행에 옮기지 못한 결과, 지금 '한강의 기적'이 흔들리고 있다. 부모님 세대는 말할 것도 없고 우리 다음 세대까지 불안감을 감추지 않고 있다. 옛말에 "쌀독에서 인심이 난다"라고 했는데, 성장에 먹구름이 드리우니 갈등을 어루만질 사회적 비용 조달이 벽에 가로막힌다. 이렇게 되면 사회는 모가 나게 된다. 서로 할퀴고 물어뜯고 이악스러워지는 것이다.

진보는 애초부터 소수이고 도전하는 쪽이었으므로 그들의 언어에는 날이 서 있게 마련이다. 보수는 애초부터 다수이고 응전하는 쪽이었으므로 넉넉하고 미래지향적인 언어를 구사해야 한다. 하지만 현실에서 보수와 진보의 언어는 서로 닮아가며 마치 악화가 양화를 구축하듯 하향평준화를 재촉하는 무한루프를 반복하고 있다.

그러나 제도로 바꾸겠다는 기대는 접어야 한다. 수십년째 정치개혁이라는 네 글자가 포위했지만, 국회의사당은 난공불락의 철벽이다. 제도의 문제로 접근하는 한 앞으로도 정치는 좀처럼 개선되기 힘들 것이다. 결국 사람으로 바꾸어야 한다. 맞춤한 때에, 맞춤한 곳에, 맞춤한 사람이, 맞춤한 선택을 받아야 한다. 이것이 바로 새로운 정치를 꿈꾸는 신인들과 유권자의 책임이며, 우리의 미래는 이들 손에 달려 있다.

나의 글을 읽고 정치에 나선 지 이제 겨우 3년차에 불과한 신참이 너무 비관적이라고 못마땅해하시는 분들도 있을 것이다. 나는 우리 앞에 놓인 상황이 그만큼 엄중하다는 사실을 말씀드렸을 뿐이다.

문명의 역사를 돌이켜보면, 보수는 경쟁을 숙명으로 삼아 성장했고 진보는 평등에 호소해 세를 늘려왔다. 우리가 만일 모든 것을 다 갖고 있고 천하태평의 시대라면 진보에 선장을 맡겨도 되겠지만, 지금은 한 치 앞도 어림잡기 힘든 변화무쌍한 시대다. 무늬만 보수가 아닌, 변화를 이끌 실력을 갖춘 새롭고 젊은 보수가 조타수가 되어야 한다. 나는 파도를 헤치는 사람이 되고 싶다. 승객의 안전과 행복을 위해 좌표를 열어주는 사람이 되고 싶다. 열매를 취하기보다 씨앗을 뿌리는 사람이 되고 싶다.

지난 3년, 내게도 많은 일들이 있었다. 부산시 정책고문으로 시작해 제1호 투자유치협력관으로 부산 경제 재도약을 목표로 열심히 뛰었다. 이번 개정증보판에 그 이야기들을 추리면서, 스스로 묻고 또 물었다. 나는 정치를 해도 되는 사람인가. 이렇게 쓰고 보니 반문하실 분들도 계시겠다. 주권재민인데 정치를 해도 되는 사람이 따로 있느냐고. 맞는 말씀이다. 그러나 정치를 하겠다는 내 자신에게만큼은 혹독하게 물어야 한다고 생각했다. 이 책 초판의 제목은 '자신 없으면 내려놓아라'였다. 개정증보판 제목도 그대로 가기로 했다. 내 물음에 대한 나의 답이다.

2023년 12월

해운대의 겨울 바닷바람 앞에 서서, 전성하

1994년 12월, 중학 1학년 나이에 영국으로 유학을 떠난 지 20년 만에 나의 조국 대한민국 내 고향 부산으로 돌아왔다. 그리고 6년이 지났다. 영국에 머물던 20년보다 지난 6년이 더 길었던 느낌이다. 나이를 먹은 때문일까. 배움의 세월은 빨리 간다. 빨아들이는 시간이라서다. 배우고 나면 나눠야 할 때가 온다. 내놓아야 하는 시간에는 생각이 많아진다. 망설이게 되고, 주위를 둘러보게 된다. 그러면서 무뎌진다. 옛말에 "소년이로학난성(少年易老學難成)"이라 했듯이, 사람은 작은 배움에도 쉽게 늙는 것 같다.

이 책을 쓰면서 고민을 많이 했다. 나는 어떤 말이 하고 싶어서 책을 쓰려고 하는가. 무엇을 써야 나는 독자와 대화할 수 있을까. 그 답을 찾기 위해, 영국으로 보내 달라고 부모님을 조르던 중학 1년생으로 돌아가 보았다. 어린 눈에도 우리 사회는 엄청나게 빠른 속도로 발전하고 있었다. 내가 성인이 되면 우리나라는 선진국이 된다. 할아버지 할머니, 아버지 어머니 세대가 물려줄 그 나라를 잘 가꾸려면 무엇이 필요할까. 나는 그게 궁금했다. 그 초심으로 돌아가 보았다.

처음부터 선진국이었던 나라는 없다. 중국을 통일한 진나라, 해가 지지 않는 나라 대영제국 그리고 초강대국 USA, 모두 출발은 변방이었다. 그중에서도 영국에 주목했다. 영국은 인구와 국토의 넓이가 우리와 비슷한 작은 나라다. 그런 나라가 오늘날의 세계를 만든 주인공이 되었다. 국민 개개인이 가진 소질과 능력을 가장 효율적으로 조직한 덕분이었다. 그 시스템, 그리고 그 시스템을 낳은 문화를 익히고 싶었다. 그것이 나를 키워준 사회의 은혜에 보답하는 길이라 여겼고, 내가 유학을 결심한 이유였다.

외할아버지께서 해주신 말씀 중에 화이부동(和而不同)을 가슴에 새겼다. 유럽의 강국에서 소수민족으로 살면서 '칭크 고 홈(중국놈은 가라)'이라는 비아냥을 들을 때면, '아이 엠 낫 어 칭크, 아이 엠 코리안!'이라고 싱긋 웃어준 뒤 나는 대한민국이 파견한 유학생이라고 응수했다. 한국이 중동에 있는 나라냐는 황당한 질문을 받기도 했고, 우리가 북한과 어떻게 다른지 가르쳐주었다. 국가는 국민의 정체성이고, 국가의 부강이 곧 국민의 안녕이다. 20년 동안 이 진리를 단 한 순간도 잊은 적이 없다.

코로나19와 기상 이변으로 지구촌이 몸살을 앓고 있다. 앞으로 세계의 질서는 급격히 변할 것이고, 정치적-경제적 파장으로 시장에는 불확실성이 넘쳐날 것이다. 위기는 항상 양면적이다. 이 격변의 시대를 우리는 기회로 만들어 제2의 도약을 이루어내야 한다. 사회 갈등의 해소와 산업구조의 체질 개선이 무엇보다 시급하다. 영국은 대영제국의 몰락과 '영국병'으로 침몰 직전까지 몰렸다가 되살아났다. 아놀드 토인비의 "도전과 응전"은 공동체 구성원들의 끈질긴 대화와 타협 없이는 불가능하다.

우리는 안팎에서 도전을 받고 있다. 중국은 이미 제조 강국을 넘어 국경을 초월한 e-커머스 시장(Borderless E-Commerce Market)에서 첨단 기술 기반 사업의 강자로 떠올랐다. 베트남이 제조 강국으로 떠오르며, 우리를 턱밑까지 추격하고 있다. 도쿄와 싱가폴, 홍콩의 금융산업이 아시아의 자본을 긁어모으고 있는데, 우리나라는 반도체, 자동차 그리고 석유제품의 수출에 지나치게 의존하고 있다. '한강의 기적'을 넘어서는 더 원대하고 더 넓은 사회적 합의가 요청되는 시점이다.

나를 포함한 '408세대(40대, 00학번, 80년대생)'는 디지털 네트워크 세대이다. 우리가 초등학교를 졸업할 무렵 처음으로 PC가 보급되었다. 천리안, 하이텔 등 네트워크 시스템이 시작되었고, 우리는 온라인 게임 첫 세대이기도 하다. 라이코스나 야후부터 구글로 이어지는 검색엔진, 싸이월드에서 페이스북으로 이어지는 소셜 네트워크, 하이텔 대화방에서 MSN, 싸이월드 등을 거쳐 카카오톡까지, 디지털 네트워크 시대의 변천사는 우리의 성장기와 정확하게 일치한다.

반면, 우리 세대는 6·25 동란의 폐허, 전후 경제성장기의 호황과 그림자, 그리고 민주화의 물결을 겪어 보지 못했다. 어쩌면 우리는 선배 세대들보다 물려받은 게 더 많은 세대인지도 모르겠다. 우리는 이념 갈등과 대립의 트라우마로부터도 상대적으로 자유롭다. 그래서 양극화는 우리 세대가 반드시 해결해야 할 과제이고, 또 해결할 수 있다고 나는 생각한다. 역사는 이어달리기다. 조국 근대화 시대의 손자뻘이자 다가올 4차산업 시대의 맏형으로서, 우리의 책임은 첫째도 혁신이고 둘째도 혁신이다.

지금부터 이른바 'X, Y, Z세대'가 활약할 통로를 열어줘야 한다. 시간이 별로 없다. 광속으로 전진하는 디지털 시대에 엉거주춤하면 대한민국은 대열에서 낙오한다. 어르신들과 선배님들이 일구어 놓은 기반 위에서, 젊은이들이 대한민국의 국민으로서 일할 기회를 더 많이 만들어줘야 한다. 그것은 또한 저출산 문제를 푸는 가장 합리적인 전략이기도 하다. 이제 만 39세, 나는 아직 이룬 것보다 이루어야 할 게 많은 나이다. 나와 똑같은 고민을 하는 청년들과 함께 우리의 미래에 보탬이 되고 싶다.

다 같이 함께 한 걸음 나아가기 위해 나를 먼저 열어본다. 아무도 날개를 펼쳐주고 나는 법을 알려주지 않는다. 어르신과 선배님들의 관심과 애정을 기대하기에 앞서, 우리 스스로 나무에서 떨어지며 날개짓을 배워야 한다. 나는 1981년생이다. '408세대'의 선두주자인 81년생이 먼저 몸을 던진다. 과거 선배들이 그랬듯이, 용기와 신념을 가지고 함께 나아가서 이루는 시대를 우리가 다시 열어야 하기 때문이다.

이 책을 내기까지 많은 도움을 주신 박재운 소장님, 이종훈 전 MBC 국장님, 서광수 대표님에게 감사드린다. 중학 1년생을 이역만리에 두고 오실 정도로 아들을 믿어 주시고 항상 사랑해 주시는 아버지와 어머니, 나의 첫 멘토이셨던 외할아버님과 지극정성으로 길러주신 외할머님께 감사드린다. 초등학교 3학년, 1학년이 된 우리 아들 연우와 딸 연지에게 아빠는 너희들을 언제나 지켜보고 있다는 말을 전한다. 그리고 사랑하는 만큼 늘 미안하고 고마운 아내 정다은 박사에게 이 책을 바친다.

2020년 10월 18일

부산에서 전성하

목차

PART 1 "저 혼자 남겠습니다!"

PART 2 모든 이를 위한 교육

PART 3 복지의 색깔은 녹색

PART 4 런던에서 부산까지

PART 5 수직에서 수평으로

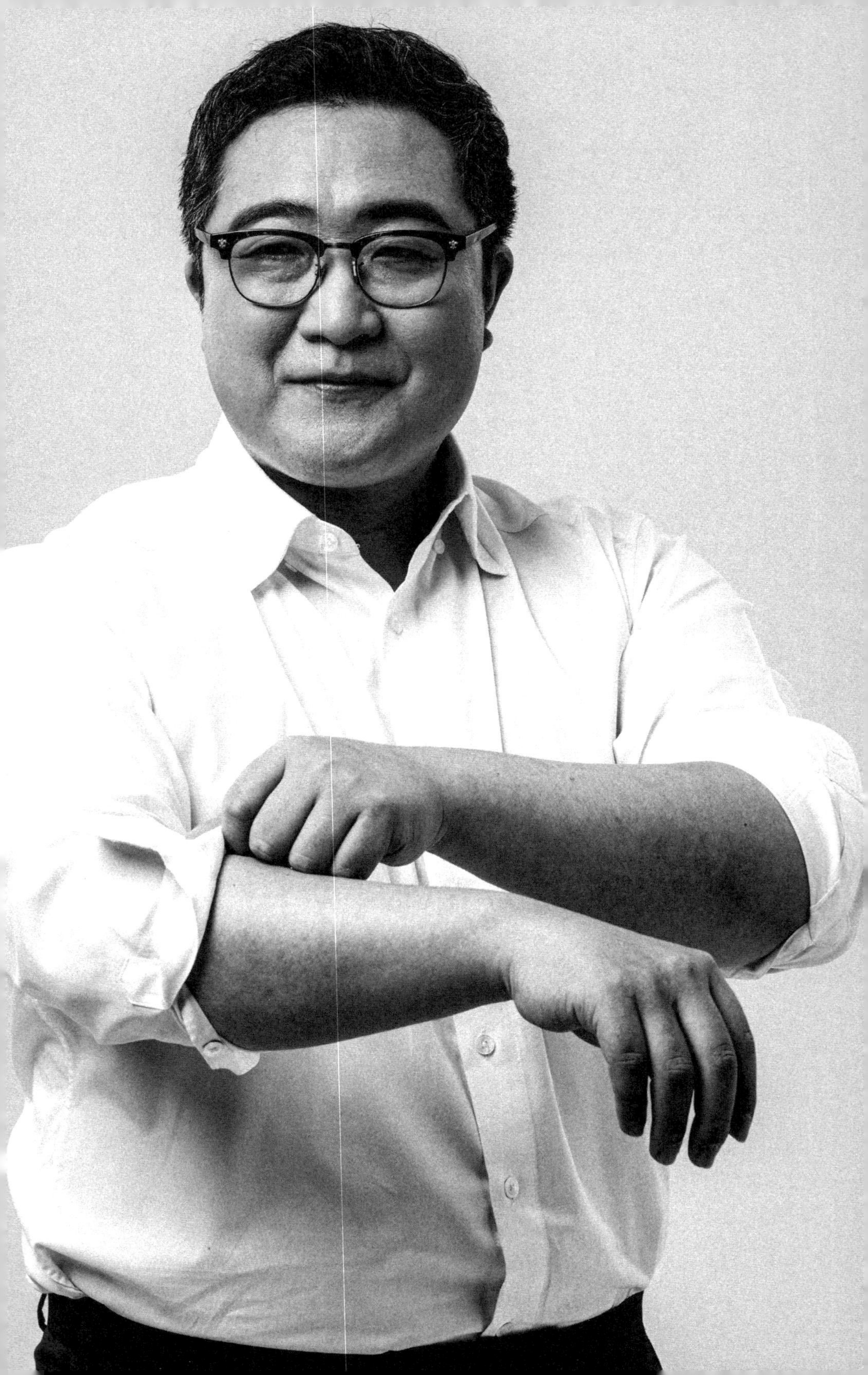

PART 1

"저 혼자 남겠습니다!"

외할아버지와 천자문
미국보단 영국을
밤마다 화장실
기숙사 선배가 노벨상을?
200년 역사상 최초
One in Million
한 달에 한 번, 통닭
사회적 은혜, 사회적 책임

외할아버지와 천자문

할아버지와 손자가 마주 앉아 있다. 아이는 다섯 살이나 먹었을까. 단정하게 무릎을 꿇은 품이 제법 의젓하다. 조손 사이에 놓인 자그마한 앉은뱅이책상 위에 펼쳐진 건 천자문이다. 할아버지가 하늘 천(天), 따 지(地)의 순서로 읊조리면, 손자는 고사리손으로 글자를 짚어가며 따라 읽는다. 조선 시대가 아니라 내 어릴 적 이야기다. 외할아버지는 내가 세 살이 되자 한글을, 다섯 살이 되자 한자를 가르치기 시작하셨다.

외할아버지는 진주사범학교를 나와 평생을 교육자로 사신 분이다. 내가 태어날 무렵 모라초등학교 교장으로 정년 퇴임을 하시고, 유치원을 여셨다. 당시만 해도 모라동은 개발이 되지 않은 동네였다. 코흘리개들은 많았지만, 자녀를 유치원에 보낼 형편이 되는 부모는 많지 않았다. 당신의 집을 교실로 내놓은 외할아버지는 유치원비도 제대로 받지 않으셨다. 꼬맹이들 웃음소리가 그치지 않는 것으로 만족하셨던 듯하다.

유아교육과를 졸업한 어머니가 원생들을 돌봤다. 유치원의 온갖 궂은일까지 도맡아야 했다. 아버지는 박사 논문을 쓰느라 집안일을 거들 짬을 내지 못했다. 나를 키우는 일은 외할아버지와 외할머니의 몫이 되었다. 갓난아기 때부터 나는 유치원으로 변신한 외할아버지댁에서 자랐다. 그래도 나는 운이 좋은 편이었다. 어쨌든 엄마랑 한곳에서 지냈으니까. 지금 유치원 선생님들은 아침부터 밤까지 이산가족 신세이고, 이건 일하는 엄마들 모두의 문제다.

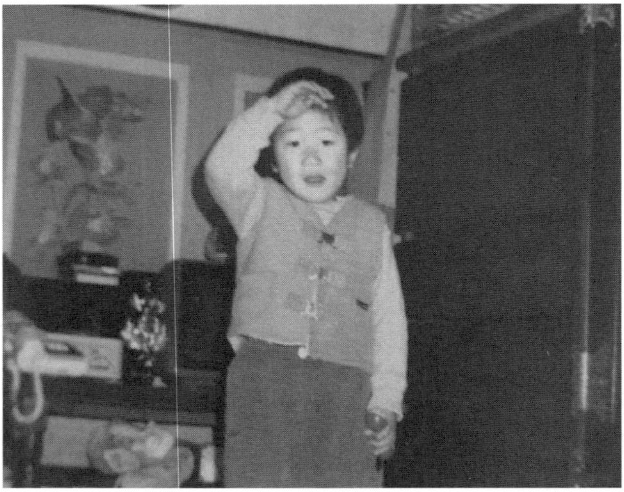

네 살 때, 부모님이 얻은 셋집에서

1920년대에 태어나신 분답지 않게, 외할아버지는 신식이셨다. 적어도 교육 방법만큼은 그랬다. 일제강점기에 기초교육을 받았으니 암기식-주입식 교육의 세례가 뼛속까지 스며들었을 텐데, 외우라고 강요하는 법이 없으셨다. 기억은 모든 학습의 전제다.

하지만 맥락을 이해할 때와 그렇지 못할 때, 또는 흥미를 느낄 때와 그렇지 않을 때, 인간의 기억력은 현저하게 차이가 난다. 무조건 암기하라고 윽박지르고, 거기에 반응하는 속도로 학생의 자질을 평가한다면, 그걸 교육이라고 할 수 있을까. 외할아버지는 손자의 지능을 최대한 끌어내려 애쓰셨다.

"이게 사람 인(人)이다. 이 글자는 서로 기대고 있는 모습에서 나온 거다. 사람은 혼자 살 수 없다. 그러니 사람이 되려면 언제나 가족과 친구와 이웃을 잊지 말아야 한다."

획수가 많은 한자가 나오면 파자(破字)를 해주셨다.

"이게 아름다울 미(美) 자다, 이건 양(羊)과 대(大)가 합쳐진 글자다, 중국인들은 양고기를 좋아했나 보다, 몸집이 크면 더 많은 사람이 나눠 먹을 수 있다. 먹을 게 부족했던 옛날에 그보다 더 아름다운 게 있겠느냐."

워낙 재미있게 가르쳐주시니 귀에 쏙쏙 들어왔다. 복잡한 한자를 외우는 것에 거부감이 들지 않았고, 지루하지도 않았다. 지금도 기억이 생생하다. 장마철, 마당에는 장대비가 쏟아지는데, 마루에 앉아 외할아버지께서 일러주시는 대로 고개를 주억거리며 한 자씩 한 자씩 연필로 꾹꾹 눌러쓰던 내 모습이. 천자문 다음에는 『명심보

감(明心寶鑑)』이었다. 이건 좀 어려웠다. 외할아버지는 한자에 얽힌 옛날이야기를 구수하게 풀어내셨다.

진(秦)나라, 초(楚)나라, 한(漢)나라가 나왔다. 진시황(秦始皇), 항우(項羽), 유방(劉邦)이 나왔다. 흥미진진했다. 외할아버지의 옛날이야기는 마치 동화 속 타임머신처럼 나를 역사의 현장으로 안내했다. 그럴 때면, 아직 모라동 밖으로는 나가보지도 못했던 어린 나는 말을 타고 대륙을 호령하는 장군이 되고, 불로초를 찾아 거친 파도를 헤치는 선장이 되었다.

외할아버지댁에 책이 가득했고, 아버지 전공이 사학이라서 집에도 책이 가득했다. 외할아버지도 아버지도 어린 내가 책에 손을 대는 것을 막지 않으셨다. 자연스럽게 책과 친해졌다. 아버지 어머니는 단칸방에 신혼살림을 차렸는데, 내가 네 살 때 방 두 칸짜리 월세로 이사했다. 그때부터 아침에 일어나 어머니 손을 잡고 유치원(외할아버지댁)으로 갔다가, 저녁에 집으로 돌아왔다. 밤에는 엄마 아빠랑 동화책을 몇 권씩 읽고 잠이 들었다.

내가 유치원에서 자랐다는 걸 아는 분들은 소싯적 친구들이 많을 거라고 짐작한다. 사실을 말하자면, 초등학교에 들어가기 전까지 내게는 친구가 별로 없었다. 외할아버지 외할머니와 함께 보낸 시간이 더 많았고, 유치원이 끝나면 애들은 각자 집에 돌아가서 놀았기 때문이다. 외할아버지댁은 애들이 살던 동네와는 거리가 좀 있었다. 나는 걔들이 사는 동네로 원정 가서 함께 어울리는 대신 외할아버지의 책장을 뒤지는 놀이를 선택했다. 내 첫 친구는 책이었던 셈이다.

『삼국지연의(三國志演義)』를 아홉 살 때 처음 읽었다. 세로쓰기에, 한 면에 두 단씩 깨알 같은 활자가 빼곡 채워진 다섯 권짜리였다. 열 번도 넘게 읽었다. 나중에는 책이 너덜너덜해질 정도였다. 어려운 한자가 많이 나왔는데, 한글 뒤에 괄호를 열고 한자를 붙여서 읽기가 편했다. 그 덕분에 한자 실력이 더 늘었다. 요즘에는 한자가 병기(倂記)된 책을 보기 힘들다. 한-중-일은 서로 협력하며 살아야 하고, 같은 한자문화권인데….

삼국지를 졸업하고 나서는 『열국지(列國誌)』에 도전했다. 『열국지』는 춘추전국시대 550년 역사를 담은 대하소설이다. 초등학교 3학년 때 큰 수술을 받게 됐다. 이빨이 거꾸로 자라서 자칫하면 눈을 찌를 수도 있다는 진단에 부모님이 기겁하셨다. 수술이 잘 끝나자, 아버지가 선물로 뭘 사줄까 물어보셨다. 냉큼 "열국지 사다주세요!"라고 대답했다. 입원 중에 다 읽었다. 외할아버지의 옛날이야기를 책으로 읽으니 더 반가웠다.

다변은 아니었지만, 외할아버지는 필요한 말씀은 잊지 않으셨다. 언제나 인의예지(仁義禮智)를 강조하셨다.

"인의(仁義)가 무엇이냐, 사람이 예의를 지켜야 풍기(風氣)가 형성된다, 예의의 출발은 타인을 배려하는 마음이다."

어쩌면 한자보다는 인의예지를 깨우치라고 천자문을 가르쳐주셨는지도 모르겠다. 간혹 밖에 나가서 싸우고 들어오면, 당신 앞에 앉혀놓고 조용하게 타이르셨다.

"언제나 친구들과 사이좋게 지내라. 싸우지 않는 게 가장 좋은 일이다."

인의예지라고 하면 고리타분하다고 여기기 마련인데, 외할아버지는 해학적인 표현을 즐기셨고, 또 대범하셨다. 손자를 "우리 강아지새끼"라고 부르셨다. "우리 강아지새끼 오늘은 어디 가노?" 손자의 행방을 물어보며 빙그레 웃으시던 외할아버지가 정말 그립다. 내가 중학교 1학년 어린 나이로 혼자서 영국 유학을 떠나자, 잘했다고 어머니를 칭찬하셨단다. 걱정하는 이모들에게는 어렸을 적에 더 고생해야 한다며 쓸데없는 걱정하지 말라고 짐짓 호통을 치셨다.

외할아버지는 부산 교육계의 어른이셨고, 초대 부산시 교육위원장을 역임하셨다. 초등학교 6학년 때 담임선생님이 외할아버지와 인연이 있었다. 교사 발령을 받고 처음으로 부임한 학교의 교장 선생님이 외할아버지셨다고 한다. 담임선생님은 나를 늘 다그쳤다. "네가 행실을 똑바로 하지 않으면 정장식 선생님 뵐 면목이 없다!" 매사 이런 식이었다. 다른 애들이라면 한 번 혼나고 말 걸 나는 열 번 혼났다. 거북하다면 거북한 상황이었지만, 외할아버지가 어떤 분이신지 새삼 확인한 나는 무척 뿌듯했다.

외할머니께서 말년에 치매에 걸리셨다. 외할아버지는 남의 손 빌리지 않고 당신이 외할머니를 보살피셨다. 치매 수발이 보통 힘든 일인가. 당신도 늙으셨는데. 그렇게, 남편 품에서 외할머니는 눈을 감으셨고, 얼마 지나지 않아 외할아버지께서도 아내를 따라서 가셨다. 나는 두 분의 임종을 지키지 못했다. 정말 송구하다. 방학 때 돌아오면, "국제적 시각을 갖고, 더 큰 세계를 보아라"고 격려해 주시던 외할아버지. 당신 말씀 가운데 내가 일생의 좌우명으로 되새기는 한 마디를 적어본다.

"좋은 일이란 나보다 더 많은 사람들에게 이익이 되는 일이다."

외할아버지는 나의 첫 번째 멘토셨다.

미국보단 영국을

역사소설은 나를 일찌감치 세계로 인도했다. 역사소설 좋아하면 지도를 들추게 된다. 제대로 만든 역사소설 책에는 지도가 딸려 있다. 내가 읽은 삼국지나 열국지에는 그 당시 중국의 판도를 그려 놓은 지도가 부록으로 실려 있었다. 여기가 진(秦)나라의 발상지구나. 어? 서쪽 변두리에 처박혀 있었네? 처음부터 중원 한복판을 차지한 건 아니었네…. 지도를 들여다볼수록 역사를 만든 인간의 위대함이 더 실감이 났다. 지정학(地政學)이라는 단어가 무슨 뜻인지 조금씩 이해하게 됐다.

지도를 펼치면 한반도의 어제와 오늘이 한눈에 보였다. 중국은 너무 크고, 일본이라는 열도가 태평양을 가로막고 있다. 게다가 북으로는 휴전선이 둘러쳐져 있으니, 대한민국은 숫제 섬이나 마찬가지다. 유일한 출구는 부산. 대륙의 압박을 이겨내고 바다로 나아가 민족의 미래를 개척할 항구가 부산이다. 내가 태어나고 자란 부산이 이렇게 중요한 곳이었다니. 어깨가 무거워졌다.

역사소설에 재미를 붙이면서, 로마와 나폴레옹과 대영제국을 접하게 됐다. 지도를 더듬으며, 나는 더 먼 곳으로 눈을 돌렸다. 로마는 우리와 똑같이 반도(半島)가 터전이었지만, 대륙으로부터 오는 압력은 상대가 되지 않았다. 유럽은 중국보다 훨씬 작고, 강력한 제국으로 묶이지도 않았다. 로마가 일어설 때 유럽은 미개지였으나, 같은 시대 중국은 최강의 문명국이었다.

프랑스는 비옥한 평지에 자리 잡고 있어서, 산이 국토의 70%를 차지하는 우리와는 비교하기 곤란하다. 프랑스는 오늘날에도 식량 자급률 350%를 자랑하는 세계에서 으뜸가는 농업국이다.

내가 초등학교 고학년으로 올라갈 무렵, 이원복 교수의 『먼나라 이웃나라』가 인기였다. 자녀교육에 관심이 많은 집 책장에는 으레 이 책이 꽂혀 있었다. 친구네도 그랬다. 서유럽의 역사를 만화로 풀어냈는데, 시시덕거리며 돌려보는 그저 그런 만화책은 아니었다. 네덜란드, 프랑스, 영국, 독일, 스위스 편까지 읽었다. 그중에서도 나는 영국 편을 탐독했다. 영국은 섬이지만, 땅도 척박하고 물산도 부족하고, 서유럽 나라들보다 앞선 문명을 받아들이는 것도 늦었다. 많은 점에서 우리와 비슷했다.

그런 나라가 어떻게 "해가 지지 않는 나라" 대영제국으로 발돋움했을까. 의회민주주의의 시작을 알린 대헌장(Magna Carta, The Great Charter of Freedoms). 개인의 자유와 책임, 국민의 권리와 의무를 논할 때마다 맨 첫 줄에 인용되는 문서. 주권재민과 3권분립으로 나아간 근대 헌법의 출발이 바로 대헌장이다. 영국인들은, 때로는 갈등하고 반목했지만, 인류사에 길이 기억될 이 역사적 진보를 대화와 타협으로 이루어냈다.

하늘은 준비된 자에게만 기회를 부여한다. 명예혁명은 산업혁명으로 이어졌다. 유럽의 서쪽 끝 작은 섬나라는 세계의 공장으로 우뚝 섰고, 마침내 세계를 경영하기에 이른다. 증기기관을 돌릴 에너지원인 양질의 석탄이 많이 난다지만, 그건 필요조건일 뿐 충분조건은 아니다.

그들은 교육에 투자했다. 1096년에 개교한 옥스퍼드대학교는 영어권에서 가장 오래된 대학교다. 그들은 또한 토론에 투자했다. 영국 유학을 하면서 발견한 사실인데, 영국인들은 대화 도중 "네가 틀려"라는 말을 좀처럼 입에 담지 않는다. 그건 큰 실례다. 최대공약수를 찾아내는 지혜가 사회적 전통으로 쌓였다는 뜻이다.

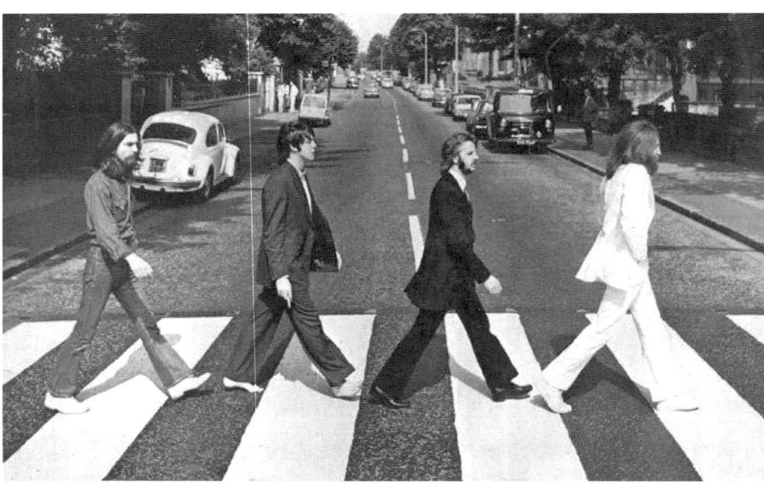

비틀스의 전설적 음반 <애비로드(Abbey Road)> 재킷 사진.
애비로드 스튜디오가 있는 이 거리에 나도 몇 번 들렀다.

근면과 성실로 둘째가라면 서러워할 영국이지만, 개미처럼 일만 하는 무미건조한 나라는 아니다. 셰익스피어와 디킨스 그리고 해리 포터를 배출한 나라. 런던의 웨스트엔드는 뉴욕의 브로드웨이도 고개를 숙이는 뮤지컬의 본산이다. 록음악도 영국이 원산지다. 아버지가 팬이어서, 나도 록음악을 들으며 자랐다.

비틀즈는 장장 60년 가까운 세월 동안 세계의 대중음악 위에 군림하고 있다. 얼마 전에는 존 레논이 남긴 작품을 폴 매카트니와 링고 스타가 함께 불러서 빌보드 1위를 차지하기도 했다. 지금 세계 젊은이들의 마음을 사로잡는 한류가 과연 60년 뒤에도 살아남을까. 한마디로, 고전 취향과 첨단 유행이 조화롭게 어우러진 나라다.

이 저력은 어디에서 나왔을까. 설마 DNA가 다를까. 인종주의자가 아닌 다음에야 이런 의심에 혹해서 공동체를 불신할 사람은 없을 것이다. 하지만 인간은 사회적 동물이다. 사회가 어떤 경험을 축적해왔는가에 따라 구성원의 도전과 응전 방식은 달라지고, 이는 공동체의 운명에 결정적인 영향을 미친다.

합의를 넓혀가는 데 익숙한 사회와 상처를 후벼파는 데 골몰하는 사회의 미래가 같을 수는 없다. 당쟁의 늪에서 헤어나지 못해 끝내 나라를 망치고 백성을 나락으로 떨어뜨린 게 조선이다. 균형을 도모하고 재능을 육성하는 질서와 문화가 영국의 진정한 힘이 아닐까. 그게 시스템이고, 나는 그걸 배워보고 싶었다.

우리의 유학은 미국 일변도다. 경제학이나 공학 같은 분야는 특히 더 그렇다. 곰곰이 생각했다. 미국은 명실상부한 세계 최강국이니, 거기도 잘 짜인 시스템이 돌아가고 있을 거다. 그런데, 미국이 쌓은 경험과 논리가 우리 실정에 맞을까? 지도를 펼쳤다. 면적과 인구에서, 우리는 상대가 안 된다. 미국은 모든 게 풍족한 나라다. 내수(內需)만으로도 먹고살기 충분하다. 여기에 더해, 서쪽으로는 태평양이, 동쪽으로는 대서양이 외침을 막아준다. 아무리 생각해도, 미국을 우리의 모델로 삼는 건 비현실적이다.

책을 읽을수록 우리 민족이 겪어야 했던 과거가 애달팠다. 관중(管仲)이나 장자방(張子房) 같은 인물이 되어 역사의 물줄기를 바꾸고, 이웃의 삶을 윤택하게 만드는 일에 보탬이 되고 싶었다. 그들 역시 세상을 구할 지혜를 얻기 위해 천하를 주유하지 않았던가. 유학 가고 싶다! 가려면 빨리 가야 한다. 대학 졸업하고 가면 늦는다. 시스템은 자세이기도 하므로, 현지에 가서 살아봐야 내 것으로 만들 수 있다. 그때 내 나이 열네 살. 나는 목말랐다. 어쩌면 열병이었는지도 모르겠다.

영국으로 떠날 방법을 알아보았다. 조기유학 바람이 막 불던 참이라, 부산 시내에서 유학을 알선하는 학원을 어렵잖게 수소문할 수 있었다. 중학생이 문을 두드렸는데, 직원들은 장난으로 받아들이지 않고 자료들을 챙겨줬다. 마음에 드는 학교를 찾았다. 하지만, 입학하려면 시험을 쳐야 했다. 영어가 되지 않으니 합격할 턱이 없다. 내 영어 실력은 중학교 1학년 평균 수준을 넘지 못했다. 영어를 마스터하고 간다? 부지하세월(不知何歲月)이다. 영어를 배워도 영국에서 배우는 게 낫다.

카탈로그를 샅샅이 뒤지다가 시험 없이 편입할 수 있는 학교를 발견했다. 어머니와 아버지를 졸랐다.

“영국으로 유학 가고 싶어요.”

“언제?”

“지금요!”

“지금?”

“더 늦기 전에 부딪혀보고 싶어요.”

“무슨 학교가 있는지도 모르는데?”

“학교는 이미 찾아놨어요.”

영화 대사의 한 구절을 빌리면, 내게는 계획이 있었던 거다. 두 분은 놀라면서도 고개를 끄덕이셨다. 방학 여행 삼아, 우리 가족은 김포공항에서 런던행 비행기에 올랐다. 두 학교를 방문했다. 한 곳은 내가 점찍어놓은 학교, 또 한 곳은 시험 없이 편입할 수 있는 학교. 어머니와 아버지는 두 학교 다 만족스럽다는 눈치였다. 나는 말할 것도 없었다. 내 눈으로 직접 확인하니 더 마음에 들었다. 1994년 12월 26일, 영국 런던 동쪽 템즈강변 신도시 도크랜드(Dockland)의 한 호텔 방. 부모님께서 내게 물으셨다.

“내일 우리랑 돌아갈래, 아니면 너 혼자 남을래?”

"저 혼자 남겠습니다!"

태어나서 처음으로 내 삶을 선택할 기회가 온 순간, 나는 주저하지 않고 대답했다. 다음날, 아버지와 어머니는 부산으로 돌아가셨다. 이제 내가 계획한 대로 됐다. 나는 내 선택에 책임을 져야 한다. 나를 도와줄 사람은 나뿐이다.

여기서 무엇을 배우고, 어떻게 살아갈 것인가. 그리고 무엇을 얻어 돌아가서 부모님과 조국의 은혜에 보답할 것인가. 그것이 열네 살 소년의 뇌리에 새겨진 화두였다. 현금 1천 파운드, 청바지 두 벌, 티셔츠와 운동화 한 켤레가 든 여행용 가방을 메고, 나는 그렇게 새로운 세계로 첫발을 내디뎠다.

밤마다 화장실

영국의 중학교는 5년제이고, 이걸 마치면 식스 폼(Sixth Form)이라고 부르는 대학준비과정과 대학에 진학하지 않고 직장을 구하는 학생을 위한 직업교육과정이 기다린다. 이 두 과정이 후기 중등과정에 해당하며, 기간은 2년이다. 의무교육은 중학교 5학년까지다.

사립학교로 오는 학생들은 대개 대학 진학을 목표로 삼기 때문에, 사립학교는 사실상 7년제로 운영된다. 식스 폼을 선택한 학생들은 Advanced Level(우리의 대입 수능시험)을 준비하는데, 대학 1학년 교양학부 과정이 포함돼 수준이 높다.

영국에 오기는 왔지만, 인터뷰부터 막혔다. 영어가 안 되니 도리가 없다. 애당초 희망했던 Mill Hill School은 시험을 쳐서 합격해야 입학할 수 있다는 걸 오기 전부터 알고 있었지만, 그래도 입맛이 썼다. Kingham Hill School로 갔다. 이 학교는 런던에서 북서쪽으로 조금 올라간 옥스퍼드셔(옥스포드주)의 작은 시골 마을

근처에 있었다. 도착한 나는 탄성을 질렀다. 숲이 우거진 사이로 넓고 푸른 잔디가 깔린 언덕 위에 둥지를 틀은 모습이 그림 같았다.

Kingham Hill은 청교도들이 설립한 사립학교로, 학생 수는 그리 많지 않았다. 외국인 학생도 십여 명뿐이었다. 나중에 Mill Hill로 전학 가서 알게 된 사실이지만, 영국 대도시의 사립학교들에는 어깨가 부딪힐 정도로 외국인 학생이 많다. Kingham Hill에서도 인터뷰를 했다. 나를 받아주겠단다. 한국에서 몇 번이나 확인했던 정보였지만, 입학이 가능하다는 소리를 막상 듣고 보니 얼떨떨했다. 뭘 믿고 나를 받아주겠다는 거지? 이런 일을 학교 마음대로 해도 되나? 혹시 엉터리 학교 아니야?

기우였다. 영국의 사립학교들은 모집부터 교과 운영까지 자율권이 보장되어 있다. 자신들이 정한 기준에 따라 학생을 뽑는다. 정부는 간섭할 수 없다. 사립학교는 정부로부터 한 푼도 받지 않는다. 설립자들이 모은 종잣돈, 동문이나 후원자들이 낸 기부금 그리고 등록금으로 학교 살림을 꾸려간다. 학교의 평판은 전적으로 자기들에게 달렸다고 여긴다. 이게 진짜 사립이다.

영국의 사립학교 학생들은 기숙사에서 생활하고, 주말에만 집에 가는 게 허용된다. 말로만 듣던 전인교육이다. 규칙도 엄격했다. 아침 7시 30분 종이 울리면, 씻고 식당에서 아침을 먹는다. 메뉴는 토스트, 베이컨, 소시지, 시리얼, 우유, 홍차. 이게 바로 '잉글리시 브렉퍼스트(English breakfast)'인데, 이 메뉴는 1년 내내 변동이 없다.

아침을 먹고 나면, '튜터(tutor)'와 만나 오늘의 일과를 확인한다. 튜터는 개인별 지도교사다. 학업 성취도뿐 아니라 소소한 일상부터 말 못 할 개인적인 고민까지 학생 생활 전반을 상담하고 조언한다. Kingham Hill에서는 1명의 튜터가 8명의 학생을 맡았다.

튜터 면담을 마치고 수업에 들어간다. '애프터눈 티(Afternoon Tea)'라고 부르는 짧은 티타임과 점심시간 외에는 쉬는 시간은 없다. 청교도 학교인 만큼 점심시간에는 기숙사 동별로 모여 기도를 드린다. 수업이 끝나면 운동 시간이다. 겨울에는 해가 빨리 지기 때문에 운동 시간이 수업 중간에 배치된다.

저녁 먹기 전에 '프랙티스 타임(Practice Time)'이라고 해서, 기숙사 자기 책상에 앉아 숙제하는 시간이 있다. 튜터들이 돌아다니며 확인한다. 밤에는 자기 전에 1시간 정도 자유시간이 주어진다. 요일마다 프로그램이 바뀌는 액티비티(사격, 수영, 풋쌀 등) 활동에 참여할 수도 있고, 기숙사에 남아 '커먼 룸(Common Room)'이라고 부르는 공용거실에서 TV 프로그램을 시청할 수도 있다. 기숙사 방에는 텔레비전이 없다.

영국은 9월에 개학하고, 학기는 가을~겨울, 겨울~봄, 봄~여름의 3학기로 나뉜다. 내가 Kingham Hill에 입학한 게 1월이었다. 말문도 안 트이고 귀도 막힌 처지에 동급생들보다 한 학기를 밑지고 들어간 셈이었다. 당연히, 내 첫 학기 점수는 형편없었다. 그나마 노력 점수는 높았다.

영국의 학교는 학생을 두 가지 기준으로 나눠서 평가한다. 학력은 A~E등급으로, 노력은 1~5등급으로 매긴다. 영국으로 유학 온 나의 1차 목표는 Mill Hill이었다. Kignham Hill에서 영어실력을 쌓아 Mill Hill 편입시험에 합격하겠다는 게 내 계획이었다.

주경야독이라도 해서 따라잡을 결심이었다. 그러나 웬걸, 매일 저녁 9시 취침 시간이면 기숙사 방에는 불을 켤 수 없는 거다. 기숙사 한 방에서 네 명이 생활하는데, 내가 불을 켜면 나머지 3명은 잠을 설치게 된다. 운이 좋아 룸메이트들이 양해한다 해도 사감 선생님에게 들키면 나는 벌점을 먹게 된다.

벌점 세 번이면, 영화 해리 포터에 나오는 장면처럼, 주말에 집도 못 가고 기숙사에 꼼짝없이 갇혀 있어야 한다. 지구 반대편에 집이 있는 나야 기숙사에 갇히든 말든 상관없지만, 벌점 받는 건 좋은 일이 아니다. 아무튼, 저녁 9시부터는 공부할 시간이 없으니 답답한 노릇이었다.

마음이 급해졌다. 홍정욱 씨의 『7막 7장』이 떠올랐다. 나 역시 그의 책을 읽으며 유학의 꿈을 키웠다. 그가 썼던 방법을 따라하기로 했다. 화장실은 밤새 불이 켜져 있고, 밤에는 사감 선생님도 주무신다. 냄새가 걱정되기는 했다. 자유시간에 30분 짬을 내서 예행연습을 하고, 방으로 돌아와서 친구들의 기색을 살폈다. 반응이 없다. 안심했다.

매일 저녁 9시가 넘으면, 공부할 책을 챙겨서 방을 나와 화장실로 이동했다. 문을 잠그고, 변기 위에 앉아 심호흡을 한 번 하고, 책을 펼친다. 지금부터 복습 2시간, 예습 2시간이다! 화장실에서

4시간을 버틴다는 건 정말 고역이었다. 춥지는 않았지만, 변기에 쪼그려서 무릎에 펼친 교과서와 씨름을 하자니, 다리와 목이 저려 혼났다. 지금 다시 해보라고 하면 할 수 있을까. 봄학기 내내 화장실은 나만의 독서실이 되어주었다.

언제가 될지 장담할 수는 없지만, Kingham Hill에 들르게 되면 그 화장실 변기를 쓰다듬어주고 싶다. 방을 함께 쓴 룸메이트들에게도 감사를 전해야겠다. 내 딴에는 소리를 내지 않으려고 살금살금 나가고 들어왔지만, 잠결이라고 안 들렸을 리가 있나. 그래도 친구들은 모르는 척해주었고, 학기가 끝날 무렵 "너무 늦게까지 고생하지 마"라고 속삭인 게 전부였다.

영어 실력이 늘어나니 영국 학생들을 따라잡는 데 속도가 붙었다. 여름학기에는 프랑스어(E)를 제외하고 모든 과목에서 A 또는 B학점을 받았다. 수학이야 원래 한국 학생들의 진도가 빠르고, 영어 때문에 주눅이 들 까닭도 없는 과목이다. 마침 사감 선생님이 수학 담당이었다. 나를 눈여겨보신 선생님은 특별한 관심을 쏟으며 지도와 격려를 아끼지 않으셨다. 그 덕분에 월반을 거듭해, 두 학년을 뛰어넘어 고등학교(대학준비과정) 준비반에서 상급생들과 나란히 수업을 들을 수 있었다.

Kingham Hill School은 내가 영국이라는 사회 속으로 들어가는 관문이었다. 그곳에서 보낸 시간은 여덟 달 남짓이었지만, 그것으로 충분했다. 위축될 때면, 나는 푸른 잔디 언덕을 달렸다. 불안할 때면, 숲속을 거닐며 내 속의 나를 불러냈다. 기숙사 생활은 절도가 있고, 누구나 한 가지씩 운동과 악기를 익혀 온전한 인생을 누리도록 배려했다. 좋아하는 취미가 있으면 학생 스스로 프로그램을 개설해 운영하도록 허용하는, 자율적이고 학생 주도적인 시스템도 인상적이었다.

Kingham Hill School 전경

드디어 학년말이 되었다. 나는 한 해 동안 가장 뛰어난 성취도를 보여준 학생에게 주는 교장상을 전교생 앞에서 받았다. 아버지와 어머니가 억지로 보낸 것도 아니고, 내가 성화를 부리다시피 두 분을 졸라서 시작한 유학이다. 대한민국 소년의 자존심을 걸고, 나는 내 계획을 중단 없이 밀고 나가야 했다. 자신감을 완전히 회복한 나는 Mill Hill 편입시험에 응시했고, 합격했다. 인터뷰도 통과했다. 1995년 늦여름, 나는 Kingham Hill에 작별을 고하고 런던으로 향했다.

기숙사 선배가 노벨상을?

Mill Hill School은 런던 북쪽에 있는 사립학교다. 런던의 상인과 관료들이 자녀교육을 위해 설립했다. 시작은 Protestant Dissenters' Grammar School이었는데, 'Dissenter'는 반대하는 사람이고 'grammar school'은 중학교이므로, 이 학교 이름은 영국의 국교인 성공회에 반대하는 개신교도들의 중등학교라는 뜻이다. 1807년, Mill Hill로 학교 명칭을 변경했다.

Kingham Hill School 전경

학교 설립자들은 교육환경 조성에 공을 많이 들였다고 한다. 런던의 환경오염과 도덕적 타락으로부터 아이들을 보호하기 위해 학교를 일부러 교외에 지었다. 도시개발이 진행되면서 도심이 팽창해 번화가와 엎어지면 코 닿을 거리가 되었지만, 120에이커(약 48만 평)에 달하는 광활한 교정은 변함없이 녹색으로 물들어 있다. 학교 전체가 도심 속의 공원이다.

영국에 온 지 아직 1년도 지나지 않았는데, 그 사이에 학교를 옮기고 학년도 올랐다. 영국은 가을학기제라 한국과는 6개월가량 차이가 있으나, 우리 중학교 2학년과 같다. Mill Hill에서도 기숙사 생활을 했다. 기숙사는 네 동이 있는데, 세 동이 남학생, 한 동이 여학생 차지다. 나는 콜린슨 하우스(Collinson House)나 릿지웨이 하우스(Ridgeway House)에 배정될 예정이었다. 버튼뱅크 하우스(Burton Bank House)에는 빈방이 없었다.

피터 콜린슨의 정원

콜린슨 하우스는 18세기 영국의 저명한 식물학자였던 피터 콜린슨(Peter Collison)의 정원이 있던 곳이다. Mill Hill의 전신인 Protestant Dissenters' Grammar School이 여기에 세워졌다. 학교가 개명되고 난 뒤, 첫 번째 기숙사로 문을 연 이래 213년 동안 몇만 명이 넘는 학생들의 요람이 되어준, 유서 깊은 런던의 명소다. 2018년, 피터 콜린슨 서거 250주년 기념사업으로 그의 생존 당시 정원이 복원되었다. 이 정원에 나무를 심은 사람들의 명단에는 엘리자베스 여왕의 이름도 있다.

피터 콜린슨의 정원에 나무를 심는
젊은 시절의 엘리자베스 2세 여왕

Mill Hill 동문에는 유명 인사들이 즐비하다. 옥스퍼드사전을 집필한 맥 머레이 경(Sir Mc. Murray), 마거릿 대처 수상의 부군 데이비드 대처 경(Sir David Thatcher), 뮤지컬 〈레미제라블〉을 제작한 말콤 매킨토시(Malcolm Mackintosh) 등 Mill Hill

동문은 다양한 분야에서 재능을 발휘하고 있다. 동아시아 근대사에 이름을 남긴 졸업생도 있다. 19세기 중반 외교관으로 일본에 부임한 어네스트 사토(Ernest Satow)는 막부 말기의 지사들과 교류하며 메이지유신에 영향을 끼쳤다.

나는 릿지웨이 하우스에 배정됐다. 이 기숙사는 세계의 호텔리어들이 동경하는 런던 사보이호텔(The Savoy Hotel London)과 공연장 위그모어 홀(Wigmore Hall)을 설계한 건축사 콜컷(T. E. Collcutt)이 디자인했다. 기숙사 뒤편의 정원과 이어지는 럭비 필드가 아름다운 릿지웨이 하우스는 콜린슨 하우스 못지않게 역사적 가치를 지닌 건축물이다.

내가 생활했던 기숙사 릿지웨이 하우스

방에 짐을 푸는데, 이 기숙사를 거친 선배 중에 노벨상 수상자가 있다는 거다.

"누구?"
"크릭!"
"정말?"

DNA 이중나선구조를 발견한 윌리엄 프랜시스 크릭 경(Sir William Francis Crick)이 이 기숙사에서 공부했다니. 안동에 가면 서애 류성룡 선생이 『징비록』을 쓰셨던 바로 그 방에 숙박을 청할 수 있다고 한다. 단 하루를 묵어도 선현의 묵향을 맡을 수 있는 법이거늘, 백과사전에 나오는 위대한 과학자의 숨결과 체취가 배인 기숙사에서 5년 동안 생활하게 된 나는 얼마나 행운아인가.

Mill Hill Scholl 본관

수업은 과목마다 수준별로 반을 나눠 진행한다(학생 수에 맞춰 반을 나누는 경우도 있다). 영어, 수학, 과학 같은 기본 공통 과목들은 A, B, C반으로 나뉘고, 성적과 수업 태도 등을 기준으로 각 반을 담당하는 선생님의 의견에 따라 학생들은 상급반 또는 하급반으로 수시 이동한다. 등급별로 2개 반이, 최상급반은 1개 반이 운영된다. 커리큘럼이 촘촘하게 짜여 있고, 성과를 엄격하게 따지기 때문에, 농땡이 부릴 새가 없다.

돌이켜보면, 영국의 학교들은 기본적으로 수준별 교육을 중시했고, 중등교육 단계부터 경쟁을 당연시했다. 한국처럼 속으로는 무한경쟁으로 내몰면서 겉으로는 아닌 척하지 않는다. 주목할 점은 배우는 자세를 세심하게 살펴본다는 것이다.

한국과 영국의 학제 비교						
한국 (3월학기제)			영국 (9월학기제)			
나이	학교	과정	나이	학교		과정
22		4학년	21			
21	대학교	3학년	20			Year3
20		2학년	19	대학교		Year2
19		1학년	18			Year1
18		3학년	17		A-level	Year13
17	고등학교	2학년	16			Year12
16		1학년	15	Secondary	GCSE	Year11
15		3학년	14			Year10
14	중학교	2학년	13			Year9
13		1학년	12			Year8
12		6학년	11			Year7
11		5학년	10	Preparatory School		Year6
10	초등학교	4학년	9			Year5
9		3학년	8			Year4
8		2학년	7			Year3
7		1학년	6	Pre-Preparatory school		Year2
6	유치원		5			Year1

한국과 영국의 학제 비교표

상급반으로 올라가려면, 성적도 좋아야 하지만 수업 태도와 노력 점수가 나쁘면 안 된다. 성적표 자체도 A~E등급으로 주어지는 학업 성취도와 1~5등급으로 주어지는 노력 및 학습 태도, 두 가지 범주로 나누어서 평가한다. 학기 성적표가 나오면 튜터와 면담을 하는데, A등급 성적을 받아도 노력 점수가 낮으면 주의를 받는다.

낯선 풍경은 또 있었다. 시험 시간에 옆에 앉은 학생이 대뜸 계산기를 꺼내 두드린다. 어? 이거 반칙 아냐? 하지만, 표정이 너무나 태연했다. 이상한 느낌이 들어 주위를 둘러보니, 너나없이 계산기를 사용하고 있다. 한 대 맞은 듯했다. 개념과 공식을 제대로 이해하는 게 핵심이니, 쓸데없는 산수에 두뇌 허비하지 말라 이거다. 수학 교과서에는 계산기 사용법도 적혀 있다.

이 학교에서는 '국영수 성적'이 학생의 서열을 결정하지 않았다. 아니, 서열이라는 것에 신경을 쓰는 학생이 드물었다. 수학, 과학을 잘하는 학생이든 음악, 미술을 잘하는 학생이든, 모두가 공평하게 존중받았다. 뭐든지 하나만 잘하면 인정받고 박수받았다. 이러한 전통이 있기에, 학생들은 마음 놓고 자신이 잘할 수 있는 분야에 전력을 기울인다. 이 다양성이 결집해 국가의 경쟁력을 이루는 것이다.

200년 역사상 최초

영국의 학생들은 군사훈련을 받는다. 학교마다 학군단(Combined Cadet Force, CCF)이 조직되어 있다. 이건 학교에도 학생들에게도 의무다. 특히, 사립학교들은 아주 적극적이다. 영국은 입헌군주제 국가라서, 형식적이지만, 왕(여왕)이 최고통수권을 행사한다. 군대 이름도 왕립육군(Royal Army), 왕립해군(Royal Navy), 왕립공군(Royal Air Force), 이런 식이다. 왕실은 몇몇 학교를 지정해 학군단을 근위부대처럼 대우하는데, 해당 학교들은 이를 큰 명예로 여긴다.

학군단 활동은 국방부가 후원한다. "책임감, 자립심, 인내심, 수완 등의 자질을 증진하는 훈련을 통해 학생 개개인의 리더십을 계발한다." 영국 정부가 밝힌 학군단 활동의 목표다. 학군단은 정규군과 연계되어 있고, 학생들은 육군, 해군, 공군, 해병대 중에서 고를 수 있다. 나는 육군을 선택했다. 나의 조국 대한민국은 155마일 휴전선을 사이에 두고 북한과 대치하고 있다. 육군이 해야 할 일이 가장 많다. 군대 가는 건 국민의 의무이고, 그때를 대비해서 육군 훈련을 받아야겠다고 마음먹었다.

학군단에는 전투부대 외에 '듀크 오브 에든버러(Duke of Edinburgh)'라는 별도의 편제가 있다. 이 부대의 임무는 순찰과 사회봉사다. 여기에 속한 친구들에게 들으니, 걷는 게 훈련이라고 했다. 학군단에 열외는 없다. 신체적 혹은 종교적 이유로 학군단 활동을 하지 못하면, 대신 마을 공동체 같은 데서 자원봉사활동을 해야 한다. 이 프로그램을 반드시 이수해야 졸업장을 준다.

학생들은 입학하면 학군단에 소속되어, 매주 금요일마다 훈련을 받는다. 사격훈련과 제식훈련(영국에서는 'Drill'이라고 부른다)은 필수이고, 1년에 2번 자신이 선택한 병과에 따라 해당 군 캠프에서 2박 3일 야전훈련을 받는다. 완전 군장을 갖추고, 지도와 나침반만을 이용해 작전명령에 나온 3개의 지점을 확보하고, 15km를 행군한다. 야전 숙영도 포함된다. A형 텐트를 치고 걷는 것도 학생들의 몫이다. 정규군 훈련 그대로 실시한다.

영국의 학군단 'Combined Cadet Force'를 우리 말로 옮기면 '제병합동생도부대'쯤 되겠다. 육해공군이 모였으니 제병합동이고, '카데트(Cadet)'는 간부후보생 즉 사관학교 생도다. 학생들을 '졸병'이나 '총알받이'로 취급하지 않는다는 뜻이다. "학생 개개인의 리더십을 계발한다"는 영국 정부의 방침과도 맞아떨어진다. 학군단의 주역은 학생이고, 학군단 활동을 통해 학생들은 자신에게 리더의 자격이 있는지 스스로 검증한다.

고학년이 되었다고 계급이 올라가는 게 아니다. 분대를 이끌 하사(sergeant)가 되기 위해서는 난이도가 더 높은 상급의 훈련과정을 밟아야 한다. 훈련 코스도 자기 머리로 자기가 짜야 한다. 목표를 부여하고, 지형지물을 적절히 활용해서 장애물을 설계하고, 밧줄, 도르래, 나무막대기 몇 개만 갖고 사다리 같은 각종 훈련 도구를 제작한다. 하급생들이 도착하면 훈련 방식을 설명하고, 먼저 시범을 보이고, 훈련이 끝나면 채점도 해야 한다. 이런 과정을 통과해야 하사로 선발되어 분대를 지휘할 수 있다.

영국 학군단의 다양한 훈련 모습

내가 하사로 선발되고 나서, 학군단에 여군이 생겼다. 야전 훈련에 여군 분대도 참여했다. 여군 분대가 행군에 나서는데, 학군단에서 마음이 놓이지 않았던지 나더러 보조로 따라가란다(여군 분대는 여학생 하사가 분대장). 어린 양들을 늑대들로부터 보호하는 셰퍼드가 됐으니, 기분이 나쁘지는 않았다. 문제는 얘네들은 행군이 처음이라는 거다. 하필 그날은 새벽부터 비가 많이 왔다. 분대원 한 명에게 비닐로 코팅된 지도를 챙기라고 일러뒀다.

지정된 루트를 따라 행군하다가, 정규군 훈련 대열과 마주치게 됐다. 예정에 없던 일이 발생한 거다. 군 캠프에서는 군대에 우선권이 있으니, 학군단은 길을 비켜줄 수밖에 없다. 이 어수선한 와중에 본대와 떨어지게 됐다. 비는 퍼붓고 날은 어둡고, 방향을 잃었다. 오들오들 떨던 분대원들은 새파랗게 질렸다. 분

대라고 해도, 여중생들이다. 이러다 큰일 나겠다 싶어, 내가 나섰다. 지도부터 달라고 했더니, 대원은 울상이 된 얼굴로 나를 바라본다. 비닐 코팅 지도를 깜빡한 거다. 빗물에 젖어 번지고 찢어진 지도를 본 분대원들은 울음을 터뜨리며 주저앉았다. 분대원들을 일으켜 세웠다.

"괜찮아. 일단 도로를 찾자. 도로를 따라가면 인가가 나온다. 작전이 실패했다면, 병력을 보전하는 게 우리의 임무다."

앞장섰다가, 혹시 낙오한 분대원이 있을까 뒤로 갔다가, 확인하고 다시 앞으로 갔다가, 이걸 몇십 번 반복했다. 도로로 나가서 하염없이 걷는데, 저 멀리 불빛이 보였다. '펍(pub, 영국식 주점)'이다. 분대원들 얼굴에 화색이 돌기 시작했다. 완전 군장 차림의 분대원들이 우르르 들어오자, 창가에 부딪히는 빗줄기를 안주 삼아 태평하게 맥주를 마시던 아저씨들은 황당하다는 표정이다.

내가 사정을 설명하는 사이, 분대원들은 장작불에 둘러서서 몸을 녹이고 옷을 말렸다. 영국인들은 군복 입은 사람을 특별 대접한다. 따뜻한 차를 내오고, 수건을 꺼내주고…. 다행히 가게에 지도

가 있었다. 아저씨 둘이 나서 자동차에 시동을 걸었다. 기운을 회복한 분대원들은 픽업트럭 두 대에 나눠타고 집결 지점을 향해 출발했다. 한참을 달려가는데, 반대쪽 차도에 본대가 보였다. 거기서 합류했다. 폭우 때문에 본대도 작전을 중지하고 철수하는 중이었고, 우리가 낙오한 것도 몰랐단다.

매사가 계획한 대로 진행되지는 않는다. 돌발상황은 언제든 닥칠 수 있다. 학군단 활동은 내게 위기에 대응하는 능력을 심어주었다. 한 번은 야전 훈련을 앞두고 다리를 다쳤다. 나는 럭비부 학교 대표로 활동했는데, 럭비란 종목이 원체 격렬하다. 훈련에 빠져도 됐지만, 내가 야전에서 밥해 먹는 방법까지 가르친 분대원들이 분대장 없이 떠나는 게 안타까워, 깁스를 한 몸으로 따라갔다. 행군만 빼고, 분대원들과 함께 훈련을 받았다. 마치고 나니, 훈장을 준다. 감투상이었지 싶다.

나는 Mill Hill School 200년 역사상 최초로
레지먼털 서전트에 임명됐다.

학군단 최고 계급은 '레지먼털 서전트(Regimental Sergeant)', 연대 상사에 해당하는 계급이다. 영국의 사립학교에는 학생 대표가 세 명이다. 학생회장(Head of School)이 남녀 각 1명, 그리고 레지먼털 서전트 1명. 레지먼털 서전트가 되면, 왕립육군 제1군단 예하 Mill Hill School CCF 지휘관으로서 1년에 1번 전 학년 사열을 지휘한다. 졸업반이 되던 해, 나는 레지먼털 서전트로 임명됐다. 외국인 학생으로는, Mill Hill 200년 역사상 최초였다.

영국은 전쟁을 많이 한 나라다. 과거에는 침략도 많이 받았다. 도버해협을 건너 카이사르가 쳐들어왔고, 로마황제 하드리아누스는 잉글랜드 대부분을 점령하고 방벽을 쌓았다. 그 흔적은 지금까지도 남아 있다. 근세에 들어서는 식민지 쟁탈전에 뛰어들어 수도 없이 전쟁을 치렀다. 그 가운데에는 불의한 전쟁도 다수 있었다. 영국 교과서는 아편전쟁은 정의롭지 않았다고 가르친다. 하지만, 이 전쟁들이 오늘의 영국을 만들었다는 건 부정할 수 없는 사실이다.

두 번의 세계대전, 수많은 학생이 학도병으로 참전해서 전사했다. 2차 세계대전 때 히틀러는 런던을 폭격했다. 해마다 2차 세계대전 종전기념일이 오면, Mill Hill의 전교생은 조국을 위해 산화한 선배들을 추모하는 묵념을 드린다. 이 모습은 어느 사립학교에서나 똑같다. 영국의 학생들은 용사들을 기억한다. 그리고 학군단에 소속되어 군사훈련을 받는다. 졸업생들은 군인의 소양과 기초적인 군사 지식을 몸에 지니고 있다. 나라가 위기에 빠지면, 그들은 앞다퉈 군에 입대해 나라를 지키러 나설 것이다.

우리는 어떤가. 우리나라처럼 외적의 침입에 시달린 나라가 또 있을까. 우리 국민이라면 누구나 중고등학교 한국사 시간에 주먹을 불끈 쥔 경험을 했으리라. 역사가 오랜 학교라면, 일제강점기 독립군으로, 한국전쟁 학도병으로 목숨을 바친 선배님들이 계신다. 우리는 그분들의 이름을 동판에 새겨 길이 기억하는가. 역사를 잊은 민족에게 미래는 없다.

One in Million

영국은 위도상으로는 한국보다 훨씬 북쪽에 위치하지만(부산은 북위 35도, 런던은 북위 51.5도), 북해까지 올라가는 멕시코 난류 덕분에 덜 춥다. Mill Hill로 옮긴 그해 겨울 어느 날 밤, 눈이 왔다. 영국에 도착한 게 12월 말이었으니 두 번째 겨울이었는데, 처음 내리는 눈이었다.

홍콩에서 온 애가 밖으로 나가서 눈 맞아보자고 들썩인다. 이탈리아에서 온 녀석은 한술 더 뜬다. 먹고 마시고 노는 데는 이탈리아 사람이 1등이다. 나가는 김에 아예 기숙사를 빠져나가서 뭐라도 먹고 오잔다. 학교에서 15분쯤 내려오면 브로드웨이라는 작은 마을이 있다.

기숙사 탈출(?) 작전이 개시됐다. 욕실 창문 옆 배관 파이프를 타고 마당으로 내려가서, 낮은 자세로 교정을 벗어났다. 포복하다시피 해서 잔디밭을 가로지르는데, 갑자기 불빛이 비친다. 영국에서는, 다람쥐나 산새들이 밤에도 먹이를 쉽게 찾을 수 있도록 공원이나 숲길 곳곳에 전등을 비치해둔다. 우리 움직임이 센서에 포착된 거다. 화들짝 놀라서, 나무 밑에 숨었다. 불이 꺼지면 포복, 불이 켜지면 엄폐. 이걸 몇 차례 반복하면서 마을에 도착했다.

마을은 조용했다. 아무리 둘러봐도 문을 연 가게가 없다. 패스트푸드점 하나뿐이다. 스파게티나 피자쯤은 먹게 될 줄 알았는데, 실망이다. 치킨버거를 시켰다. 그래도 이게 어딘가. 우리는 옷에 묻은 눈과 흙을 털어내는 것도 잊은 채 재잘거리면서 치킨버거를 해치웠다. 기숙사로 다시 잠입(?)할 일만 남았다.

무사히 배관 파이프 밑에까지 왔다. 내려가는 것보다 올라가는 게 더 어렵다. 대한민국, 이탈리아, 홍콩의 순서로 기어올랐다. 창문에서 내려다보니까, 홍콩 녀석이 영 서툴다. 얘는 몸집이 크다. 힘이 드는지, 자기 딴에는 파이팅을 한답시고 노래까지 불러가며 엉금엉금 오른다. 나랑 이탈리아는 손을 뻗어 잡아당기고, 홍콩은 가까스로 창문을 넘어 욕실 안으로 굴러들어왔다.

우리 셋이 쾌재를 부르며 하이파이브를 하는데, 문에서 노크 소리가 났다. 1층 방 상급생이었다. 홍콩을 지목하며 추궁한다.

"너, 나갔다 왔지? 내가 샤워하다가 노랫소리가 나서 내다보니 네가 보였다."

"예, 실은 우리 셋이 마을에 갔다 왔어요."

"셋 다? 그랬겠지. 하지만 나는 너희 둘은 못 봤어. 심증은 가지만, 물증이 없다. 사감 선생님에게 고하지는 않겠다. 너희 둘은 됐고, 너는 앞으로 1주일 동안 아침에 쓰레기를 주워라."

영국의 학교는 학년별로 학생에게 역할과 임무를 할당한다. 저학년은 청소를 맡는다. 일과 후 휴식시간에 식당에서 간식을 가져오고 치우는 일도 저학년의 임무다. 아침 7시 30분이 되면, 그날의 당번이 기숙사 복도를 돌며 종을 친다. 이건 4학년(우리로 치면 중3~고1)들의 임무다. 더러 짓궂은 고학년은 "내가 종 치지 말라 그랬잖아!"라고 고함치며 문밖으로 베개를 내던지기도 한다. 그럴 때면 당번 학생은 종을 더 세게 치면서 혀를 쏙 내밀고 도망간다.

고학년은 기율을 책임진다. 학생 대표나 기숙사 대표(Head of House)에게는 벌을 줄 권한도 부여된다. 물론, 체벌은 허용되지 않는다. 나는 레지멘털 서전트와 기숙사 대표를 겸임했기 때문에, 이런저런 상황을 많이 처리한 편이다. 점심시간에 한 친구가 다가와서 자기 먼저 먹게 해달라고 사정했다(학년별로 식사시간이 정해져 있다).

"안 돼. 규칙을 지켜."

"한 번만 봐줘. 규칙은 깨지라고 있는 거잖아. 아이작 뉴턴이 그랬어."

"맞아. 그러나 규칙은 깨라고 만들어진 게 아니야. 네 차례가 올 때까지 기다려."

Mill Hill에는 부잣집 애들이 많았다. 이게 그냥 부잣집이 아니다. 애를 데리러 헬리콥터가 날아온 적도 있다. 우리 기숙사에 카타르 왕자 형제가 셋이 있었다. 첫째가 성질이 좀 고약했다. 간식 시간에 캐슈넛 껍질을 바닥에 계속 버리는 거다. 어서 치우라 그랬더니, 카타르 자기 집에서는 하인들이 치워준단다.

내가 규칙을 존중한다는 건 온 학교가 다 아는 터였다.

"여기는 카타르 왕궁이 아니고, 학교다!"

내 서슬에 착한 동생이 형을 타일렀다. 그래도 녀석은 말을 듣지 않고 고집을 부렸다. 학생들을 다 내보냈다.

"마지막 기회를 준다. 어서 치워."

"싫어."

"그럼, 벌을 받아."

"무슨 벌?" "너희 아버지에게 편지를 보낼 거다."

녀석의 얼굴이 핼쑥해졌다. 그제야 말을 들었다. 부모 '빽' 믿고 설치는 녀석이 있는가 하면, 힘 좀 세다고 약한 애들 괴롭히는 녀석도 있다. 어딜 가나 이런 녀석들이 한둘은 있다. 학교에 우유가 떨어진 적이 있었다. 남은 우유를 아껴서 나눠 먹기로 했다. 식당에 갔더니 럭비부 주장 앞에 큰 우유병이 놓여 있다. 옆에 앉아 우유병을 들었더니, 내 손을 꽉 움켜잡는다. 나보다 2학년 위로, 덩치는 학교에서 제일 크고, 성깔 나쁘기로 소문났다.

"이 우유에 손대지 마."

"왜? 나는 먹을 권리가 있어."

One in Million. 백만 명 중의 하나. 내게 아쉬운 소리를 할 때면 친구들은 꼭 이 별명으로 나를 불렀다.

영국인들은 일상생활에서 '권리(right)'라는 단어를 자주 쓴다. 내가 물러서지 않자, 욕설을 퍼붓고 한 대 칠 기세다. 내 몸에 손대지 말라고 단단히 경고한 뒤 우유병을 내 쪽으로 끌어당겼더니, 그가 팔꿈치로 나를 세게 쳤다. 곧바로 주먹을 날렸다. 그는 의자 뒤로 나가떨어져 기절했고, 나는 시리얼에 우유를 부었다.

선생님이 헐레벌떡 달려왔다. 자초지종은 나중에 묻겠다며, 그를 병원으로 옮겼다. 아침 먹던 학생들이 모두 나를 에워쌌다. "네 잘못이 아니다. 우리가 증인이 되겠다." 상급생부터 하급생까지 모두 자신이 목격한 걸 종이에 적었다. 교장 선생님에 불려갔더니, 네 잘못이 아니라는 건 알겠다며, 폭력이 왜 나쁜지 반성하는 글을 써서 제출하라고 하셨다. 기절했다가 깨어난 럭비부 주장은 1주일 정학 처분을 받았다. 이 사건으로 나는 다윗과 골리앗의 싸움에서 승리한 영웅이 됐다.

여학생들에게도 인기가 높아졌다. 여학생은 정해진 날에 남학생을 기숙사로 초청할 수 있다. 차 마시면서 대화를 하거나, 텔레비전을 본다. 하루는 인도에서 온 친구가 부탁이 있단다. 여학생 기숙사에 한 번도 못 가봤다며, 올가라는 여학생의 초청을 받는 게 소원이라고 했다. 올가는 이 친구가 짝사랑하는 러시아 여학생이었는데, 키가 178cm나 됐다.

여학생 기숙사 공용 거실에서 마리아와 함께

여학생 기숙사 대표 마리아와 상의했더니, 올가는 개를 싫어한단다. 좋아하는 티를 너무 내서 싫다나. 올가와 셋이 만났다. 걔 소원 한 번 들어주자고 했더니, 그럼 자기 소원도 들어달란다. 올가의 소원은 졸업식 전 파티에서 뷰티상을 받는 거였다. 뷰티상은 투표로 결정한다. 친구들을 끌어모았다. 결론은 해피엔딩. 인도 친구는 오매불망 그리던 올가네 기숙사를 방문했고, 올가는 뷰티상을 받았다.

유학 생활을 하면서 가슴 벅찬 순간이 때때로 찾아왔다. 노력의 대가란 언제나 뿌듯하다. 그렇지만, 기쁜 순간은 친구들에게 인정받을 때였다. 영국에서 내 퍼스트네임은 성(Sung)이었다. 성은 영어단어 'sing(노래하다)'의 과거분사이고, 내 이름 마지막 글자 하는 공교롭게도 웃음소리 '하하하'와 발음이 같다. 친구들은 내게 "성 하하하"라는 별명을 붙였다. 하하하 노래 부르는 친구라는 의미니까, 고마운 별명이다.

별명이 하나 더 있었다. "One in Million." 백만 명 중의 하나. 내게 아쉬운 소리를 할 때면 친구들은 꼭 이 별명으로 나를 불렀다. 인도 친구도 그랬고, 올가도 그랬다. 영국에 온 지 얼마 되지 않았을 때는 나를 '칭크(chink)'라고 놀리는 애들이 가끔 있었다. 칭크는 영국인들이 중국인을 비하하는 속어다. "I'm Korean." 내가 점잖게 응수하면, 걔들은 한국이 어디 있느냐고 물어오기 일쑤였다. 아프리카에 있느냐고 묻는 녀석도 있었다. 내가 졸업반이 됐을 무렵, 대한민국이 어디 있는지 묻는 학생은 적어도 Mill Hill에는 없었다.

한 달에 한 번, 통닭

점심과 저녁 메뉴는 요일마다 바뀌었다. 피자, 스파게티, 인도식 커리, 로스트비프, 생선요리가 번갈아 나왔다. 사립학교 식당이라고 하면 반짝반짝 빛나는 은식기에 격식을 차린 식사를 연상할 수도 있겠는데, 오해다. 학생들은 한국 학교들처럼 각자 식판을 들고 줄을 서서 배식을 받는다.

한꺼번에 많이 담아주지도 않는다. 일동이 다 먹고 나면, 주방에서 '세컨드'라고 신호를 보낸다. 더 먹고 싶은 학생은 그때까지 기다려야 한다. Kingham Hill의 첫 한 달은 영어가 안 되니까, 손으로 음식을 가리키며 "디스, 디스"라고 우물거렸다. 그 모습이 안쓰러웠던지, 내게는 소시지 하나를 더 얹어주었다.

나는 뭐든 가리지 않는 편이라서 먹는 것 때문에 고생하지는 않았지만, 솔직히 말해서 맛있다는 느낌은 들지 않았다. 영국 음식은 단조롭다. 이 나라는 예전부터 농업국가가 아니었고, 근면과 성실을 부르짖는 청교도문화는 식탐이나 미식을 배격했다.

로스트비프는 소의 허릿살을 오븐에서 약한 불로 장시간 구운 영국 대표요리 가운데 하나인데, 이것도 화려하고 풍성한 프랑스나 이탈리아 요리에 비하면 밋밋한 맛이다. 로스트비프 가게가 서울 강남에 들어왔다가 재미를 보지 못했다는 이야기를 들었다. 당연하다. 우리나라에 맛있는 게 얼마나 많나.

영국의 자랑거리 가운데 하나가 위스키다. 위스키만큼은 단조롭지 않다. 위스키의 본산 스코틀랜드에 가면, 마을마다 위스키 증류소가 늘어서 있다. 맛도 향도 각양각색이다. 도수는 40도 이상이다. 당연히 학교에서는 금물이다. 고학년이 되면 맥주는 마실 수 있다. 이따금 교장 선생님 부부가 학생 대표들을 일과 후 집으로 초대한다. 술도 한 잔 따라주는데, 와인이다. 저녁을 먹고 가는 거라, 안주는 잘 나와야 훈제연어다.

선생님 내외분의 초대를 받고

금요일 메뉴는 '피시 앤 칩스(fish and chips)'로 고정되어 있었다. 대구 살을 덩어리째 튀겨 감자튀김과 함께 내놓는 음식이다.

19세기 중반에 퍼졌다니까 역사가 그리 길지도 않은데, 피시 앤 칩스에 쏟는 영국인들의 애착과 정성은 유별나다.

트롤(저인망) 어선이 보급되면서 북해에서 대구가 무진장 잡혔고, 냉동기술이 발전하면서 대구는 가장 저렴한 단백질 보급원이 됐다. 영국 서민들에게 가장 환영받는 음식이던 피시 앤 칩스는 2차 세계대전을 거치면서 '국민요리'의 반열에 오른다. 미국이 보내주는 스팸으로 끼니를 때워야 했던(스팸메일이라는 단어는 여기에서 유래했다) 영국인들은 피시 앤 칩스로 전쟁을 이겨냈다. 처칠이 "좋은 친구"라고 불렀을 만하다.

한 끼도 빠지지 않는 식재료는 감자다. 감자는 영국인의 주식이다. 찌고, 굽고, 으깨고, 얇게 잘라 튀기고, 채 썰어 튀기고, 좌우간 매일 나온다. 1년쯤 지나자 먹성 좋은 나도 질렸다. 귀국한 지 10년이 됐지만, 지금도 나는 감자에는 손을 대지 않는다. 닭요리도 자주 나왔다. 닭고기를 씹을 때면, 고향 생각이 났다. 아버지가 사다 주시던 통닭, 그게 내게는 세상에서 제일 맛난 음식이었다. 그 통닭집은 모라시장에 있었다.

결혼을 약속한 아버지와 어머니는 외할아버지의 반대에 부딪혔다. 북한에서 태어난 아버지는 이산가족이다. 남으로 내려와 편모슬하에서 자랐고, 친할아버지는 북한에 생존해 계셨다고 한다. 처가의 반대를 무릅쓰고 결혼한 두 분은 큰이모에게 돈을 빌려 월세방을 얻었다. 어머니는 외할아버지 유치원에서 일했는데, 앞에 썼듯이, 처음 몇 년 동안은 월급도 거의 받지 못하는 자원봉사였다.

어머니는 저녁에 과외선생님을 하며 살림을 살았다.

몇 년 뒤 사상공단이 들어서면서 아이들이 늘기 시작했다. 30명이던 원생이 350명으로 불었다. 유치원비도 받게끔 되어, 외할아버지도 어머니에게 월급을 줄 수 있게 됐다. 박사학위를 눈앞에 둔 아버지도 강의를 맡게 됐다. 하지만 당신의 유치원을 여는 게 목표였던 어머니는 허리띠를 더 졸라맸다. 방 두 칸짜리 월세로 옮겼지만, 공용화장실을 이용해야 했다. 어머니는 내가 칭얼거릴라치면 바가지를 내밀었다.

한 달에 한 번, 통닭이 우리 가족의 만찬 날이었다. 아버지가 강의료를 받는 날이었다. 나는 아버지가 통닭을 사오시는 날만 손꼽아 기다렸다. 털을 뽑고 배를 갈라 다리와 날개를 옆으로 벌려서 통째로 튀긴 통닭. 그 맛을 지금도 잊을 수 없다. 전기구이나 장작구이 같은 건 있는지도 몰랐다. 유학을 마치고 부산으로 돌아와서 모라시장을 찾았다. 통닭집은 없어진 지 오래였다. "사상공단에서 공장들이 빠져나가서 모라시장 경기가 예전 같지 않아." 가게를 지키는 아주머니들의 하소연이었다.

혜화초등학교에 입학했는데, 버스가 우리 집 쪽으로 오지 않아 갈아타야 했다. 나만 따로 당감동 작은이모네에서 살게 됐다. 작은이모도 어머니처럼 낮에는 외할아버지 유치원에서 일하고, 저녁에는 과외를 했다. 학교에서 돌아오면, 조카들이 뒤뚱거리며 다가와 내 품에 안겼다. 우유도 먹이고, 기저귀도 갈아주고, 까꿍도 해주면서, 내가 어린 조카들을 돌봤다.

내가 초등학교에 들어갈 무렵이었나. 모라동에 땅을 파는 굉음이 울리기 시작했다. 모라동 산 논밭에 신도시 아파트가 들어섰다. 어찌 된 영문인지는 알 수 없으나, 모라동 원주민들은 그 전에 하나둘 땅을 팔고 떠났다. 어머니는 돈이 모이는 대로, 나오는 땅을 사 모았다.

개발이 시작되자, 그 땅은 유치원 설립자금이 됐다. 어머니는 미련 없이 땅을 처분하고, 그 돈으로 덕포에 은하자연유치원을 지었다. 어머니가 설립한 첫 유치원이었고, 저출산 시대가 닥치기 전까지, 은하자연유치원은 한때 원생이 오백 명 넘는 큰 유치원이었다.

유치원 꼭대기가 우리 집이었다. 유치원에서 가까운 모덕초등학교로 전학하면서, 나는 다시 부모님 곁으로 돌아왔다. 태어나자마자 네 살까지는 외할아버지댁, 초등학교 1학년부터 4학년까지는 작은이모네. 유년 시절의 절반을 어머니와 떨어져 살았다. 그래서 어렸을 적에 어머니와 대화를 나눈 기억이 별로 없다. 함께 살았더라도 크게 달라지지는 않았을 것 같다. 어머니는 유아교육에 인생을 거신 분이니까.

유치원이 자리를 잡으면서 우리 집의 경제 사정도 나아졌겠지만, 어머니는 도통 지갑을 열지 않았다. 자린고비는 울고 갈 정도였다. 내가 명색이 부산사람인데, 엄마 아빠 손 잡고 광안리나 해운대 나가본 게 손꼽을 정도였다. 한 달에 한 번, 광안리 파라솔 경양식집 또는 달맞이고개 알렉산더 경양식집. 우리 형제는 한 달에 한 번 통닭이 한 달에 한 번 돈까스로 발전한 데 만족했다.

어머니는 부동산 투자의 달인이었다. 한 번도 투자에 실패한 적이 없었다. 그렇게 모은 돈이 고스란히 유치원으로 들어갔다. 유치원 꼭대기에 살다가 내가 중학교 1학년 때 동래 사직중학교 바로 뒤 조그만 빌라로 이사했다. 그게 어머니가 처음 산 집이었다.

어머니는 집으로 재산 늘릴 생각은 하지 않았다. 당신을 위해서는 정말 한 푼도 쓰지 않으려고 작정한 듯했다. 그 마음이 참 오래 간다. 몇 년 뒤면 칠순이신데, 옷을 사도 10년, 차를 사도 10년, 버리거나 바꾸는 법이 없다. 40년 전이나 지금이나 어머니 눈에는 유치원만 보이나 보다.

더는 내 발에 맞지 않게 되었을 때도,
내 운동화는 어머니 차 트렁크 속에 가지런히 놓여 있었다.

Mill Hill은 등록금이 비쌌다. 한 학기에 5천 파운드, 1년에 1만5천 파운드(현재 환율로 약 2,300만원)나 들었다. 유학을 결심했을 때 내 가슴을 누른 건 미지의 세계에 대한 불안이 아니라 학비였다. 동급생 중에 인도 금광왕 아들이 있었다. 이 친구는 거짓말 조금 보태 한 달에 한 번씩 차를 바꿨다. 황금색 BMW 타다가 빨간색 포르셰로 바꿨다가. 나는 한 달에 한 번 통닭인데, 얘는 한 달에 한 번 자동차구나….

이런 친구들에 둘러싸여 공부하면서, 어머니를 생각했다. 어머니는 대체 무슨 마음으로 내가 영국에 가는 걸 허락하셨을까. 방학이 되어 부산으로 돌아왔다. 어머니가 짐 내리는 걸 도와드리려고 차 트렁크를 열었는데, 거기 내 운동화가 있는 것이었다. 이게 여기 있었구나…. 좋아라고 집에 있는 내내 신고 다녔다. 다음번 방학 때도, 그 다음번 방학 때도, 그리고 이제 더는 내 발에 맞지 않게 되었을 때도, 내 운동화는 어머니 트렁크 속에 가지런히 놓여 있었다. 그때 느꼈다. 어머니의 마음을.

사회적 은혜, 사회적 책임

내가 여덟 살 때 88서울올림픽이 열렸다. 수영에서 요트경기가 열렸다는데, 난 기억이 없다. 남자애가 굴렁쇠를 굴리며 운동장에 들어오던 모습도 가물가물하다. 장면보다는 말이 기억이 난다. "올림픽이 성공하면 대한민국은 선진국이 된다." 이런 말을 들은 건 확실하게 기억이 있다. 여덟 살 어린이의 기억이 그렇게 생생할 만큼, 선진국이라는 단어는 한국인들에게 희망의 표상이자 선망의 대상이었다.

선진국이 뭔지. 선진국이 되려면 어떻게 해야 하는지. 선진국이 되면 뭐가 달라지는지. 계속 선진국으로 남으려면 뭘 버리고 뭘 챙겨야 하는지. 이런 질문을 놓고 어른들이 토론했는지, 나는 모른다. 나는 지금 마흔 살이다. 올림픽은 성공했고, 32년의 세월이 흘렀다. 이제 선진국이라는 단어를 입에 올리는 사람은 거의 없다. 선진국이 된 지 오래됐기 때문일까. 아닌 것 같다. 그보다 잊은 것 같다.

사실, 선진국은 불쾌한 개념이기도 하다. 너희가 선진국이라면 우리는 후진국이라는 소리야? 우리는 우리대로 사는 법이 있어. 너희 잣대로 우리를 재려고 하지 마…. 2차 세계대전 이후 독립한 많은 나라가 선진국을 본받기를 거부했다. 그러나 한국인들은 달랐다. 우리는 우리가 후진국임을 솔직하게 인정했다. 한국전쟁 때 도와준 은혜도 잊지 않았다. 선진국이 되자는 다짐에는 망국과 분단과 가난을 이겨내자는 우리 민족의 비원(悲願)이 서려 있었다.

1996년 12월, 대한민국은 OECD에 가입했다. 올림픽이 끝난 지 8년 만이다. 선진국 대열에 한 발 더 다가섰다. 이때부터가 고비였다. '한강의 기적'을 일군 나라는 'IMF 사태'를 겪으며 길을 잃어버렸다. 오늘날 대한민국은 '인구 5,000만 이상-1인당 GDP 3만 달러 이상'을 달성한 일곱 번째 국가다. 하지만 사람들은 심드렁하다. "그래서 어쨌다는 거야? 그게 나한테 무슨 의미가 있는데?"

'IMF 사태'가 터지고 '고용 없는 성장'의 시대가 도래하자, 지식인, 관료, 정치인들은 부랴부랴 대안을 내놓았다. '생산적 복지', '참여복지', 내가 들은 것만 해도 복지에 붙은 수식어가 서너 개다. 복지는 탄생 자체가 생산과 참여의 아들이다. '역전앞' 같은 동어반복으로 무마할 수 있을 정도로 우리 사회가 무르고 단순하다고 생각했나. 정치 선동으로 써먹자는 게 아니고서야 이런 발상은 상상도 할 수 없다.

정권이 바뀔 때마다 권력자들은 새로운 구호를 찾아내라고 성화를 부렸다. 그럴수록 동어반복과 선동은 가속도가 붙어 점점 더 무

책임해졌다. '소득주도형 성장'이 '기본소득'으로 진행하는 데 걸린 시간은 불과 2년이었다. 정부가 들뜨면 국민은 일손을 놓는다. 내일 무슨 일이 벌어질지 모르는데, 생업에 전념하라고 한들 그 말이 먹힐 리 만무하다. 국민은 바보가 아니다. 인간은 생태계에서 가장 영특한 동물이다.

몸집은 어른이 되었는데, 머리는 사춘기에 머물러 있다. 국부(國富)는 능히 도약을 꾀할 만한데, 정부는 편 가르고 줄 세우는 재미에 빠져 날이 새는 줄 모른다. 어떻게 하면 골탕을 먹일까. 어떻게 하면 사탕을 물릴까. 이러는 사이, 있는 사람은 있는 사람대로 없는 사람은 없는 사람대로 남의 손을 잡아줄 이유와 여유를 느끼지 못하게 됐다. 각자도생을 꼬드기는 요령 소리에, 함께 손을 잡고 선진국으로 가자던 약속은 산산조각이 났다.

사회적 현안이 발생했을 때 해결을 모색하는 탁상에 약방의 감초처럼 등장하는 외래어가 모델이다. '스웨덴 모델(복지국가)', '핀란드 모델(기본소득)', 모델을 제시하지 못하면 정책을 논하지도 말라는 분위기다. 하지만, 그들은 스웨덴이 복지국가를 건설한 종잣돈이 나치독일에 판매한 군수품에서 나왔고, 핀란드의 인구가 554만이라는 사실에는 눈을 감는다. 몸에 맞는 옷을 입어야 한다.

앞선 경험을 분석하는 건 필수다. 밟아보지 않은 길에 첫발을 내디딜 때, 먼저 걸어간 이의 발자국을 살피면 엎어지거나 넘어질 위험을 줄일 수 있다. 그래서 모델이 필요하다. 그러나 모델보다 더 중요한 게 있다. 체질이다. 히말라야 트래킹이 멋지다고, 담배도 안 끊고 도전하면 큰코다치는 수가 있다. 양복을 맵시있게 입고 싶다면 입는 법을 배우는 것도 중요하지만, 식습관부터 식습관부터 개선해야 한다.

문화를 알고 싶었다. 지식이나 정보, 매뉴얼을 얻고 싶었다면, 이른 나이에 유학을 떠날 생각은 하지 않았을 거다. 따지고 보면, 그때나 지금이나 모델은 차고 넘쳤다. 경제개발계획이 어디 하늘에서 떨어졌나. 산업 발전 경로에도 '수출주도형'과 '수입대체형', 두 가지 모델이 있었다. '한강의 기적'의 설계자들은 '수출주도형' 모델을 받아들였고, '주체사상'의 신봉자들은 '수입대체형' 모델을 고집했다.

이륙(take off, 개발도상국)에 성공한 우리 사회는 착륙(landing, 선진국)을 목전에 두고 있었다. 이 결정적인 시점에, 착륙의 조종간을 분배에 넘기라는 선동이 터졌다. 이분법, '나는 선이고 너는 악'이라는 흑백논리가 부를 소모적이고 불행한 논쟁을 막겠다는 배려는 눈곱만치도 찾아볼 수 없었다. 이어서, 예의 'ㅇㅇ모델'들이 이 선동을 분칠하기 시작했다. 대립과 반목은 극한으로 치달았고, 그 토양에서 '진영논리'라는 독버섯이 태어났다.

햇살이 비추면 그림자가 생기고, 양지가 있으면 음지가 있다. 'ㅇㅇ모델'은 소외와 갈등을 해소하기 위해 'ㅇㅇ나라'가 끈질기게 수행한 사회적 토론과 합의의 산물이다. 나만이 옳다고 주장하고, 덮어놓고 상대를 적으로 모는 버릇을 고쳤기에 도달할 수 있었던 성과다. 그걸 가능케 한 문화는 어떻게 숙성되는가. 이 점을 먼저 성찰하지 않고 당장 정치적으로 써먹기 위해 수입하는 'ㅇㅇ모델'이란, 갈등을 더 조장하는 불쏘시개로 악용될 뿐이다.

몇 년 전, 이른바 '조국 사태'를 지켜보면서 착잡했다. 지지자들은 그에게 씌워진 추문과 굴레가 '가짜뉴스'로 조작됐다고 항변했지만, 침묵하는 다수의 국민은 사실 여부 이전에 과정과 결과에 실망하고 분노했다. '진영논리'에 편승해서 정치를 하겠다면 적어도 '진영노선'에 맞게 사는 금도는 지켜야 한다. 입만 열면 정의와 평등을 외치면서, 왜 누릴 건 다 누리려고 하나. 손해는 결코 안 보겠다는 심사 아닌가.

나는 '세상에 믿을 놈 없다'는 말에 동의하지 않는다. 인간을 허탈과 절망의 늪에 빠뜨려 자포자기하게 만드는 야유와 독설을 나는 미워한다. '모두가 도둑놈'이라는 소리도 마찬가지다. 이건 '도둑놈'의 변명일 뿐이다. 세상에는 나쁜 사람보다 좋은 사람이 훨씬 더 많다고, 나는 믿는다.

그때 조국 씨는 자신이 '금수저' 맞다고 말했다. 그러면서 그는 '금수저'는 '진보' 편에 서면 안 되느냐고 반문했다. 누가 그걸 나무랐나. 조국 씨는 국민이 자신에게 바랐던 게 무엇이었는지 고민하지 않았던 것 같다.

'금수저'는 은혜를 많이 입은 사람이다. 그게 부모덕만을 의미하지는 않을 것이다. '금수저'일수록 사회의 덕을 더 본다. 어렸을 적 갖고 논 장난감이 많을수록, 자라면서 좋고 아름다운 걸 본 게 많을수록, 크면서 읽은 책이 많을수록, 사회에 진 빚은 더 늘어난다. 그

사회는 누구의 것인가. 모두의 것이다.

바로 이 때문에, 사회는 '금수저'에게 무한책임을 바란다. 정책은 다를 수 있다. 그러나 자세는 같아야 한다. 소통하려 입을 조심해야 하고, 설득하려 몸을 낮춰야 한다. 스스로 '금수저'라는 사람이, 대관절 얼마나 은혜를 갚았길래 국민을 싸움에 붙이고 사회를 두 조각 내려 했나. 매조지 할 실력과 국량도 갖추지 못했으면서.

나도 은혜를 많이 받은 사람이다. 가족이 고맙고, 유치원에 아이를 맡긴 부모가 고맙고, 모리사장 통닭집 사장님이 고맙고, 나를 학교에 데려준 버스 기사 아저씨가 고맙다. 이름도 얼굴도 모르고 신세를 진 분들이 얼마나 많을지 생각하면 몸이 떨린다.

그분들 중에는 나와 정치적 견해가 다른 분들도 계실 것이다. 그렇다고 내가 은혜를 부정하고 감사를 철회해야 하나. 선동은 은혜를 회피하는 가장 비겁한 방법이다. 선동가들은 선동으로 손실될 사회적 기회비용은 안중에도 없다. 그렇게 막 나가야 정치에 명함을 내밀 수 있다면, 차라리 나는 정치를 안 하고 말겠다.

사회로부터 받은 은혜를 갚는 일은 이어달리기와 같다. 인류사회는 장구한 세월에 걸쳐 대를 물려가며 은혜를 베풀고 갚아왔다. 그것이 사회적 책임이다. 사회적 은혜와 사회적 책임은 영원히 청산하고 면제받을 수 없는, 시지푸스의 바위이기 때문이다.

PART 2

모든 이를 위한 교육

"등록금 납부를 늦춰주세요"
사립은 사립답게
런던의 과외선생님
학교를 경쟁시켜라!
케냐에서
뭐든지 하나만 잘하면
"너, 대학 안 가?"
나를 발견하는 수업

“등록금 납부를 늦춰주세요”

영국에 유학 온 지 만 3년째가 되던 1997년 여름, 심상치 않은 뉴스가 들렸다. 태국에서 바트화(貨)가 폭락했다는 것이었다. 통화 위기는 인도네시아, 말레이시아로 번졌다. 이쪽에서 온 애들의 얼굴이 하루가 다르게 어두워졌다. 자유시간에 텔레비전 앞에 모여 앉아 뉴스를 시청하는 게 일과가 됐다. 일이 점점 커지는 듯했다. 불은 홍콩을 덮치며 빠른 속도로 북상했다. 어디까지 올라갈까. 우리나라는 괜찮을까.

어머니에게 전화를 걸었다. “정부가 저렇게 장담하고 있는데 무슨 일이 있겠니. 너는 다른 생각 말고 공부에만 전념해라.” 이때 정부가 입에 달고 산 말이 바로 ‘펀더멘털(fundamental)’, 즉 경제의 기초가 단단하다는 뜻이었다. 어머니도 속고, 국민도 속았다. 정부 발표는 거짓말이었다. 한국은행이 보유한 외환이 300억 달러였는데(그나마 시중은행에 분산 예치돼 있었다), 외채는 1,700억 달러가 넘었다는 사실이 드러난 건 사태가 터지고 난 뒤였다.

호미로 막을 일을 가래로도 막을 수 없게 됐다. 국민은 정부만 믿고 있었는데, 날벼락이었다. 정부가 IMF에 구제금융을 신청하던 날, 국민은 땅을 쳤다. 그해 겨울은 일찍 찾아왔다. 경기는 얼어붙고, 거리는 스산했다. 사태 발생 초기, 동남아시아에서 온 애들을 걱정해주던 입장이던 나는 졸지에 위로를 받는 처지가 됐다. 너희 나라 괜찮냐…. 선생님들도 격려를 해주셨다. 듣고 보니, 영국도 'IMF 사태'를 겪은 적이 있다는 말씀이었다.

'IMF 사태'는 집단이기주의의 온상에서 숙성된 인재(人災)였다.

2차 세계대전 때 미국은 무기대여법을 발동해 연합국을 지원했다. 전체 금액이 500억 달러에 달했으니, 지금 화폐가치로 환산하면 천문학적 액수다. 영국은 그중 60%를 받았다. 공짜는 아니고,

전쟁이 끝나면 갚아야 하는 빚이었다. 연합국은 승리했지만, 영국으로서는 상처뿐인 영광이었다. 영국은 미국에 추가 원조를 요청했다. 이것도 빚이었다. 영국이 2차 세계대전으로 진 빚을 다 갚은 건 종전 후 60년이 지난 2006년이었다.

전쟁의 상처는 깊었다. 국민을 어루만지는 게 급선무였다. 그건 국가의 의무이기도 했다. 영국은 "요람에서 무덤까지"라는 복지국가 건설 프로그램으로 전쟁에 지친 국민에게 힘을 불어넣으려 했지만, 영국은 더 이상 '해가 지지 않는 나라'도 '세계의 공장'도 아니었다. 경제 복구가 시급한데, 산더미처럼 빚을 졌으니 긴축재정이 불가피했음에도 영국 노동당은 복지국가를 밀어붙였다. 성장으로 뒷받침되지 않을 때, 투융자와 복지는 제로섬 관계가 된다. 복지 지출이 늘어나는 만큼 투융자는 줄어들기 때문이다.

한 번 내민 손길을 거둬들이는 건 야박하기 짝이 없다. 인간관계에서도 용납되기 힘든데, 정부 차원의 약속이라면 더 말할 나위도 없는 일이다. 복지 예산은 성역이었고, 보급이 끊긴 영국의 산업은 막다른 길에 몰렸다. 구조조정과 신산업 육성이 절실했지만, 활로를 찾으려는 시도는 그때마다 격렬한 반발에 부딪혔다. 1960년대 중반부터 1970년대 중반까지, 파업은 영국의 일상이 되었다.

역설적이게도, 완벽에 가까운 복지 정책이 장기파업을 지탱하는 버팀목이 되어주었다. 구조조정이 가로막히고, 경제가 침체의 늪에서 헤어나오지 못해 파업을 다시 부르는, 악순환이 반복되었다. '영국병'이란 단어가 생긴 게 이 무렵이었다. 영국은 식량과 원료를 수입해야 하는 나라다. 급기야 달러가 부족해 외환 결제가 불가능한 지경에 이르렀다. 1976년, 집권 노동당 정부는 백기를 들고 IMF에 구제금융을 신청했다.

선진국으로서는 처음 당하는 사태였다. 대영제국의 자존심은 산산조각이 났다. 그러나 노동당의 주인은 국민이 아니라 노동조합이었다. 뼈를 깎는 자구책이 필요한 상황임에도, 그들은 혁신을 거부했다. 1979년 노동당 정부는 내각불신임으로 실각했고, 토니 블레어의 그 유명한 '제3의 길'이 등장하기 전까지 무려 18년 동안, 집권은 꿈도 꾸지 못했다. '영국병'을 고친 사람은 보수당 당수, 마거릿 대처 수상이었다.

우리가 겪은 'IMF 사태'의 책임을 노동조합에 돌릴 수는 없다. 파업이 일상이었던 건 영국과 비슷했지만, 그때 대한민국에는 노동당도, 복지라고 할 만한 정책도 없었다. 겉으로 드러난 책임은, 금리 차이를 노리고 무분별하게 단기외채를 끌어다 쓴 금융권과 기업, 감독 임무를 게을리한 관료, 그리고 OECD 가입이라는 장밋빛 환상에 취해 위기가 닥쳐오고 있다는 경고음을 한 귀로 흘려버렸던 정부에게 있었다.

그러나 책임은 우리 모두가 함께 져야 한다. 대한민국은 권위주의에서 민주주의로 이행하는 중이었다. 자유는 타율과는 결코 비교할 수 없는, 더 크고 더 높은 책임을 요구한다. 권위주의로 돌아가고 싶은 게 아니라면, 민주주의를 전복시키고 싶은 게 아니라면, 양보와 타협은 필수다. 기득권을 내려놓아야 하는 쪽과 내려놓으라는 쪽 사이에 접촉면이 넓어져야 이행의 속도 조절이 가능하고, 합심해서 오늘을 가꿀 시간과 공간을 확보할 수 있다.

우리의 현실은 그렇지 않았다. 접촉면을 넓히기는커녕 대립각만 세웠다. 뾰족한 창끝으로 상대를 찌르기 바빴고, 그 배후에서 꼼수와 몽니가 걷잡을 수 없이 기승을 부렸다. 내 목소리를 높이는 데 안달이 났고, 남의 목소리를 경청하려 하지 않았다. 책임은 실종되고, 민주주의는 자유방임으로 격하됐다. 'IMF 사태'는 집단이기주의의 온상에서 숙성된 인재(人災)였다.

동남아시아에서 외환위기가 터지기 직전, 환율은 1달러에 800원대 초반에 머물렀다. 태풍이 북상하면서 원화 가치가 곤두박질치기 시작했다. 정부가 필사적으로 방어에 나섰지만, 1,500원 선이 순식간에 무너졌다. IMF가 대한민국에 구제금융을 제공하겠다고 공식적으로 밝혔음에도, 폭락 추세는 멈추지 않았다. 그해 12월 1달러에 2,000원에 육박했던 원-달러 환율은 해가 바뀌어도 내리지 않았다.

부모님께 미안했다. 방학이 되면, 기숙사를 비워줘야 한다. 비행기표 끊을 돈을 보내 달라는 편지 부치기도 죄송했다. 남은 돈이 조금 있어서 'B&B(Bed & Breakfast)'를 알아봤다. 'B&B'는 우리의 자취와 하숙 중간쯤 되는데, 영국 물가에 비하면 저렴한 편이다. 그중에서도 제일 싼 방에 들었다. 점심과 저녁을 소금만 뿌린 스파게티로 버텼지만, 애당초 얇았던 지갑이다. 친구들과 상의했다. 다들 자기 집에 와서 지내라는 거다. 눈물 나게 고마웠다.

유학의 뜻을 접고 돌아간 학생들도 많았다. 친구 집에서 편히 지내고 있으니 돈 보내지 않으셔도 된다고, 어머니를 안심시켜 드렸다. 텔레비전에서는 '한국에서 금 모으기 운동이 일어나고 있다'는 뉴스가 나왔다. 뭉클했다. 어떤 이들은 국민에게 책임을 전가하는 '쑈'라고 비난했다고 하던데, 나는 달리 생각했다. 이게 바로 위기를 극복해 온 민족의 저력이다. 누가 뭐라 해도, 우리 국민의 협동정신은 살아있다.

등록금 납부일이 다가왔다. 내가 할 일이 떠올랐다. 고국에서는 장롱 속 돌반지까지 모으고 있는데, 환율이 이렇게 치솟은 상태에서 등록금을 낸다는 건 유학생으로서 면목이 서지 않는 일이다. 학교에 건의해서 등록금 납부를 늦춰달라고 하자! 이건 나와 우리 가족을 위한 자구책이기도 했다. 교장 선생님 면담을 신청했다.

"무슨 일인가?""아시다시피, 현재 아시아에 외환위기가 발생했습니다. 한국은 IMF에 구제금융까지 신청했지만, 환율이 진정되지 않고 있습니다."

"얼마나 올랐지?"

"지난 학기보다 세 배 가까이 올랐습니다."

"걱정이 많이 되겠군. 내가 어떻게 도와주기를 바라는가?"

"감히 말씀드리건대, 환율이 진정될 때까지 등록금 납부를 늦춰주십시오."

"내가 결정할 수 있는 문제가 아니다. 학교 이사회에 안건을 올려보마."

초조한 마음으로 이사회 결정을 기다렸다. 며칠 뒤, 교장 선생님이 나를 부르셨다. 내 건의를 받아들여, 한국뿐만 아니라 동남아시아, 극동아시아에서 온 모든 유학생의 학비 납부를 1년간 유예하기로 했다는 것이었다. 큰절이라도 올리고 싶은 심정이었다. 교장 선생님은 훌륭한 아이디어였다며, 싱긋 웃으셨다. 잊을 수 없는 'IMF 사태'의 추억이다.

사립은 사립답게

Kingham Hill에 도착해서 입학 허가를 받았을 때 내심 불안했다는 이야기는 앞에서 썼다. 우리 같으면 당장 '부정입학' 시비에 휘말린다. 등록금 납부를 늦춰준 일도 그렇다. 결정 자체도 놀랍거니와, 이런 일을 학교 이사회가 결정할 수 있다는 게 신기했다. 학부모들이 형평성 문제를 제기할 법도 한데, 미담으로 그냥 넘어갔다. 전통을 중시하는 영국의 문화적 특성상, 다음에 비슷한 일이 일어나면 학생의 건의가 있기 전에 학교가 먼저 조치할 게 틀림없다.

사립학교 중에는 몇백 년 된 학교들이 허다하다. 학교가 곧 역사다. Kingham Hill도 학교 전체가 성(城)이나 다름없었다. 그 오래된 교사(校舍)를 보존하고 사용하려면, 유지보수비가 얼마나 들까. 도산서원이 지금까지 교육기관으로 유지되고 있다고 상상해보면 감이 올 것이다(엄밀히 말하면, 퇴계 선생이 제자를 가르치던 곳은 도산서당이고, 도산서원은 퇴계 사후 그를 기리는 목적으로 지어졌다).

Mill Hill에는 한국, 일본, 대만, 홍콩 등 극동아시아에서 온 유학생이 15%나 됐다(내가 다닐 때만 해도 중국 유학생은 없었다). 여기에 태국, 말레이시아, 인도네시아 유학생을 더하면, 등록금 납부를 1년간 유예받은 학생의 수는 전체의 1/5에 해당했다. 학비가 한 학기에 5천 파운드이니, 1년이면 우리 돈으로 수십억 원이 넘는 등록금이 걷히지 않은 셈이다. 등록금을 나중에 낸다고, 수업을 안 듣나, 밥을 안 먹나, 잠을 안 자나.

학교 재정 운영에 상당한 타격이 될 게 뻔한데, 그걸 감수하고 학생의 건의를 받아주었다. 이건 학교가 부자라서 가능한 일이 아니다. 학교 기금이 아무리 풍족하더라도, 수입과 지출의 선순환이 시스템으로 굳어져 있지 않다면 이런 결정은 못 내린다. 만에 하나 일이 잘못되기라도 하면 정부에 손을 벌려야 하는데, 그때는 자율을 포기해야 하기 때문이다. 사립학교는 자신의 자유의지로 학생을 가르친다는 긍지를 절대 버리려 하지 않는다.

그게 그들이 만들어오고 지켜는 전통이다. 그들의 첫 번째 신조는 정부로부터 돈을 받지 않는다는 것이다. 오로지 학교 재산과 기금에서 나오는 수익금, 동문이나 후원자들의 기부금이 전부다. 학생들에게서 걷는 등록금만으로 학교를 운영하는 Mill Hill이나 Kingham Hill 같은 사립학교들을 달리 '독립학교(independent school)'라고 부르기도 한다. 이런 표현이 당연하게 여겨질 정도로, 이 학교들은 정부의 간섭을 배제한다.

학생을 뽑는 데 어떤 절차를 밟을지는 학교의 권한이다. Mill

Hill로 옮길 때 시험은 쳤지만, 그 외에는 그 흔한 자기소개서 한 장 쓰라는 요구도 없었다. 인터뷰의 초점은 '어떤 학교를 원하느냐' 였다. "저는 국제적인 걸 배우고 싶고, 다른 나라 친구들과 사귀고 싶습니다. Mill Hill은 국제도시 런던에 있고, 여러 나라에서 온 다양한 인종들이 모여서 공부합니다." 그 답변 하나로 나머지는 일사천리였다.

우리의 잣대로는, 학교에 돈 좀 있다고 위세를 떤다는 욕을 먹을 수도 있겠다. 자립형 사립고등학교(자사고)에 쏟아진 비난이 이랬다. 요컨대, '너희는 대한민국 안에 있는 학교가 아니냐'라는 힐문이었다. 역사와 문화와 경제구조가 다르므로 단순한 비교는 곤란하지만, 영국인들은 그렇게만 생각하지는 않는 듯했다. 이 사람들은 기본적으로 개인의 선택권을 존중한다. 자유로운 사회가 자유로운 개인을 만드는 게 아니라 자유로운 개인이 자유로운 사회를 만든다는 것이다.

얼핏 들으면 사적 영역과 공적 영역이 완전히 분리된 것처럼 생각된다. 하지만, 학교마다 학군단이 조직되어 있는 데서 알 수 있듯이, 영국에서 공적 영역은 사적 영역 깊숙이 침투해 있다. "요람에서 무덤까지"가 상징하듯이, 공공성이 잘 정비되어 있다. 아동학대나 성적 학대가 장기간 은폐되는 경우가 드물다. 영국에서 살다 보면 사생활을 감시하는 눈이 의외로 많다는 데 놀라게 된다. 영국의 술집 펍(pub)은 '퍼블릭 하우스(public house)'의 준말이다.

모든 개인은 사회에 책임을 진다. 사립이라고 예외는 아니다. 어떻게 질 것인가? 가장 낮은 단계의 책임은 장학금이다. 다만, 영국인들은 이걸 공평의 문제로만 바라보지는 않는다. 비싼 등록금을 낼 수 있는 학생만이 자율을 누릴 수 있다면, 그건 너무 불합리하다는 게 이 사람들 사고방식이다. 세계를 경영하면서 별의별 시행착오를 겪어본 나라의 국민답게, 영국인들은 매사 합리적인지 아닌지 따지기 좋아한다. 불합리한 건 오래 지탱하지 못한다는 식이다.

장학금을 줄 때도 가난해서 준다고 떠들어대지 않는다. 성적순도 아니다. 사립학교 장학생들 가운데에는 우등생보다 특기생이 더 많다. 재능이 있는지, 그 재능을 발휘할 자세를 갖췄는지를 본다. 장학금 신청서가 쌓이기를 기다리지 않는다. 학교가 발 벗고 나서 그런 학생을 찾으러 다닌다. 이쯤 되면 장학금은 주도면밀한 투자다. 이런 인식을 공유하고 있기에, 등록금을 내는 학생도 불만을 표시하지 않고, 장학금을 받는 학생도 주눅 들지 않는다.

졸업을 앞두고, 뉴욕으로 '아트 트립'을 떠났다. 일종의 체험학습 겸 수학여행인데, 뉴욕의 박물관과 미술관을 순례하는 4박 5일 일정이다. 그러니까 순전히 작품을 감상하러 대서양을 건너간 거다. 메트로폴리탄에도 가고, 굿겐하임에도 갔다. 비용은 학교와 학생이 절반씩이다. 누구든 신청할 수 있다. 장학생은 학교가 비용을 전부 댄다. 함께 간 인도 금광왕 아들이 비디오카메라를 잃어버렸다. 나랑 친구들이 찾아주겠다고 나섰더니, 이 녀석 대답이 가관이다. "귀찮아."

이야기가 옆길로 새지만, 이 '아트 트립' 도중 흥미진진한 일이 벌어졌다. 쇼핑몰에 갔는데, 우리가 영국에서 왔다고 하자 점원 누나들이 '브리티시 액센트(영국식 억양)'가 듣고 싶단다. 몇 마디 하지도 않았는데, '섹시'하다며 자지러진다. 영화 〈러브 액츄얼리〉처럼. 누나들은 술 마시러 가자고 우리를 꼬셨다.

뉴욕 아트 트립 때 구겐하임 미술관 앞에서

"영국은 18세부터 술 마실 수 있다던데?"

"로마에 오면 로마법을 따라야죠. 우린 20세 미만이라서 여기선 술 못 마셔요."

속지주의(屬地主義) 핑계를 대고 도망갔다. 누나들은 그물에 걸린 물고기를 놓쳤다는 표정이다.

각설하고, 사립학교가 지는 사회적 책임의 더 높은 단계는 다양성의 유지다. 졸업생들이 죄다 법대, 의대, 경영대를 지망한다면, 어떻게 될까. 값비싼 사설 기숙학원으로 전락한 사립학교는 존립 근거를 잃게 될 것이다. 자율을 인정한 결과가 명문대 독식이라면, 사립학교를 둘러싼 사회적 합의는 깨어질 수밖에 없다. 예나 지금이나, 세상은 한 명이라도 더 먹여 살리는 사람을 존경한다.

다양성은 풍성한 사회의 원천이다. 원인을 교육에만 물어서는 안 되겠지만, 우수한 학생들이 법대, 의대, 경영대에 줄을 서는 모습은 누가 봐도 정상이 아니다. 이게 대세가 되면, 기술 혁신과 콘텐츠 개발에 투입할 수 있는 인재의 풀은 극도로 좁아진다. 다양성을 뿌리내릴 떡잎들을 북돋는 일은 학교에서부터 체계적으로 선행되어야 한다. 영국의 사립학교들이 고민하는 자신의 역할이 이것이다. 명문대 입학생 수로만 따지면, 영국에서는 사립보다 공립의 성적이 더 높다.

우리의 사립은 아직 이런 지점까지 도달하지 못한 게 사실이다. 자율성 확보 여부가 사립의 기준이라고 한다면, '자사고'마저도 진정한 사립이라고 간주하기 민망한 상황이다. 상산고등학교의 사례는 대한민국에서 사립학교를 운영한다는 게 얼마나 고단하고 위험한 일인지 확인시켜 주었다. 물론 사립학교의 책임도 없지는 않다. 주요 사립학교들은 의대를 '싹쓸이'하다시피 한다. 그렇다고 특정 학교에 낙인을 찍어 '자사고' 지정을 취소하면 이 문제가 사라지는가.

사립학교를 없애겠다는 발상이 아니라면, 정부는 사립이 사립답게 학교를 운영할 수 있게 유도해야 한다. 자율성을 부여할 로드맵을 짜고, 정권이 간섭할 수 없도록 불가역적인 제도와 장치를 마련해야 한다. 그래야 우리 사립학교들의 해묵은 숙제인 재원 문제를 해결할 실마리가 풀린다. 사람을 키우는 교육이야말로 가장 박수 받아 마땅한 투자인데, 나무 위에 올려놓고 흔들어대면 누가 지갑에서 돈을 꺼내겠는가.

런던의 과외선생님

영국에는 사립보다 학생을 좋은 대학에 더 많이 보내는 공립학교들이 흔하고 넘친다. 해마다 각급 학교별로 1등부터 꼴등까지 순위를 매기는데(결과는 교육부 홈페이지에 공개된다), 중등학교 순위를 보면 최상위권에서는 사립과 공립이 치열하게 각축을 벌이지만, 상위권에 포진하는 수는 공립이 훨씬 더 많다. 공립은 대학진학률이 낮다는 인식이 영국의 학부모들에게는 별로 없다. 오히려 정반대다.

영국에도 학군(catchment)이 있다. 공립학교 배정은 학군이 기준이므로는, 공립학교에 다니려면 학교 옆에 살아야 한다. 학부모들은 상위권 공립학교들이 운집한 학군으로 몰린다. 영국은 교육열이 높은 나라다. 직업으로는 전문직, 인종으로는 유대인과 인도 출신이 자녀 교육에 극성이다. 영국에서 살면서 그런 부모들을 종종 만났다. 이들은 '맹모삼천지교'도 마다하지 않는다. 이 때문에 특정 학군은 집값이 유달리 비싸다.

『이코노미스트』에 따르면, 런던의 경우 좋은 학군에서 살기 위해서는 연간 평균 7만6,675파운드(약 12억 원)의 집값을 더 내야 한다. 『파이낸셜 타임즈』는 2017년 런던 내 명문 초등학교의 '학군 프리미엄' 가격이 평균 1억3천만원에 달한다고 보도했다. 우리와 비슷하다. 한국과 다른 점은, 이른바 '8학군'이 하나가 아니라는 것, 그리고 '8학군'이 어느 한 도시에 쏠려 있지도 않다는 것이다.

지도를 보면, 이런 사실이 확연히 드러난다. '학군 프리미엄'이 붙은 곳은 런던에만 있는 게 아니라 전국적으로 흩어져 있다. 이 지도에 '%'로 표시된 '학군 프리미엄'은 해당 지역의 평균 집값과 비교한 것이므로, '학군 프리미엄'이 높다고 집값이 더 비싸다고 볼 수는 없다. 그렇다고는 해도, 런던의 세 배가 넘는 '학군 프리미엄'이 붙은 지역이 두 곳이나 있다는 사실은 의미심장하다. 교육의 '지역 격차'가 심하지 않다는 뜻이기 때문이다.

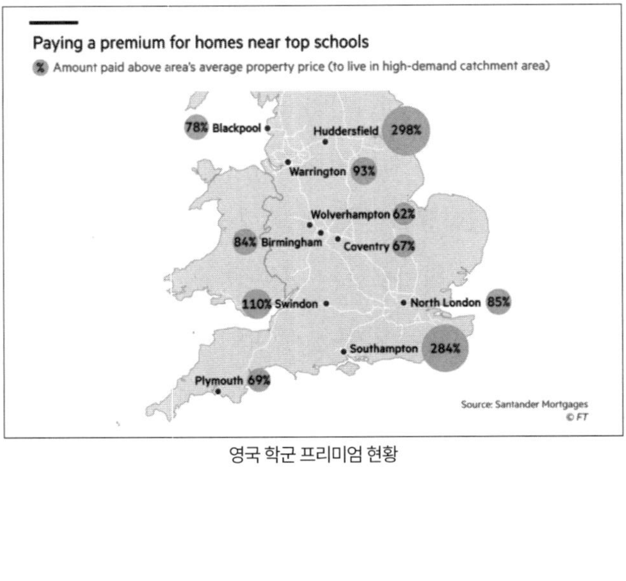

영국 학군 프리미엄 현황

'지역 격차' 또는 '지역 편중'은 대학으로 가면 사실상 존재하지 않는 거나 마찬가지다. 『가디언』이 집계한 〈2019 영국의 대학 순위〉에 따르면, 상위 20개 대학 가운데 런던 안에 있는 대학은 달랑 3개뿐이다(1위 케임브리지대학은 케임브리지주, 2위 옥스퍼드대학은 옥스퍼드주에 있다). '인 서울'에서 시작해 내려가는 한국의 대학 서열과는 출발 지점부터 다르다. 게다가 영국은 세계랭킹 10위권에 오른 대학을 4개나 보유하고 있다.

'지역 격차'가 없다고 해서, 세계 최고 대학들이 있다고 해서, 교육 문제가 해결되었다고 볼 수는 없을 것이다. 자녀의 학력이 부모의 재산에 연동된다면? 물론, 자본주의사회에서 이를 원천적으로 봉쇄하는 건 이론적으로도 불가능하다. 공산권에서는 부모의 권력이 자녀의 권력으로 복제된다. 뭐든지 도가 지나치면 불공정에 앞서 불합리한 일이 된다. 널리 인재를 발굴하는 데 인색한 나라에 더 나은 내일을 기대할 수는 없는 법이다.

영국에도 학원이 있다. 개인의 선택권을 존중하는 사회에 사교육이 없다면, 그게 더 이상하다. 엉뚱하게 들리겠지만, 나도 그 덕을 봤다. 대학생이 되고 나서다. 런던의 한인타운 뉴몰던에 있는 '처칠 칼리지'라는 입시학원에서였다. 원장님이 재영한인학생회가 주최한 한국 문화의 밤 행사를 후원해주면서, 대신 아르바이트로 학생들을 가르쳐달라고 부탁했다.

한국 애들 위주였지만, 유대인, 인도인, 앵글로색슨 애들도 배우러 왔다. 처음에는 일주일에 한 번 토요일만 나갔는데, 내가 가르친 학생들이 옥스퍼드, 런던대 같은 명문대나 이튼, 해로우 같은 명문 사립고등학교에 합격하면서 입소문이 퍼졌다. 인기강사가 되자 강의가 월-수-금으로 늘었고, 입학시험을 치르기 전 마지막 방학인 봄방학 때는 학생들이 쇄도했다. 가정교사도 했다. 여유가 있는 영국 부모들은 애를 학원에 보내기보다 선생을 집으로 부른다.

런던에서 과외선생님을 하면서, 한국 엄마들의 무서움을 실감했다. 나도 공부를 해야 하니까 아르바이트에 내 시간을 몽땅 바칠 수가 없다. 한국 엄마들은 그런 사정 안 봐준다. 입시가 코앞에 닥치면, 나를 아예 납치하다시피 모셔갔다. 마치 릴레이를 하듯, 엄마들은 사전에 자기들끼리 약속한 순서대로 나를 집으로 데려갔다. 새벽 6시부터 자정까지 하루 18시간씩 애들을 가르쳤다. 그걸 하루 이틀도 아니고 일주일을 계속했다.

이 '족집게 과외'는 시간당 10만원이었다. 내가 달라고 한 게 아니고 엄마들끼리 책정한 가격이었다. 과외선생님 일주일 해서 번 돈이 1,200만원이 넘었다. 보람까지는 몰라도, 생활에는 확실히 도움이 됐다. 부모님 부담을 덜어드리고, 최소한 생활비만큼은 자립하게 됐다. 내가 가르쳤던 제자(?) 중에는 나와 대학 동문이 되어 재회한 학생도 있었다.

공급하는 쪽에 서서 영국 사교육을 들여다보면서, 한국과 다른 점을 몇 가지 발견했다. 우선, 정도가 달랐다. 우리처럼 중산층 전체가 매달리지 않는다. 한국에서는 사교육이 대학에 들어가는 필요조건이라면, 영국에서는 충분조건도 아닌 것 같았다. 대학에 가서 보니, 나처럼 학원에 다닌 적이 없는 입학생이 부지기수였다. 다음으로, 사교육의 목표가 특정 학과 진학이 아니었다. 내가 가르친 학생들은 평균 이상으로 우수했는데, 그들이 지망한 학과는 다양했다.

마지막으로, 영국에서는 사교육이 사회 문제로 비화하지 않았다. 사교육 때문에 내 자식이 가고 싶은 대학에 못 간다고 원망하는 학부모는 별로 없는 듯했다. 부자를 보는 눈이 우리와 다른 탓도 있겠지만, 그보다는 공교육에 대한 신뢰가 두텁기 때문이 아닌가 싶다. 여기에 더해, 간과하면 안 되는 게 대학의 기능에 대한 사회적 인식의 차이다. 영국인들에게 대학은 국가경쟁력의 표상이다. 우리에게 그것은 출세의 등용문이다. 한쪽의 시선은 공적이고, 한쪽의 시선은 사적이다.

대개 유학이라고 하면, 식당에서 접시닦이 하면서 고학하는 학생을 떠올린다. 그건 호랑이 담배 먹던 시절 이야기다. 아르바이트로 학비 보태는 유학생들은 열에 한둘도 안 된다. 물가가 비싸기로 유명한 영국으로 유학 올 정도면, 학비 정도는 걱정하지 않는 학생들이 대다수다. 게다가 영국에는 외국인들에게 허용된 일자리가 제한되어 있다. 나처럼 중학생 때부터 생활한 유학생이 아니라면, 괜찮은 아르바이트 자리 구하다가 시간만 버린다.

그보다 더 근본적인 이유가 있다. 영국에서는 대학을 졸업하기가 굉장히 어렵다. 대학 2학년에 올라갈 즈음에는, 입학생의 절반밖에 남지 않는다. 점수가 아주 짜다. A학점이 70점인데, 낙제가

39점이다. 조금만 실수하면 유급이고, 유급 두 번이면 퇴학이다. 도서관에 가면, 학생들의 자리다툼을 언제든 목격할 수 있다. 책 펼쳐 놨다고 내 자리가 아니다. 그런 생각을 했다간 자칫 싸움에 휘말릴 수도 있다.

나 역시 학점 스트레스에 시달렸지만, 다람쥐 쳇바퀴 돌 듯 강의실과 도서관을 맴돌기는 싫었다. 유난히 경제적 자립에 끌렸고, 내가 번 돈을 써보고 싶었다. 노동의 가치를 몸으로 느껴보자는 내 나름의 철학도 있었다. 영주권을 받기 전이었지만, 취업비자가 없더라도 1주일에 20시간 노동은 가능했다. 대학에 입학하자마자, Mill Hill 시절 주말이나 방학 때 가끔 들렀던 한국식당 '란'에 찾아갔다.

사장님에게 아르바이트를 하고 싶어 찾아왔다고 말을 꺼내니, 웨이터를 해보겠느냐고 묻는다. 원하던 바라고 대답했다. 일주일에 3번, 오후 5시부터 10시까지 일했다. 직원들은 어학 연수생 아니면 조선족 분들이었다. 내가 막내였고, 남자는 나 혼자라 힘을 쓰는 일은 내가 다 했다. 귀여움도 많이 받았다. 근무시간이 끝나면, 주방 아주머니들이 비빔밥을 비벼주시기도 했다. 땀 흘리고 난 뒤 우리 음식을 먹을 수 있어서 흐뭇했다.

외국인 손님들이 오면 고기를 구워주고, 한국 음식 먹는 법을 알려줬다. "이렇게 상추에 싸서 한입에 쏙 넣으세요~" 일이 즐거웠다. 손님이 식사하는 모습을 살피다가 부르기도 전에 달려갔다. 내가 일하는 품이 직원으로 보이지 않았던지, 한국에서 여행 온 손님들은 나를 사장으로 착각하기도 했다.

“사장님~ 여기 고기 1인분 추가~”

“어? 저 사장 아니에요.”

“사장도 아닌데 이렇게 열심히 일해?”

“사장 아니라고 열심히 일하지 말라는 법 있나요? 주문 감사합니다~”

학교를 경쟁시켜라!

영국에서는 초등학교도 순위를 매긴다. 교육부가 주관한다. 읽기, 문법, 수학이 필수 평가 항목이다. 대도시 학교들이 유리할 거라고 예상했겠지만, 그렇지 않다. 손흥민 선수 덕분에, 한국인들은 영국의 도시 이름을 꽤 안다. 토트넘이야 런던광역시 안에 있다고 쳐도, 레스터는 인구 30만 도시를 연고로 하는 구단이다. 초등학교 평가 상위권에는 프로축구 구단도 없는 작은 도시 학교들이 대도시 학교들과 어깨를 나란히 하고 있다.

학교 운영의 자율성을 확보하고 있어서 사립이 더 유리하리라고 짐작하겠지만, 이 또한 그렇지 않다. 2018년 『선데이 타임즈』가 보도한 바에 따르면, 종합성적 상위권에 있는 학교들이 받은 점수는 사립이 346~343점, 공립이 345~343점대였다. 차이가 거의 없다. 초등학교 때부터 '지역 격차'가 없을뿐더러 공립이 사립에 꿀리지도 않는다.

평가 항목 중에는 성장성(지난 2개년도에 비해 얼마나 발전했는지) 측정 항목이 있다. 학생을 평가할 때도 그렇듯이, 영국 사회는 노력과 성취를 높이 쳐준다. 구색맞추기나, 어쩌다가 한 번 뉴스 화면을 장식하고 마는 미담으로 다뤄지는 게 아니다. 사회 구성원 전체가 관심을 쏟고 일상적으로 지켜나가는 확고부동한 규칙이다. 노력해서 발전하는 사람에게 점수를 줌으로써 상향평준을 도모하는 것이다.

노력과 성취를 중시하는 문화이다 보니, 그걸 도운 사람에게도 빠짐없이 박수가 돌아가고, 확실한 보상이 주어진다. 순위가 오르면 교장 선생님부터 스카우트 물망에 오르고, 연봉도 오른다. 영국에는 학교에 좋은 교사를 소개하는 일을 전문적으로 처리하는 인력알선업체들이 여럿 있다. 공립도 선생님을 고를 재량권을 갖고 있고, 성과급 지급도 가능하다. 교사 선택권은 사립에만 해당하지 않는다.

학교에는 학생과 교사가 있다. 학생만 평가하는 건 불합리하다. 교사에게도 점수를 매긴다. 학생의 노력과 성취를 이끈 교사들이 높은 점수를 받는다. 그래서 실력 있고 야망 있는 젊은 선생님들은 하위권 학교를 선호한다. 한편, 상위권 학교는 현재 위치에서 내려가지 않으려고, 최고의 대우를 제시하며 선생님들을 모셔간다. 독점이나 편중이 일어날 수가 없다. 이게 교육의 질을 높이는 시스템이다.

한국의 진보는 '교육 기회의 평등'을 외친다. 진정성은 의심하지 말자. 속셈부터 꼬집어서는 대화가 성립하지 않는다. 평등이 인류의 이상이라는 데 동의한다. 그러나, 이상은 위에서 아래로 내리꽂는 방식으로는 실현되지 않는다. 어느 날 갑자기 왕이 평등을 선언했다고 사회가 평등해지나? 마치 DNA 이중나선구조처럼 서로 다른 욕구와 힘이 부딪히고 엉킨 상호상승이 인류가 이상에 다가갔던 과정이었다.

이걸 부정하면, 이상으로 현실을 윽박지르는 본말전도가 벌어진다. 단계를 생략하고 건너뛰는 게 얼마나 위험천만한 일인지 이해하려 하지 않기 때문이다. 과정을 미분해도 변수에 대비하기 쉽지 않거늘, 이상을 앞세워 적분해버리면 현실은 더 뒤틀린다. 이럴수록 단기지표에 더 매달리게 된다. 이번 달에는 얼마나 더 평등해졌어! 이런 식이다. 이 요구에 응답하려면 동원할 수 있는 정책 수단은 규제밖에 없다. 이것도 하지 마라, 저것도 하지 마라….

규제로 '기회의 평등'을 꾀할 수 있다고 믿는 건 망상이나 다름없다. 아무리 막아도 틈이 생긴다. 민주주의국가에서 과외를 법으로 금지할 건가. 사교육이 창궐한다. 그것으로 이미 '기회의 평등'에는 종지부가 찍혔다. 이게 끝이면 다행이다. 규제의 후폭풍이 공교육에 밀어닥친다. 틀에 갇힌 학교와 교사와 학생은 창의적인 노력에 나설 동기를 빼앗긴다. 현상 유지는 하향평준화의 시작이다. 사교육은 더 멀리 달아나고, 격차는 더 크게 벌어진다.

어른들 말씀을 들어보면, 1980년대 중반까지만 해도 자녀를 학원에 보내지 않고도 서울대에 입학시킨 학부모들이 수두룩했다고 한다. 서울대생 가운데 서울 출신은 1/3이 넘지 않았다고 한다. 지금은 옛날이야기가 됐다. 성장의 시대에는 멀쩡했던 사다리가, 어처구니없게도, 분배와 평등의 구호가 난무하는 시대에 부서진 것이다. 특정 이념에 점수를 매기는 게 허용된다면, 한국의 진보는 유급이다. 학생 성취 항목에서 낙제를 받을 테니까.

역사를 거슬러 올라가면, 사립학교는 공적 영역의 발달이 미숙했고 국가에 재원이 부족했던 시절에 생겼다. 분명히 특권이었다. 기득권을 대물림하겠다는 욕망이 사립을 탄생시켰다. 그렇다고 공이 부정되겠는가. 사립학교가 축적한 경험은 근대적 교육시스템 확립에 없어서는 안 될 노하우와 매뉴얼을 제공했다. 수많은 인재를 배출해 나라를 살찌웠다. 사립은 국가의 부담을 덜어주었다.

국가는 어떻게든 개입하려 했을 것이다. 사립은 저항했다. 타율에 구속되지 않기 위해, 재정 자립에 더 심혈을 기울였다. 이것까지 막을 수는 없었다. 백년대계에 투자하겠다는데 무슨 명분으로 막겠나. 국가는 타협을 선택했고, 사립의 자율성을 보장했다. "도시의 공기는 자유를 만든다"라는 독일 격언이 있다. 중세의 자유도시처럼, 사립학교는 자유라는 공기를 마실 수 있는 공간이었다. 교육의 자유가 사회에 다양성을 불어넣었다.

사립이 분담한 덕분에, 국가는 공립에 더 많이 투자할 여력을 확보할 수 있다. 사립에 자율성을 부여한 전통이 공립을 틀에서 놓아주는 원심력으로 작용한다. 영국에서 공립이 성적이 좋은 이유를 사립에서 찾는다면 지나친 해석일까. 영국에서는 사립과 공립이 경쟁한다. 이 경쟁이 워낙 치열해서, 학원은 끼어들 여지가 없다. 학원은 틈새시장에서 거들 뿐, 감히 학교의 영역을 넘보지 못한다.

이 정도까지는 아니었지만, 예전에는 우리도 비슷했다. '명문 공립'을 추격하는 '명문 사립'에 관심이 쏠렸다. 동문의 성원도 대단했다. 이제는 그런 거 없다. 등록금도 걷지 못하는 사립, 정부로부터 교비를 타 써야 하는 사립. 결과는 사립과 공립의 동반 추락이다. 지금 대한민국에서는 학교와 학원이 경쟁한다. 한쪽은 규제로 묶였고, 다른 한쪽은 규제의 사각지대다. 백전백패, 학교가 물을 먹게 되어 있다.

사립을 위축시켜 공립처럼 만들어야 '기회의 평등'을 이룰 수 있다고 믿는 사람들은 교육시스템을 공교육과 사교육으로 구별하기 좋아한다. 그렇다면, 그 공교육의 질이 어떻게 변했는지 수치로 확인해보자. OECD가 주관한 국제학업성취도평가(PISA)에 따르면, 읽기 기초학력에 미달한 학생의 비율은 2009년 5.8%에서 2018년 15.1%로 2배 이상 늘어났다(같은 기간, 수학은 8.1%에서 15.0%, 과학은 6.3%에서 15.2%).

공교육이 활성화되었다면, 이런 참담한 수치는 나올 수 없다. 이건 명백히 공교육의 저변이 붕괴하고 있다는 뜻이다. 이게 학부모들이 체감하는 공교육의 질이다. 그런데, 한국 학생들의 평균 점수 순위는 OECD 최상위권이다(읽기 2~7위, 수학 1~4위, 과학 3~5위). 이걸 누가 이끌었을까. 한국의 '진보'가 그토록 미워하는 학원과 자사고, 특목고다. 영국에서는 사교육이 공교육의 보완재인데, 한국에서는 대체재다.

성장이 멈추었다. 시계를 3년 전으로 돌려보자. 불황에 허덕이는 국민경제에 코로나 팬데믹이라는 먹구름까지 끼었다. 재정적자가 눈덩이처럼 불어난다. 이대로 가면 공교육 붕괴는 시간 문제다. 언제까지 학생들을 입시와 취업의 좁은 문으로 몰아넣어야 만족하겠는가. '저출산-고령화'를 위기가 아닌 기회로 여겨야 한다. 학생이 줄어드는 만큼 공급을 수요에 맞추고, 특성과 개성을 꽃피울 맞춤형 교육에 대한 투자를 획기적으로 늘려야 한다.

특정 이념에 경도된 정치집단이 주도하려 하면 안 된다. 자율성 회복이 급선무다. 공교육을 살리고 싶은 게 진정이라면, 학교를 가두었던 틀부터 부셔야 한다. 권한 없이 책임 없다. 그래야 학교와 교사를 '전인교육'과 '직업교육' 시장에서 경쟁시킬 수 있다. 그동안 우리는 학생을 수능 점수로 경쟁시켰다. 타율에 길든 학교는 천편일률적인 입시경쟁 외에는 학생을 평가할 다른 선택지를 고안하지도 시도하지도 못하기 때문이다.

자율성을 주고, 학교를 경쟁시켜라! 사교육에 쏠리는 국민의 지갑을 공교육으로 돌릴 시스템을 구축해야 한다. 초기에 발생할 부작용은 '기회의 평등'이라는 구호가 낳은 추락과 붕괴에 비하면 아무것도 아니다. 아직은 시간이 있다. 그러나 곳간이 비게 되면, 그때는 학교든 교사든 학생이든 경쟁을 강제하고 싶어도 하지 못하게 된다. 그 암담한 상황을 나는 케냐에서 목격했다.

케냐에서

'국경 없는 교육가회(Educators Without Borders, EWB)'는 교육을 통한 빈곤퇴치를 목적으로, 아프리카 및 아시아지역에서 교육 개발 사업을 수행하는 국제개발 NGO다. 2007년 한국에서 설립되었고, 서울대학교 교육학과 김기섭 교수님이 이끌고 있다. 창립 직후부터 아프리카의 최빈국 부르키나파소에서 진행해온 GAPA(문해교육-기술교육-소액대출) 사업모델로, 2014년 한국 기관 최초로 '유네스코 세종대왕 문해상'을 수상했다.

'국경 없는 교육가회'의 신조는 '자립 추구'다. 더 나은 교육의 기회를 더 많은 지구촌 이웃에게 제공해 빈곤에서 자립할 역량을 스스로 키우도록 돕는다. 글자를 읽고 쓰지 못하는 전 세계의 비문해(非文解) 성인들에게 문해교육을 실시하고, 어린이들에게 공평하게 공부할 기회를 주기 위한 협력과 지원에 앞장선다.

나는 집행위원 자격으로, 케냐 쪽 사업에 참여하고 있다. '국경 없는 교육가회'가 케냐에서 펼치는 사업은 '극빈지역 초 · 중등학교

도서 기증 사업'이다. 현재까지 9개 초·중등학교에 참고서, 교육 도서, 학용품, 기초 교구재 및 학습도구를 전달했다. 학교가 없는 마을에 교사(校舍)를 건립하면서, 부속 시설로 양계장을 만들어 재정 자립도 돕는다.

케냐를 방문해 현지 관계자들과 필요한 지원사업이 무엇인지 논의했다. 과거 이슬람 지배의 영향으로, 아프리카에는 성인이 되기 전에 여성의 성감대를 잘라내는 여성 할례(割禮)의 악습이 아직도 남아 있다. 이 때문에 적지 않은 수의 여성들이 감염으로 죽어가고, 평생 성적 행복을 누리지 못하고 살아간다. 현지인들은 입을 모아 악습을 끊을 교육이 시급하다고 말했다. 가슴 아픈 순간이었다. 이 사업은 'SFG(Stop Female Genital Mutilation, 여성 할례를 멈추자)'라는 이름으로 진행되고 있다.

케냐 초등학교에서 학생들과 함께

다른 아프리카 나라들과 마찬가지로, 케냐 역시 빈곤에서 벗어나지 못하고 있다. 내전은 심하지 않았지만 독재가 심했다. 케냐 정부는 1970년대 초반부터 초등교육을 확충하기 위한 여러 정책을 내놓았으나, 교육재정이 부실해 성과를 거두지 못했다. 이러한 상황은 2003년 무상초등교육 정책이 제시된 이후에도 크게 개선되지 않았다. 초등학교 취학률은 2007년 100%를 달성했지만, 과밀 학급과 교원 전문성 부족은 여전하다.

케냐 초등학교의 수업 모습

케냐의 학제는 2017년부터 '2(유아)-6(초등)-6(중등)-3(대학)' 시스템으로 바뀌었다. 기존 학제에 대해 고용주들은 농업-어업-건설 부문 인력 수급을 등한시했다는 불만을 제기했고, 화이트칼라 직군은 외국을 경험한 직업연수생들이 차지해, 청년의 대다수가 실업자로 전락했다. 교사노조는 9만 명 이상의 교사를 신규 고용하라고 요구하지만, 학교시설 자체가 부족한 실정에서, 재원을 염출할 수 있을지 의문이다.

국민의 교육열은 높다. 학교에서 확보할 수 없는 양질의 교육을 학교 밖에서 구하는 부모들이 늘어나고 있다. 교육의 질이 교육열을 따라가지 못하는 것이다. 최근 월드뱅크는 "케냐의 학교에 다니는 아이들이 3년 가까이 학습 손실을 겪고 있으며, 이는 주로 교육의 질 때문"이라고 지적한 바 있다. 중등교육을 마쳤음에도 19세 및 20세의 40% 이상이 기본 문해력 수준보다 낮았고, 이로 인해 아이들은 자신이 가진 잠재력의 52%밖에 발휘하지 못한다.

국제사회는 해외원조를 '글로벌 스탠다드'로 권장한다. 우리는 오랫동안 원조를 받는 쪽에 속했다. 2000년에 원조를 받아야 할 나라 목록에서 제외되었고, 2010년에는 OECD 산하 개발원조위원회(Development Assistance Committee, DAC)에 24번째 회원국으로 가입했다. 유상협력(유상원조)은 한국수출입은행에 설치된 대외경제협력기금이, 무상협력(무상원조)은 한국국제협력단(KOICA, 외교부 산하기관)이 맡는다.

케냐를 돕기 위해 코이카에 제안서를 내기로 했다. 현장에서 확인한 상황과 국제 비교연구에서 정리한 쟁점과 과제를 바탕으로, 내 나름으로 케냐의 교육 현실을 짚어봤다.

▷ 교원은 교장이나 장학사 등 정부 상급자로부터, 학생들이 졸

업자격시험에 좋은 성적을 내도록 압박을 가한다고 느끼고 있다. 그러나 교사와 시설 및 기자재 부족이 만연한 학급 현실에서 압력은 비현실적 목표라고 인식한다.

▷ 에이즈(HIV) 때문에 고아나 결손가정 학생 수가 줄지 않고 있다. 학부모 문맹도 심각하다. 이들은 교육의 가치에 무관심하고, 부모로서 책임의식이 없다.

▷ 학교 교육에 대한 무력감이 학생 사이에 널리 퍼져 "학교 다녀 무엇 하나?"는 부정적 생각이 퍼져 있다. 좋은 교육을 받아도 밖에 나가 할 일이 없다는 현실을 절감하고 있다.

▷ 중도 탈락이 초등 저학년에서 많이 나타나며, 유급도 상당한 정도이다. 여학생은 가사 돕기와 심지어 조혼 습관 탓에 학교를 중퇴하기도 한다.

▷ 초등 무상교육이 시행됨에도 장기 결석 현상이 개선되지 않고 있다. 그 결과, 학습의 질이 더 떨어진다.

▷ 과밀 학급이 흔하고, 그렇지 않은 경우에도 기본 교구(칠판, 교과서 등)나 학습 보충자료가 부족하다. 가구 급식 상태가 열악해 학생들의 학습 집중도가 크게 떨어진다.

▷ 정부의 교육비 지급이 안정되어 있지 않아 학교의 미래가 불안하거나 불확실한 경우가 많다.

유네스코가 제시한 글로벌 교육 지표는 "모든 이를 위한 교육(Education For All)"이다. 위에서 열거한 난제들에 봉착하고 있음에도, 케냐는 다른 아프리카 나라들과 비교하면 양적 확대에서는 성과를 거둔 편이라고 볼 수 있다. 케냐의 교육은 질적 전환을 모색할 단계로 이동하고 있다. 교육의 질을 관리하려면, 국가가 정한 교육과정의 목표 달성 현황을 성, 연령, 소득, 직업, 지역에 따라 세심하게 들여다봐야 한다. 아래 항목들은 내가 코이카에 제안한 내용이다.

▷ 교육의 질적 향상을 위한 지향점의 설정이 필요하다. 그것은 교육시스템을 합리적으로 설계하는데 꼭 필요하다. 각 분야별 지표 구축을 통해 교육에 대한 합리적인 평가를 시행할 수 있어야 한다. 이러한 요건을 충족하기 위해서는, 교육평가에 대한 기준과 현지 맞춤형 평가 수단이 개발되어야 하며, 이를 통해 현실적인 기간을 설정하여 단계적 목표를 수립할 수 있도록 해야 한다.

▷ 또한, 부족한 자원을 최대한 효율적으로 사용하기 위해서도 평가 수단을 이용해야 한다. 새롭게 도입된 교육시스템이 실제로 기존 문제를 해결하고 있는지, 교육의 질 향상에 얼마나 기여하고 있는지를 평가하기 위한 객관적인 표준이 반드시 마련되어야 한다.

후술하겠지만, 나는 탄소배출을 저감하는 사업을 하고 있다. 케냐는 식수 사정이 좋지 않다. 배탈은 일상이고, 전염병 감염에 무방비 상태로 노출된다. UN은 끓인 물을 마시라고 권하지만, 물을 끓이면 반대급부로 탄소가 배출된다. 정수시설이 있다면 아이들의 건강을 지킴과 동시에 탄소배출권을 확보할 수 있다. 정수시설을 케냐의 학교에 설치해주고, 탄소배출권을 매각한 수익금으로 학생을 돕는 일을 하자는 게 내 구상이다.

케냐 초등학교 참관을 마치고 학생들과 함께 단체 기념사진을 찍었다.

뭐든지 하나만 잘하면

외국어를 습득하는 가장 빠른 길은 현지에 가서 사는 거다. 이 말만 믿고, 영어는 별로 걱정하지 않았다. 반은 맞고 반은 틀리다. 가서 사는 것보다 중요한 게 섞여서 사는 거다. 재는 말도 없고, 공부도 못하고, 대체 잘하는 게 뭐야? 처음에는 애들 표정이 싸했다. 우물거리며 입을 떼자마자 속사포처럼 쏘아대니, 도통 말을 섞을 수가 없다. 어떻게 해야 애들과 친해질까. 친해져야 말이라도 좀 천천히 해달라고 부탁할 거 아닌가.

관찰해보니, 운동 잘하는 학생은 항상 옆자리가 북적댔다. 특히, 럭비를 잘하는 애들이 그랬다. 럭비부에 들었다. '신사들이 하는 불량한 스포츠'라는 말이 있을 정도로, 럭비는 몸싸움이다. 근력과 지구력이 모자라면 경기에 끼워주지 않는다. 팔굽혀펴기로 힘을 키우기로 했다. 한 번에 10개로 시작해서 150개까지 늘렸다. 나를 보는 눈이 달라지는 걸 느낄 수 있었다. 꽤 버티네? 제법 빠르네? 공을 줘볼까?

부원들이 말을 붙여왔다. 내가 부탁하지도 않았는데 말을 늦춘다. 이런 거였구나…. 자력갱생(?)하는지 지켜본 거다. 입학 당시에는 영국 학생들과 체격에 차이가 없었다. 그런데 얘네들은 무지하게 빨리 큰다. 팔굽혀펴기에 더 힘을 쏟았다. 시합에서 내 공으로 이기는 횟수가 늘었다. 이런 얘기가 기숙사에 퍼지자, 여자애들도 말을 걸어왔다.

럭비와 내가 궁합이 맞았던 모양이다. 럭비는 스크럼으로 출발한다. 대오가 허술하면 공격이고 수비고 끝장이다. 전진 패스가 허용되지 않기 때문에, 미식축구처럼 장거리 패스 한 방으로 전세가 역전되지 않는다. 축구의 마라도나 농구의 마이클 조던 같이 스타선수 한 명이 승패를 좌지우지하는 경우는 좀처럼 보기 힘들다. 꾸준하고 끈질기게, 합심하고 단결해야만 승리에 다가설 수 있다.

플랭커(Flanker, 가장자리를 맡는 선수라는 뜻) 포지션이 내게 주어졌다. 플랭커는 스크럼 양옆에서 방향을 조정하고, 공이 빠져나오면 가장 먼저 공수전환에 나선다. 뚫리면 막으러 몸을 던지고, 뚫으면 찌르러 뛰쳐나간다. 그래야 뒤에 대기하고 있는 최종공격수에게 결정적인 기회를 열어줄 수 있다. 상대의 공격패턴이나 루트를 읽을 줄 알아야 하고, 제일 많이 뛰어야 하는 보직이다. 현대축구 전술에 비유하면, 측면을 봉쇄하고 오버래핑으로 적진에 침투하는 윙백이 되겠다.

럭비는 축구와 함께 영국의 국기(國技)다. 옛날에는 사립은 럭비, 공립은 축구라는 대립 구도가 있었으나, 지금은 모든 학교에 럭비부와 축구부가 있다. 학교 대항 전국대회 본선이 런던 교외에서 열린다. 구장이 10개 넘게 조성된 럭비 단지가 있다(럭비는 부상 위험이 많아서 맨땅에서는 하지 못한다). 7인제로 전후반 각 7분, 하프타임 1분이다(15인제는 경기시간 최대 80분, 하프타임 10분).

'럭비 세븐'이라고 부른다. 본선에는 128개 학교가 참여하는데, 하루에 결승전까지 다 치른다(결승전에 오르면 일곱 경기를 뛰는 셈이다). 선수만 해도 수천 명에, 대회 관계자, 교사, 학부모, 관중까지 합치면 만 명이 넘게 모인다. 경기 결과는 당일 뉴스로 나온다. 나는 주전선수로 출전했다. 우리 학교는 준결승까지 진출했다.

럭비부 대표로 활동하던 당시의 나와 동료들

영국에서는 체육과 음악이 학교생활의 기본 가운데 하나다. 모든 학생이 체육 한 종목과 악기 하나씩 익혀야 한다. 잘하고 못하고를 신경질적으로 따지지는 않는다. 누리고 즐기는 국민이 되라는 뜻인 것 같았다. 악기 하나만 다룰 줄 알아도 삶의 명도와 채도가 달라진다. 여유가 생기고, 자신이 붙는다. 화음이 선사하는 유대감은 존중과 배려라는 긍정적인 자세를 갖게 해준다.

체육은 더 독려한다. 한 학기에 운동 시간을 다섯 번 빼먹으면 정학이다. 학군단 활동을 이수하지 않으면 졸업장을 주지 않는 것처럼, 규칙이 엄격하다. 학부모도 이의를 제기하지 않는다. 과연 "체력은 국력"이라는 것일까. 나는 뛰고 달리는 걸 좋아해서 적응하기가 쉬웠다. 하키부에도 들었다. 힘이 넘쳤든지 요령이 없었든지, 채를 반쪽 내고, 그 딱딱한 하키 공도 두 번인가 박살을 냈다. 하키 선생님이 어이없다는 표정을 짓더니, 골키퍼만 하라는 것이었다.

초등학교 시절 동생과 함께 크리스마스 행사에서 바이올린을 켜는 나

악기는 바이올린을 선택했다. 음악엔 소질이 없었는지, 솜씨가 별로 늘지 않았다. 친구들은 다 악기 하나쯤은 다뤘다. 노래는 좋아했다. 잘 부르지는 못했지만, 함께 어울려서 부르는 걸 좋아했다. 영국에는 우리처럼 한 곡씩 뽑는 문화는 없고, 대신 '따라부르기'나 '이어부르기'가 있다. 럭비가 끝나면, 노래를 부른다. 한 명이 '누구는 엉덩이로 자빠졌네~'라고 선창하면, 모두 '자빠졌네~ 자빠졌네~' 추임새를 넣고, 다음 사람이 '누구는 머리로 들이받았네~'라는 식으로 이어간다.

영국 사립학교들의 장학제도는 독특한 데가 있다. 성적이 우수한 학생에게 천편일률적으로 주지 않는다. 다양한 특기를 가진 학생에게 장학금이 고루 돌아간다. 정부가 할당 지침을 내려서 그러는 것도 아니고, 특기생을 뽑아야 할 필요성이 있어서 그러는 게 아니다. 내가 출전했던 '럭비 세븐' 전국대회는 영국에서는 유명한 연례행사다. 그래도 방송사들은 중계하지 않는다. 아마추어리즘을 보호하기 위해서다.

영국의 사립학교들은 음악, 미술, 스포츠 등 다양한 재능을 가진 아이들을 매년 십수 명씩 장학생으로 선발한다. 기숙사비 포함 전액 장학금이다. 여가생활에 필요한 돈도 지원한다. 대개 저소득층 아이들에게 혜택이 돌아간다. 뭐든지 하나만 잘하면, 돈 걱정 없이 공부할 수 있게 해주겠다는 거다. 입학하고 나서 전공을 바꿔도 뭐라고 하지 않는다. 아이가 자신에게 숨겨진 또 다른 재능을 발견하면, 더 반갑게 맞아준다.

백만 명에 하나 나오는 천재가 아닌 이상, 부모의 덕을 보는 애들과 성적으로 경쟁하기는 쉽지 않다. 반면, 재능은 학원에 보낸다고 느는 게 아니다. 우선 당사자가 그걸 원해야 한다. 영국에는 유아교육 때부터 아이들의 특성과 개성을 관찰해서 어떤 소질과 재능이 있는지 찾아주는 시스템이 잘 정비되어 있다. 이것이 교사의 가장 중요한 역할이기도 하다. 사립학교는 그런 아이들의 후원자를 자처한다.

영국의 중등학교 평가에는 다른 재능을 가진 학생을 얼마나 배출했는지 측정하는 항목이 포함되어 있다. 우리처럼 모든 학생이 특정 학과에 줄을 서는 학교는 인정받지 못한다. 스펙트럼이 넓어야 높은 점수를 받는다. 다양성은 영국 사회가 가장 중요하게 생각하는 교육지표 가운데 하나다. 따라서 재능을 인정받고 들어온 장학생은 학교의 보물이다. 학교는 애지중지하고, 학생은 존경의 시선을 보낸다.

영국의 사립학교 학생들은 학교생활의 절반을 기숙사에서 보낸다. 장학생들은 어떤 차별도 받지 않고 다른 학생들과 어울린다. 들어보니 한국에서는 어느 전형으로 입학했는지를 학교가 애써 감춘다던데, 영국은 거꾸로다. 학교가 아예 대놓고 광고한다. 장학생이 우리 기숙사에 들어온다고? 이건 학생들에게는 아주 '굿 뉴스'다. 자랑거리가 생기기 때문이다. 걔 우리랑 함께 살아, 이런 식이다.

나랑 함께 학교 대표팀에서 뛴 동료, 소닐, 데이비드, 벤. 얘들은 럭비 청소년국가대표로 뽑혔고, 학생들 사이에서는 그야말로 우상이었다. 음악 장학생이었던 도미닉과 도란. 얘들은 매주 작은 음악회를 마련해 연주를 들려주고, 음악의 역사를 알기 쉽게 설명해 주었다. 수업시간보다 더 재미있고 흥미로웠다. 이러니, 장학생을 자기네 기숙사로 끌어가려고 학생들이 안달할 수밖에.

뭐든지 하나만 잘하면 인정받는 학교가 뭐든지 하나만 잘하면 존경받는 사회를 일군다. 이런 학교에서 공부한 학생들이 다양성을 인정하는 문화를 가꾼다. 역순으로, 그 문화가 학교를 더 건강하게 만들어준다. 이 순환 작용에서 다양한 일자리가 생겨난다. 줄 서지 않아도 충분히 누리고 즐길 수 있는 삶. 그것이 영국의 학교가 학생에게 전하려는 졸업선물이다.

"너, 대학 안 가?"

시스템과 문화는 어릴 때 접해봐야 배울 수 있다고 생각했다. 기질이나 습관은 중고등학교 시절에 거의 완성된다. 어릴 적에 어떻게 사는지를 알아야 그 나라 사람들을 입체적으로 파악할 수 있다. 위인전에서 성장기를 빼면 무슨 재미가 있나. 업적만 보고 그릇된 판단을 내릴 수도 있다. 그래서 중학교 1학년 때 영국으로 떠난 건데, 돌아오고 나니 의미심장한 질문을 던지는 분들이 계셨다.

"조기유학은 불리할 텐데요."
"어떤 점이 그렇습니까?"
"학연을 만들 수 없으니까요."
"미처 생각하지 못했습니다."

유학을 결행하던 시점에서, 내 머릿속에 학연 같은 단어는 없었다. 중학교 1학년이 학연을 따진다면 너무 영악스럽다. 무슨 큰

일을 도모하겠다고 간 것도 아니었고, 우리나라에 부족한 걸 채우는 역할이라도 주어지면 고맙겠다는 생각이었다. 친구들이 아른거리기는 했다. 실망하겠지. 자기들 버리고 떠났다고. 지금 헤어지면 다 커서 보겠구나. 그때가 되면 서로 얼굴이나 알아볼 수 있으려나….

친구를 잃게 될지도 모른다는 건 두려웠다. 도원결의라도 하고 떠나는 게 아니지 않은가. 방학 때 돌아와서 만난들 서먹서먹할 것이다. 'ㅇㅇ친구'가 진짜 친구라고 한다. 아무런 이해타산 없이 웃어주고 울어줄 친구가 한 명도 없다면 얼마나 쓸쓸할까. 영국에 가서 친구를 사귈 수는 있겠지만, 나는 어차피 돌아가야 할 몸. 이러다 양쪽에서 이방인 취급을 받게 되면 어쩌지?

'쿨' 하게 생각하기로 했다. 'ㅇㅇ친구'는 포기하자. 그 대신 같은 길을 걸을 수 있는 친구를 사귀자. 뜻만 맞으면 언제 만났는지는 상관이 없을 거다. 동갑이 아니어도 된다. 도원결의를 맺을 당시 유비는 스물넷, 관우는 그보다 서너 살 위(관우는 생년월일이 전해지지 않는다), 장비는 스물이었다. 우정을 소중하게 지키고, 함께 나눌 추억은 세월과 더불어 만들어가자.

나는 학연이라고 할 만한 걸 갖고 있지 않다. 초등학교 전학 세 번(화교학교까지 포함해서), 중학교 전학 두 번(그것도 1년 사이에)이라, 동창이라고 명함 내밀기도 계면쩍다. 우리 사회가 학연 중 최고로 치는 고등학교는 '해당 없음'이다. 그렇지만, 일하는 데 애먹거나, 함께 일하는 분들에게 벽을 느껴본 적은 없다. 그분들은 나와 같은 학교를 졸업해서, 나와 같은 지역 출신이라서, 나와 머리를 맞대고 손발을 맞추는 게 아니다.

지연이나 학연으로 끈끈하게 이어진 인맥은 정실(情實)을 낳기 일쑤다. 특정 집단의 구성원들끼리 밀어주고 끌어주는 사례는 흔하다. 학벌은 공정을 해칠뿐더러 인재 등용을 가로막는다. 아직까지는 내 개인적인 견해에 불과하겠지만, 인맥이 없다는 건 강점일 수도 있다. 더 넓게 보고, 더 멀리 뛰고, 더 유연하게 인간관계를 맺는 동기를 부여하기 때문이다.

우리나라만 인맥을 중시하는 건 아닐 것이다. 과거에, 영국의 사립학교는 존재 자체가 학벌이고 인맥이었다. 공립이 성장하면서 사립의 위세는 줄었지만, 상류사회에서는 지금도 어느 대학 나왔는지를 굉장히 따진다. 사립학교 학생들은 그 대학에 가기 위해 들어온 애들이다. 그런데, 대학에 가지 않겠다는 학생이 심심치 않게 나온다. 내가 다닌 학교에도 그런 애들이 있었다.

집이 부자여서 그렇다고 생각하면 곤란하다. 영국의 부자들은 자식에게 그리 인자하지 않다. 이건 봉건시대부터 내려온 전통이다. 영지를 물려받을 자식이 변변치 못하면, 목숨은 물론이고 가문도 부지할 수 없으니까 그랬을 것이다. 집에 돈이 많든 적든, 고등학교를 졸업하고 나서도 부모 신세를 지는 애들이 영국에는 거의 없다. 독립해서, 자기가 번 돈으로 월세를 내고 산다. 그런 영국 젊은이들에게 비웃음거리가 되지 않으려고, 나도 코피가 날 정도로 아르바이트를 했다.

대학에 가야만 할 특별한 이유를 발견하지 못했다? 그럼 안 간다! A-Level(대학에 들어가기 위한 중등학교 마지막 과정)을 마치고도 그런다는 애가 있어서, 실례를 무릅쓰고 물어봤다.

"너, 대학 안 가?"
"안 가."
"불안하지 않아?"
"넌 불안해서 대학 가니?"
"아니, 그건 아니지만…. 그래서 넌 뭐 할 건데?"
"자라(ZARA)에서 점원을 할 거야."
"그걸로 만족이 되니?"
"내 시간이 생기잖아."
"부모님이 허락하셨어?"
"그걸 왜 허락을 받아야 하지?"

직업에 대한 사회적 인식의 차이가 분명히 있다. 가게에서 일한다고 얕잡아봤다간, 사람 취급 못 받는다. 의사나 교수, 고위공무원이나 대기업 이사가 돼야 우러름을 받는 것도 아니다. 딱히 부러워하지도 않는다. 자기 일에 성실하고 명랑하게 사는 사람이 존경받는다. 가족의 압박도 적은 편이다. 부모가 드라마 〈스카이 캐슬〉의 주인공처럼 굴었다간, 당장 '직계비속 학대죄'로 고발당할 거다.

영국에서는 하수관 고치는 노동자가 제일 돈을 많이 받는다. 시간당 12만원이다. 집에 화장실이 고장 나서 수리할 사람을 불렀는데, 고치고 나더니 80파운드(15만원)짜리 계산서를 내민다. 깜짝 놀랐다. 오래된 집은 많은데 하수관 고치는 일은 고되다. 그래서 이른바 '3D 업종'에 종사하는 사람들의 보수가 높다. 외국인 노동자라고 싸지 않다. 영국은 외국인 노동자 수를 제한하고, 취업비자 받기가 하늘의 별 따기다.

맨체스터대학교 박사과정 때 석사학위를 마친 후배들을 축하하며

영국인들은 외국인 노동자 유입으로 자국민의 일자리가 줄어들고 임금이 하락하는 걸 원치 않는다. 그래서 하수관 고치는 값이 비싸다고 불평하지 않는다. 당연히 내야 할 비용이라고 생각하고, 웬만하면 자기가 고친다. 'DIY(Do It Yorself)'다. 이건 큰 회사나 작은 가게도 마찬가지다. 고용 비용을 탓하기에 앞서 생산성을 어

떻게 높일지, 아이템이 승산이 있는지 면밀하게 살핀다. 사람에 들어가는 비용은 상수(常數)라는 사회적 합의가 정착되어 있다.

이런 사회적 합의와 시스템의 산물이 혁신이다. 연구개발(R&D)나 인재 발굴보다 노무관리에 비용을 더 많이 쓰는 회사는 시장의 신뢰를 잃는다. 은행과 투자자들은 사업계획을 심사하는 데 이골이 나 있고, 판단이 서면 사업계획서만 보고 지갑을 연다. 젊은이들이 창업의 문을 두드릴 수 있는 사회적 배경이 충실하다. 이 혁신의 문화 덕분에, 새로운 업종과 일자리가 끊이지 않고 생겨난다.

한편, 고된 일에는 상응하는 보수를 지급해야 한다는 데 사회가 동의하므로, '3D 업종'이 도태되지 않고 노동의 질 역시 떨어지지 않는다. 육체노동을 존중하고, 육체노동자의 직무수행능력을 인정하는 문화는 아이들에게 직업 선택의 폭을 넓혀준다. 졸업하고 자라에서 일하겠다는 젊은이한테 그간 들인 학원비가 아깝다고 타박을 하면, 사회 전체가 상처를 입는다.

우리의 경우, '평생직장'이라는 신화가 깨지면서 안정적 직업을 구하라는 가족의 압박이 커졌다. 'IMF 사태'를 겪은 부모의 트라우마가 자식에게 이식된 것이었다. 오늘도 정부는 일자리를 만든다고 분주하다. 문재인 정부 때는 대통령 직속으로 '일자리위원회'가 있었고, 청와대에 '일자리수석'도 있었다. 그랬지만, 대통령 임기 5년 동안 뭘 했는지 지금은 전혀 남은 게 없다. 교육 시스템부터 혁신해야 한다. 사태 파악을 잘못하고 있는 것 같다.

나를 발견하는 수업

영국에서 학교 다니면서 가장 자주 겪은 문화적 충격은 어떤 재능이든 동등하게 보는 시선이었다. 공부 잘하는 학생과 운동 잘하는 학생이 '동급'이라는 게 참 신선했다. 초등학교 시절을 돌이켜보면, 운동 잘하는 애가 선생님으로부터 대우받는 건 운동회가 열리는 날만이었다. 그건 노래 잘 부르는 학생도 마찬가지였다. 노래 잘 부르는 애가 자신의 존재감을 확인하는 시간은 오락 시간뿐이었다.

역사적 차이도 있는 것 같다. 영국은 일찌감치 해외로 진출했다. 총칼만으로는 식민지를 다스릴 수 없다. 세계경영의 비결은 소프트 파워다. 다양한 재능이 필요하다는 사실을 사회가 빨리 깨달은 것이다. 제국 안에 수많은 인종이 섞여서 살고 있으니, 다양성을 인정해주지 않을 도리가 없다. 2018년 영국 정부 조사에 따르면, 영어가 아닌 다른 언어를 집에서 사용하는 아이의 비중이 21%나 되고, 공립초등학교에서 백인 아이의 비중은 66%에 그쳤다.

우리 부부는 아이 둘을 키우는 부모다. 아이가 초등학교에 입학하고 나서, 아내와 나 사이에 다른 점이 있다는 걸 발견했다. 나는 우리 아이들이 다른 생각을 인정하고 다른 사람을 배려하는 교육과정을 밟았으면 좋겠다(이 생각은 아내도 환영한다). 수학 문제 몇 개 틀려도 책상으로 가라고 소리치지 않는다. 아내는 다르다. 세 문제만 틀려도 화를 낸다. 이런 순간이 닥치면, 내 위치는 아빠에서 아이들 공부를 방해하는 '불순한 외부세력'으로 밀려난다.

어느 아이에게나 자신의 삶을 꾸려나갈 재능과 소질이 있다는 걸 왜 모를까. 그 재능과 소질이 천차만별로 달라도 가치는 동등하다는 걸 왜 인정하지 않을까. 다름을 존중하지 않는 게 바로 차별이다. 영국이라고 처음부터 차별 없는 사회였겠는가. 5대양 6대주를 누비며 무수한 굴곡과 부침을 경험하면서, 다양성의 존중이라는 해법을 찾았다. 차별이 사라지기 시작한 건 그때부터였다.

우리 사회는 민주주의를 지향한다. "모든 국민은 법 앞에 평등하다. 누구든지 성별 · 종교 또는 사회적 신분에 의하여 정치적 · 경제적 · 사회적 · 문화적 생활의 모든 영역에 있어서 차별을 받지 아니한다(대한민국 헌법 제11조 ①)." 그러나 현실에서는 직업, 수입, 재산에 따라 사람을 높게 보거나 낮게 보는 시선이 존재하고 있음을 부인하기 힘들다. 사회가 갈라지고 있다. 어디에서부터 고쳐나가야 할까. 교육이다.

나는 똑같은 걸 가르치고 배우는 게 교육이라고 생각하지 않는다. 그건 교육이라는 이름의 억압으로 작용할 수도 있다. 자기가 배우고 싶은 걸 배울 수 있게 해주는 게 올바르다고 생각한다. 하지만, 예산과 인력은 한정되어 있다. 학생마다 원하는 과목마다 1대1 전담 교육이 이루어진다면 정말 좋겠지만(과거 극소수의 귀족이 그랬다), 아직은 꿈같은 이야기다. 선진국조차도 교육예산이 모자라서 쩔쩔맨다.

따라서 어떤 요구든 학교 시스템 안에서 해결할 수밖에 없다. 성적을 매겨, 두각을 보이는 학생에게 더 양질의 교육을 제공하는 게 불가피하다. 여기에는 몇 가지 위험이 도사린다. 첫째는 획일이다. 공부 이외의 재능을 수치로 환산하려면 공이 많이 든다. '국영수'는 평가하기가 간편하고, 시비도 적다. 행정편의주의가 득세하게 되어, 다양성이 소거된다.

둘째는 승자독식이다. 상급 학교로 올라갈수록 병목 현상이 심해진다. 터널에서 빠져나온 이들은 앞만 보고 달리는 경향이 있다. 몇 분 전에 자신을 괴롭혔던 교통체증은 까맣게 잊는다. 목적지에서 기다릴 보상만 눈에 들어온다. 개구리가 올챙이 시절 잊은 격이다. 이런 사람들이 정책 결정권을 쥐게 되면 기초교육이 소홀해진다. 절벽에서 떨어뜨려 살아남은 아이에게 전부를 준다? 이건 정글의 법칙이다.

셋째는 편중이다. 재능이 만개하는 건 졸업하고 나서도 한참 뒤의 일이다. 영재교육에 유혹당하면 성장이 늦는 아이들은 관심과 애정에서 배제된다. 어려서 천재가 커서 범재(凡才)가 되는 경우도 비일비재하다. 초기 투자를 분산하지 않으면 허리가 부실해진다. 그 결과, 모든 분야에서 공동화(空洞化) 현상이 나타난다. 머리만 비대해지고, 손과 발은 퇴화한다. 사회는 조로(早老)를 면치 못한다.

이러한 위험 요소들을 사전에 완벽히 제거하기란 불가능하다. 이상과 현실의 타협이 우리가 해야 하는 일이다. 아이가 얼마나 클지 예단하려 하지 말고, '가성비(나는 이 단어를 정말 싫어한다)'를 계산하려 하지 말고, 아이의 작은 가슴속에서 할딱이는 맥박 소리에 귀를 기울여줘야 한다. 최소한 의무교육 기간까지만이라도, "너에게는 특별한 재능이 있어"라고 속삭여주는 게 교육의 본령이 돼야 한다.

많은 학생이 자신을 발견하지 못한 채 학창을 떠나 성적순으로 사회에 편입된다. 이렇게 막심한 교육 손실이 또 있을까. 정보가 넘쳐난다고 사람들은 말한다. 하지만 정보는 자신이 누구인지 아는 사람만이 활용할 수 있다. 내가 누군지 모르는 상태에서 간접경험은 그림의 떡일 뿐이다. 학교는 아이들에게 직접경험의 기회를 최대한 늘려줌으로써, 정보를 비교하고 분석할 능력을 길러줘야 한다.

교육은 배우고 싶은 걸 배울 수 있게 해주는 쪽으로 발전해야 한다. 정책 결정권자들이 '교육 기회의 평등'을 도식적으로 이해하면, 아이들은 똑같은 내용과 똑같은 수준을 강요받게 된다. 지루함을 참지 못하는 아이들부터 차례차례 탈락하고, '모범생'만 남게 된다. 이렇게 일방적인 학교가 성실한 민주시민이 되라고 가르칠 수 있을까. 이렇게 재미없는 학교에서 피카소가 나오겠나 베토벤

이 나오겠나.

무엇을 어떻게 배울지 학생마다 다름이 있다. 특목고를 비난하는 이유가 '엘리트 교육' 때문이라면, 그건 바람직하지 않다고 생각한다. 국가가 전진하기 위해서는 인재를 키워야 한다. 과학고와 외고가 왜 나쁜가. 설립 목적에 충실하도록 이끌어줄 시스템의 부재부터 탓해야지, 무턱대고 학교만 나무란다면 문 닫게 하는 수밖에 없다. 구더기 무섭다고 장 안 담을 건가. 에베레스트가 높은 이유는 히말라야에 있기 때문이다.

영국은 근대민주주의가 태어난 곳이지만, 소수의 엘리트가 나라를 움직인다. 노동당이라고 예외는 아니다. 토니 블레어는 옥스퍼드 졸업생이다. 국민은 어떻게 생각할까. 대학에 가지 않겠다고 선언한 내 친구는 이렇게 말했다. 정치지도자는 혹독한 수련 과정을 거쳐야 해. 그들에게 요행은 용납되어서는 안 돼. 시스템이 엄격하게 가려낸 후보를 국민이 뽑는 거야. 우리는 선동가에 속지 않아….

유학 생활을 하면서 내가 내린 결론 가운데 하나는, 영국은 교육과 인재 양성 그리고 연구개발에 사회가 가진 모든 힘을 쏟아붓는 나라라는 것이었다. 그 작은 나라에 세계 최고 대학들이 몰려 있다. 그게 다 투자의 결실이다. 투자의 책임을 정부에게만 미루지 않고 민간이 함께 부담한다. 특히, 인재 발굴에 돈을 많이 쓴다. 영국은 연구개발과 인재 발굴로 먹고사는 듯했다. 땅덩이가 좁고, 자원이 부족한 나라니까.

영국은 중등학교를 '그래머 스쿨(grammar school)'이라고 부른다. 직역하면 문법학교라는 뜻이 되는데, 라틴어 문법을 가르쳤던 데서 유래한 이름이다. 우리나라의 서당(書堂)과 놀랄 만큼 흡사하다. 우리처럼 한문 교습으로 중등교육이 출발한 셈이니까. 어디 가나 출발은 대동소이하다. 하지만, 우리의 서당이 사서삼경(四書三經)을 암송하는 동안, 영국의 문법학교는 다양성의 발견으로 나아갔다.

세상은 아이들에게 쓸모 있는 사람이 되라고 타이른다. 좋은 말이다. 그러나 한 번쯤은 뒤집어봐야 하지 않을까. 사람을 '쓸모 있고'와 '쓸모 없고'로 나눌 수 있나? 인간은 이용하고 이용당하기 위해서 태어나지 않았다. 긍지와 보람을 심어주는 게 먼저다. 나를 발견하는 수업. 그것이 학교 교육의 출발점이 돼야 하지 않을까.

언론인 박권상 선생이 『영국을 생각한다』라는 책을 쓴 게 1979년이다. 1973년부터 1977년까지 영국 특파원으로 체류한 경험을 글로 옮겼다. 내가 이 책이 있다는 사실을 알게 된 건 최근의 일이다. 목차를 펼쳤더니, 맨 처음 1부의 제목이 "개성을 살리는 다양한 교육체계"다. 특파원이면 정치나 외교부터 챙겼을 텐데, 그게 아니었다. 이분 역시 교육에서 가장 큰 문화적 충격을 받으셨구나! 이 책이 나온 지 40년이 지났다. 우리는 얼마나 따라잡았을까. 한마디 덧붙이면, 그때 영국은 '영국병'을 앓는 중이었다.

PART 3

복지의 색깔은 녹색

로베스피에르의 우유

프랑스대혁명의 지도자, 로베스피에르의 별명은 "부패할 수 없는 사람"이었다. '일인자'의 자리에 오르고 나서도 월세방에 살면서 출퇴근했다니, 거의 병적으로 주변을 단속했다고 하겠다. 정적(政敵)들도 할 말을 잊었다고 한다. 혁명은 특권을 부수려 했다. 이런 일을 하려면 손이 깨끗해야 한다. 도덕성은 남들이 넘볼 수 없는 정치적 자산이 되었을 것이다.

로베스피에르는 강경파 자코뱅의 리더였지만, 내부에서는 중도파였다. 관습 대신 이성의 지배를 희망한다고 연설했다. 혁명 직후(프랑스대혁명은 1789년 7월에 일어났고, 자코뱅이 집권한 건 1793년 6월이다)에는, 사형제 폐지 법안을 제출한 적도 있다. 훗날 '공포정치'의 대명사로 통하게 되는 그의 이미지와는 어울리지 않는 모습이다.

'자유와 평등'을 프랑스대혁명의 구호로 내건 사람이 로베스피에르였다. 그는 혁명의 정신적 지주였다. 이념의 선명성이 도덕성과

맞물려 '나는 옳다'는 자기 확신에 점점 더 빠졌다. 왕당파들이 외세와 손을 잡고 반혁명을 기도하자, 이 확신은 '나만 옳다'는 독선으로 걷잡을 수 없이 폭주하기 시작했다. 역사가나 경제학자들이 '로베스피에르의 우유'라고 부르는 사건은 이런 와중에 일어났다.

혁명은 모든 걸 흔들어놓았다. 낡은 질서를 파괴했지만, 새로운 질서의 전망은 보이지 않았다. 왕정을 고수하는 유럽의 다른 나라들과 전쟁을 벌이면서 무역이 끊겼고(요즘 말로 하면 경제제재다), 병력을 동원하느라 농촌에 일손이 달려 농축산물 생산에 차질이 빚어졌다. 파리의 우윳값이 치솟았다. 아이들의 누렇게 뜬 얼굴에 분노한 로베스피에르는 이렇게 선언했다. "모든 프랑스 아동은 우유를 마실 권리가 있다."

최고지도자의 말 한마디에 우윳값은 떨어졌다. 그러나 잠시뿐이었다. 농민들이 우유 짜기를 그만두고 젖소를 도축해 고기로 팔았기 때문이다. 우윳값이 다시 오르자 당황한 로베스피에르는 이유를 추궁했다. 건초값이 올라 수지가 맞지 않는다는 대답이었다. 건초값을 떨구라는 불호령이 내려졌다. 이번에는 업자들이 건초를 태워버리고 자취를 감췄다. 생산 단계마다 꼬리를 무는 연쇄 반응에 혁명정부는 아연실색했다.

최후의 카드로, 로베스피에르는 생필품 가격을 규제하는 법안을 통과시켰다. 상한선을 정해 물가를 잡겠다는 것이었다. 다만 무슨 이유에선지, 대상 품목에 우유는 들어 있지 않았다. 그래서 일부 학자들은 '로베스피에르의 우유' 일화는 과장되었다고 주장하기도 한다. 어쨌든, '아동의 우유 마실 권리'는 선의의 발로로 해석된다. 그런데 이 법안이 발의되고 통과되는 과정을 뜯어보면, 선의를 의심할 지점이 있다.

혁명의 주력부대는 '상퀼로트(Sans-Culotte)'라고 불린 파리의 서민이었다. 당시 귀족 남성은 퀼로트라는 반바지를 입었고, 그들은 퀼로트를 입지 않은 평민을 상퀼로트(프랑스어 sans는 영어의 without에 해당한다)라고 불렀다. 조선 시대에 갓을 쓰지 못하던 상민을 차별한 것과 비슷한 뉘앙스다. 혁명이 고조되면서, 상퀼로트는 점차 귀족에 대항하는 동질감을 상징하는 단어로 쓰이게 된다.

생필품 가격이 폭등하자, 상퀼로트들은 곳곳에서 폭동을 일으켰다. 처음에는 여성들이 주동이었지만, 남성들이 합세하면서 빵가게, 식료품점, 잡화점을 공격하는 무정부적 양상이 전개됐다. 이때까지만 해도 로베스피에르는 폭동에 동조하지 않았다. 폭동은 수그러들지 않았고, 식량난도 해결되지 않았다. 상퀼로트들은 온건파인 지롱드를 주범이라고 지목했다. 식량 문제가 정치 문제로 비화한 것이다. 그러자 자코뱅은 기회가 왔다고 판단했다.

로베스피에르는 투기 세력에 비난의 화살을 퍼붓고, 식료품 가격을 통제하라고 촉구했다. "모든 프랑스 아동은 우유를 마실 권리가 있다"고 선언한 것도 이때였다. 자코뱅은 가격통제가 낳을 부작용을 제기하는 지롱드를 거칠게 몰아붙였다. 상퀼로트들은 환호했다. 대중의 지지를 등에 업은 자코뱅은 지롱드를 희생양 삼아 단두대로 보내고, 국민공회(혁명으로 구성된 의회)를 장악했다.

사육제는 끝났다. 이제 자코뱅은 모든 책임을 져야 했다. 그러나 그들은 경제를 몰라도 너무 몰랐다. 시장의 동력은 이타심이 아니라 이기심이라는 사실을 애써 부정했다. 전쟁 중인데, 군사(軍事)에도 무지했다. 규제는 생산 의욕을 떨어뜨렸다. 농민과 업자들은 생산량을 줄였고, 어떻게든 숨겨놓으려 했다. 상인들은 문을 닫거나 암시장으로 스며들었다. 단속하다가 하루 해가 졌다.

영세자영업자들이 가장 직접적인 타격을 입었다. 실핏줄이 터지자 손발부터 썩어들어갔다. 로베스피에르는 "민중은 이성으로, 민중의 적은 공포로" 이끌라고 자코뱅을 독려했지만, 현실에서 공포에 질린 쪽은 생존 위기에 몰린 민중이었다. 대중은 지지를 철회했다. 혼돈이 수습된 건 나폴레옹이 등장한 뒤였다. 나폴레옹은 연전연승하며 프랑스를 위기에서 구하고, 경제를 반석 위에 올려놓았다.

이념이 과잉되면 독단이 횡행한다. 나는 뭘 해도 옳고 너는 뭘 해도 그르다. 위정자들이 이런 비뚤어진 신념에 매몰되면, 파국을 부르게 된다. 의욕이 앞서면 무리수를 고집한다. 일의 순서가 엉키고 대국을 놓치게 된다. 우리도 그런 적이 있다. 강경식 전 부총리의 회고록에 그 이야기가 나온다.

1972년 말 경제기획원 물가정책국장으로 발령받은 그에게 물가 인상을 3%대로 안정시키라는 지상명령이 떨어졌다. 공산품 가격을 5% 내리라고 기업들을 종용했다(그 시절에는 '족쳤다'는 표현이 더 어울리겠지만). 도매물가지수는 하락했는데, 이른바 '장바구니 물가'는 꿈쩍도 하지 않았다. 대통령은 진노했다. 물가대책회의를 매일 아침 열었다.

가격이 잡히지 않는 품목마다 해당 부서 관계자들을 다 불렀다. "수송에 애로가 있다고 하면 교통부에서 특별 수송대책을 강구하고, 매점매석이 있다고 하면 경찰이 나서 단속을 벌이는 등 다양한 대책을 논의하고 시행 상황을 챙겼다." 경제개발시대의 생산력과 행정력은 로베스피에르 때의 몇만 배다. 일곱 달 뒤 경제동향보고회 석상, 대통령이 매서운 눈초리로 지난 1년 물가상승률을 부총리에게 물었다. "3%입니다."

물가정책국은 한시름 놓았다. 그런데 웬걸, 한 달이 못 되어 '1차 오일쇼크'가 터졌다. 1972년 말 2달러 선에 머물던 원유값이 1973년 10월 10달러를 넘어섰다. 다시 비상이 걸렸다. 유가가 오른 만큼 고시가격(당시 주요공산품 가격은 정부가 정했다)을 조정해주라는 것이었다. 일곱 달 만에, 지상명령은 물가를 올려주라는 것으로 바뀌었다. "가격 조정 작업은 한없이 이어졌다." 석유 안 쓰는 산업은 없으니까.

그때의 허탈감을 강 전 부총리는 이렇게 적었다. "대책회의는 실질적인 물가 안정보다는 3% 목표 달성을 위한 물가지수 관리에 더 매달렸다 … 매일 열린 물가대책회의에서 논의한 안정 대책 중에서 향후 물가 안정을 위해 쓸 수 있는 대책 또한 없었다. 국민생활 안정이라는 물가 안정의 근본 목적과는 동떨어진 '물가행정'에 쏟아부은 시간과 노력이 허망했다." 가격통제, 즉 규제의 허와 실을 관료가 이처럼 솔직하게 털어놓은 회고담은 뜻밖이다.

'로베스피에르의 우유'를 선의로는 세상을 구원하지 못한다는 뜻으로 새기는 이들이 많다. 나는 조금 다르게 해석하고 싶다. 선의로 출발한 것은 맞지만, 그것은 어디까지나 정치적 행위였다. 비판은 정치적 계산에 사심이 개입됐는지, 정책의 전후방 효과를 두루 살피며 완급을 조절했는지에 맞춰져야 한다. 로베스피에르의 실패를 보고 사람들이 선의 따위는 필요 없다고 믿게 된다면, 세상이 얼마나 각박하고 삭막해질까.

박정희 대통령이 휘두른 철권은 적지 않은 불협화음과 시행착오를 남겼다. 그래도 우리는 그를 높이 평가한다. 업적 때문만이 아니다. 보릿고개를 없애고 민족중흥의 기틀을 다지겠다던 선의를 의심하지 않아서다. 군사혁명으로 몸을 일으켰음에도 혁명의 전철을 밟지 않고 개혁의 길을 포기하지 않은 집념을 신뢰해서다. 그

선의와 집념이 없었다면, 우리는 성장과 번영을 결코 누리지 못했을 것이다.

문재인 정부 때 유권자들이 등을 돌린 가장 큰 이유 중의 하나는 아파트 전세값 상승이었다. 문재인 정부의 대응을 지켜보면서, '로베스피에르의 우유'가 떠올랐다. 로베스피에르처럼 도덕적이지도 않고 혁명적이지도 않은 이들이 그를 흉내 낸다. 사사건건 박정희 대통령을 비난하는 이들이, 집념에 관한 한 비교조차 되지 않는 이들이, 하필이면 그가 남긴 부정적인 측면을 답습하려 한다. 이념의 과잉을 넘어 철학의 빈곤이다.

『국부론』과 『자본론』

영국에 매력을 느낀 이유는 작은 나라가 전략적으로 움직였다고 봤기 때문이다. 전략은 우선 합리적이어야 한다. 이 점에서 동양과 서양의 철학은 일치한다. 서양의 합리주의는 우연이나 요행을 바라지 않고 이성을 좇는다. 손자(孫子)는 "지피지기(知彼知己)"면 "백전백승(百戰百勝)"이라고 썼다. 지피지기만큼 합리적인 게 있을까. 전략은 또 적극적이어야 한다. 전략의 본성은 도전이므로, 불리한 조건을 딛고 일어서겠다는 의지가 없으면 전략은 성립하지 않는다. 쥐구멍에 숨는 것은 전략이 아니다.

내가 영국 유학의 꿈을 키워가던 1990년대 초반, 대영제국은 쇠락한 지 벌써 수십 년이 지난 뒤였다. 제국은 한 번 무너지면 영광을 되찾기 어렵다. 로마제국이 그랬다. 서로마제국 멸망 이후 이탈리아반도는 1,500년 가까이 분열과 혼란의 연속이었다. 일본인들이 열광했던 소위 '대동아공영권'은 오늘날 증오의 상징이 되어 이웃한 나라들로부터 배척받고 있다.

그에 비하면, 영국의 경우는 독특하다. 대영제국의 식민지였던 나라들은 독립하고 나서도 영연방이라는 이름으로 모여 경제협력과 문화교류를 이어나가고 있다. 21세기로 접어든 지 20년이 지났건만, 50개가 넘는 나라들이 탈퇴하지 않고 남아 있다. 무력으로 강요했을까. 영국은 그럴 힘을 잃어버린 지 오래다.

그렇다면 고마워서 자진해서 남았을까. 국제관계란 친구 사이처럼 물렁물렁하지 않다. 배울 게 있고, 받을 게 있으니 남아 있는 거다. 비결은 영국이 쥐고 있는 소프트파워다. 전략을 짜는 안목, 그 전략을 시스템으로 설계하는 능력, 그 시스템의 효율적인 작동을 뒷받침하는 문화, 그게 대영제국이 영국인에게 물려준 유산이다.

대영박물관에 처음 가보고 두 번 놀랐다. 첫 번째는 엄청난 규모에, 두 번째는 입장료를 안 받는다는 것에. 생각해보면, 놀랄 일도 아니다. 대영박물관이 소장한 유물들은 십중팔구 제국주의 시대에 빼앗아 온 것들인데, 그걸 보여주면서 돈까지 받는다면 반환 요구를 거부할 최소한의 명분마저 사라진다.

그렇다 쳐도, 입장료 무료가 사회적 합의로 지탱되는 건 별개의 문제다. 박물관 입구와 출구에는 기부함이 놓여 있다. 누가 시킨 것도 아닌데, 관람객들은 5파운드나 10파운드 지폐를 넣는다. 영국인들이 '지난 여름에 저지른 잘못', 즉 주홍글씨를 지운 방식이다. 얼마나 영리한 사람들인가.

그 유명한 에드워드 기번의 『로마제국쇠망사』 첫 페이지를 펼치고 받은 충격도 잊히지 않는다. 하기는 책 제목부터 약간 이상했다.

제국의 역사를 다룬다면 흥망사를 쓰는 게 상식 아닌가? 이 책은 이렇게 시작한다. "서기 2세기의 로마제국은 지구상에서 가장 아름다운 영토와 가장 문명화된 인류를 차지하고 있었다." 있었다? 내리막길을 살피겠노라고 첫 장부터 못을 박은 거다. 기번은 18세기 사람으로, "대영제국은 해질 날이 없습니다"라는 빅토리아 여왕의 발언이 나오기 100년 전의 인물이다.

정점에 채 도달하지도 않은 시점에서, 오르막길 대신 내리막길을 성찰하는 영국인. 기번의 책은 출판되자마자 영국 지식인사회의 비상한 관심을 불러일으켰고, 정치가들의 필독서가 되었다고 한다. 그들이 세계를 경영했다.

애덤 스미스(좌)와 마르크스(우)

영국인들은 해가 뜨기도 전에 해가 지는 날을 대비했다고 해도 과언이 아니다. 영연방이 그 실증이다. 산업혁명의 모국이면서도, '굴뚝'에서 서비스산업으로 경제 체질 개선을 가장 성공적으로 마친 나라. 제조업의 패권을 내주면서도 엔지니어링 분야의 주도권만큼은 놓지 않는 나라. 질서 있게 물러나는 법을 알아야 내일을 기약할 수 있다. 이게 전략의 힘이다.

내가 중학교에 입학하자 아버지가 책을 두 권 선물하셨다. 『국부론』과 『자본론』이었다. 그때는 잘 몰랐다. 이 두 책이 인류 역사상 가장 격렬하게 맞붙은 두 개의 이데올로기를 대표하는 경전이라는 사실을. 그건 그렇다 치고, 두 권 모두 중학생이 읽기에는 버거웠다. 페이지를 넘기는 것조차 힘들었다. 솔직히 고백하면, 다 읽지도 못했다. 그래도 여운은 남았다. 똑같은 인간인데 생각이 이렇게 서로 다를 수도 있구나….

영국에서 생활하면서 『국부론』과 『자본론』의 맥락이 조금씩 선명해지기 시작했다. 영국에는 아직도 귀족이 있다. 지금은 지배하지도 군림하지도 않지만, 그들 나름의 고유한 의식은 여전히 완강하다. 애덤 스미스가 『국부론』을 집필하던 시절에는 더하면 더했지 덜하지 않았을 것이다. 귀족들은 상업의 발전과 시장의 도래를 미심쩍은 눈초리로 지켜보았다. 이제껏 누려왔던 특권이 위협받지 않을까 불안해했다. 그들은 자신이 행사하는 '보이는 손'이 변화를 통제해야 한다고 믿었다.

산업혁명 전야에, 과거의 구심력과 미래의 원심력이 불협화음을 빚었다. 바야흐로 영국이 자본주의 시대의 총아로 도약하려던 시점이었다. 애덤 스미스는 지속 가능한 부강을 원한다면 시장의 역할을 인정해야 한다고 답했다. '보이는 손'은 타율이다. 도덕과 명예는 높이 솟아 부자연스럽다. 반면, '보이지 않는 손'은 자율이다. 필요와 욕망은 평평해서 자연스럽다. 경제가 '보이지 않는 손'으로 굴러가는데 정치가 '보이는 손'에 잡혀 있다면, 균형이 맞지 않는다. 시장은 민주주의를 앞당긴다.

『국부론』 한국어판 표지

애덤 스미스의 '보이지 않는 손'은 변화를 주저하는 귀족을 회유하는 당근이었지, 시장에 권력을 넘기라는 채찍이 아니었다. 그는 시장의 맹점, 즉 돈이 돈을 낳는 빈익빈 부익부의 악순환 가능성을 헤아리고 있었다. 부의 재분배는『국부론』이 다룬 의제의 하나였다.

애덤 스미스는 시장이라는 새로운 성장 엔진의 RPM(분당 회전수)을 최대한 올릴 수 있는 연료를 대기 위해 국가가 해야 할 일에 초점을 맞췄으며, 그럼으로써 귀족에게 새로운 역할을 부여했다.『국부론』은 귀족을 설득하기 위한 책이었고, 그것이 국부론(國富論,

The Wealth of Nations)의 맥락이었다.

산업혁명이 속도를 내자, 시장은 날이 갈수록 점점 더 거칠어졌다. 시장에서 힘을 획득한 자본은 곳곳에서 아비규환의 참상을 연출했다. 이번에는 마르크스가 응답했다. 그게 바로 자본주의의 본질이라고. 공산주의는 노동자들에게 혁명만이 당신들을 구원할 유일한 길이라고 목소리를 높였다. 그러나 영국의 노동자들은 혁명 대신 개혁, 공산주의 대신 사회민주주의를 선택했다. 20세기 초반, 노동당은 자유당을 제3당의 자리로 밀어내고 대영제국의 경영에 참여했다.

『자본론』 한국어판 표지

영국에 가서 『자본론』을 다시 읽었다. 맨체스터에 있는, 마르크스가 『자본론』을 집필했던 집에도 들렀다. 자본주의의 아버지로 불리는 애덤 스미스와 공산주의의 아버지로 불리는 카를 마르크스의 대표작이 모두 영국에서 쓰였다는 건 과연 우연일까. 내가 만난 영국인들은 필연이라고 해석하는 듯했다.

“자본주의 초기에 빈부격차가 얼마나 극심했나요. 그걸 놔두고 그냥 간다는 건 인간의 본성에 반하는 짓이지요.”

그들은 이렇게 말했다. 영국은 마르크스의 항의를 받아들여 공공성을 차근차근 확대했고, “요람에서 무덤까지”란 복지국가를 실현했다. 영국인에게 『자본론』은 혁명이론이 아니라 철학이다. 학위를 마치고 귀국하고 나서다. 각자의 추억을 나누는 자리에서 아버지의 선물 이야기를 꺼냈더니, 다들 눈이 휘둥그레진다.

“『자본론』을 중학생 아들에게 선물하다니, 혹시 아버님께서 진보 쪽이셨습니까?”

“그럴 리가요? 『국부론』도 선물하셨잖아요. 양쪽을 다 알아야 한다고 말씀하셨어요.”

“그러다가 빠지기라도 하면….”

“『국부론』도 『자본론』도, 제게는 책일 뿐입니다, 영국에서 배운 거지요.”

사라진 일자리

GCSE는 중등교육을 이수한 학생들이 치는 영국의 국가검정시험이다(우리로 치면 대입자격검정시험). 수학, 영어, 과학(생물, 물리, 화학), 체육, 종교학은 공통과정으로 모든 학생이 들어야 하고, 미술, 디자인&테크놀로지, 디지털정보학, 연극, 컴퓨터 사이언스, 지리학, 비즈니스, 영문학, 언어(프랑스어, 라틴어 등) 등 29개 과목 가운데 3~5개를 선택할 수 있다.

필수과목을 포함해 8개 이상의 과목을 이수하고, GCSE 시험을 쳐서 일정 수준 이상의 성적을 내면 고등심화과정인 A-level 과정으로 진학할 수 있다. 중등교육(중고등학교)과 고등교육(대학교) 사이에 과정이 하나 더 있다(영국의 대학 학부는 3년제).

흥미로운 점은 2020년 기준으로 GCSE 시험을 친 학생의 수는 약 60만 명이고, A-level 학생 수는 28만 명이라는 사실이다. A-level을 이수하는 학생은 대학교 진학을 목표로 삼으며, 전체의 50% 미만이다. 입시 경쟁이 치열하다고 볼 수도 있겠지만, 중등교육만 마치고 직장생활을 시작하는 사람들이 인구의 절반이라는 뜻도 된다.

특정 전문직을 지망하는 게 아니라면, GCSE만 마쳐도 직업을 가질 수 있다. 실제 영국의 구직사이트에는 GCSE 레벨의 직장이 따로 구분되어 있고, 해당 직종은 GCSE만 이수하면 지원할 수 있다. 구직사이트에서 무작위로 찾은 두 일자리를 보자. 헬스케어 실험실 조수, 연봉 2천8백만원. 런던 레인즈파크 기차역 안전요원, 연봉 4천6백만원(교육기간 중에는 연봉 4천만원).

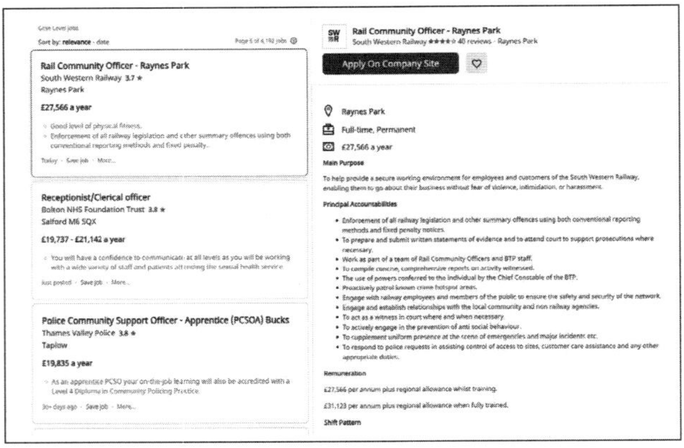

영국의 구직사이트에서 검색한 GCSE 레벨 일자리들

앞에 열거한 선택과목에서 짐작할 수 있듯이, GCSE 시험은 ICT(정보통신기술)나 회계 · 조직관리 같은 실용적 지식을 평가한다. 기업들은 신입사원을 현업에 배치하는 데 곤란을 겪지 않는다. 서비스산업의 경우 학력보다 경력과 실적이 우선이기 때문에,

GCSE만 마치고 취직해 이른 나이에 지배인(manager, 점장이나 부서장)에 오르는 젊은이들이 많다.

문화적 차이가 있으므로, 우리와 직접적인 비교는 조심하자. 영국의 경우 GCSE를 마치는 만 16세가 되면 성인으로 인정되며 결혼도 할 수 있다(한국은 만 18세가 되면 결혼할 수 있으나 부모 동의를 받아야 가능하다, 민법 807조). 만 18세가 되면 열에 아홉은 독립하니, 더 현실적으로 진로 문제를 고민한다. 학문이나 전문 지식에 흥미를 느끼지 못하면 미련 없이 직장을 구한다. 그게 자신의 삶을 살아가는 방식이다.

우리도 고졸(영국의 GCSE에 해당) 구직사이트가 있다. 창고 관리직, 급여 미공개. 급식소 차량 운전 및 잔무 지원, 월 3백만원. 매트리스 생산직, 월 2백만원(잔업, 특근 많음). 사이트 첫 화면에 올라온 일자리들 가운데 정규직은 이 정도다. 자격요건도 '고졸 이하'가 아니라 '고졸 이상'이다. 대학 졸업장을 선호하는 문화, 대학 진학률이 70%를 넘나드는 현실을 고려하면, '이왕이면 다홍치마'라고 '가방끈이 긴' 지원자에게 기회가 돌아갈 것이다.

눈여겨볼 대목은 구직사이트 첫 화면에 '교육생 모집'이 다수 뜬다는 사실이다. 전산회계 교육생, 급여 없음(훈련장려금 월 최대 40만원). 고든 브라운 전 영국 총리는 "노동자의 기술 재훈련과 교육은 사회적 포용뿐만 아니라 경제적 생산성을 제공한다"라고 말한 바 있다. 정보통신혁명은 과거와는 다른 차원의 숙련노동을 요구하며, 일자리는 투자의 쏠림에 따라 사라지고 생긴다. 기술 재훈련

또는 재교육에 국가가 관심을 쏟는 것은 바람직하다.

하지만, '교육생 모집'이 구직사이트를 점령(?)하는 건 심상치 않은 전조다. 기존 일자리가 사라지는 속도보다 신규 일자리가 생기는 속도가 느리고, 이로 인해 '공중에 붕 뜬' 재취업 대기자들이 양산된다. 일자리 수요와 공급 사이의 불일치가 이렇게 노골적이면, 구직자와 기업 둘 다 힘들다. 대학 입시에 바치는 돈과 시간은 전혀 줄어들지 않는데, 극소수의 졸업장을 제외하면 원금도 보상해주지 못하고 있다.

지금은 적십자병원에 '매혈족(賣血族)'이 줄을 서던 '쌍팔년(단기 4288년, 서기 1955년)'이 아니라 2023년이다. 50년 전 경제개발에 성공하고, 중화학공업 투자가 '3저 호황(저금리, 저유가, 저달러)'을 만나면서, 우리 경제는 연착륙을 눈앞에 두게 된다. 1980년대 중반에 이르면, 일자리를 구하는 게 고통스럽지는 않게끔 되었다. 이것이 바로 민주화의 경제적 바탕이었다.

그러나 성장의 과실(果實)을 재조직하는 일은 쉽지 않았다. 개발독재 시대에 억눌렸던 요구들이 분출했다. 대화와 타협이 지체되니 협상 비용만 늘어났다. 선두국가라면 소모전을 감당할 수 있겠지만, 우리는 따라잡아야 하는 위치였다. 성장과 분배가 대치하는 기막힌 상태가 방치되자, 경제 주체들은 각자 살길을 찾게 되었다.

축구 경기 해설을 듣다 보면, '시야'와 '공간'이라는 단어가 자주 나온다. 시야가 넓어야 공간을 넓게 쓸 수 있고, 그래야 체력을 비축할 수 있다. 단체경기에서 패스가 중요한 이유는 공을 살리기 위함이다. 자기편을 못 믿을수록 선수들은 단독 드리블에 열중한다. 이러면 게임에서 진다.

대화와 타협이 뿌리를 내리지 못하면서 패스가 끊겼다. 공을 건네주면 나만 손해라는 인식이 팽배해졌다. 교육 하나만 보더라도, 학문과 기술에 골고루 쓰여야 할 돈을 '국영수'가 집어삼켰다. 입시 경쟁에서 탈락한 학생들은, 사격훈련도 못 받고 총알받이로 동원된 신병처럼, 취업 전쟁에 내몰린다. 기업은 기업대로 '갑을관계'에 몰두한다. 차라리 그게 더 안전하니까. 이리하여 교육과 경제는 소 닭 보는 사이가 되고 말았다.

영국에 가서 실망한 게 몇 가지 있는데, 그중 하나가 기차였다. 영국은 19세기 중반에 이미 철로를 놓았다. 내가 영국 땅을 밟은 게 1994년 겨울이니, 그 시점에서 벌써 기차 역사가 150년이다. 하지만 내 예상은 빗나갔다. 지하철을 타봤더니, 너무 좁았다. 뭐야 이거, 우리만도 못하잖아. 이 사람들, 기차는 포기했나…. 알고 보니, 워낙 옛날에 뚫은 거라 고쳐 쓰고 있는 것이었다.

제조업 성장이 주춤하자, 우리도 금융과 서비스로 가야 한다는 주장이 나왔다. 그게 '선진국형'이라는 설명과 함께. 재정경제부가 금융산업의 GDP 비중을 20%로 끌어올리겠다고 발표한 게 2004년이었다. 이때 금융산업의 GDP 비중은 8%대였다. 그런데 자타가 공인하는 '금융강국' 영국은 2023년 현재에도 10%가 안 된다. 영국은 또한 'IT강국'이기도 하지만, 그 비중 역시 10%가 안 된다. 영국에서는 제조업이 폭삭 망했다고 생각하는데, 8.6%(2019년)

다. 세계 5위의 GDP(2조8,252억 달러, 명목)에서 8.6%(2,359억 달러)는 적은 수치가 아니다.

산업 포트폴리오의 조정은 필요하지만, 성숙하기도 전에 주력산업을 교체하겠다는 건 위험한 발상이다. 산업에는 발전 단계마다 반드시 축적해야 할 원천기술이 있다. 이걸 생략하면 각종 무형의 자산, 즉 지식 자본이 집적되지 않는다. 산업의 수명 주기가 다하면 공장은 빈 깡통이나 다름없어진다. 뜯어서 팔아도 고철값밖에 못 받는다. 일자리만 공중분해 된다.

원천기술이 시스템 혁신의 열쇠다. 산업 각 분야에서 축적한 원천기술 덕분에 '영국병'에서 벗어날 수 있었다. 원천기술을 매개로 교육과 경제가 유기적으로 결합해 있었기에, 신기술 개발이나 신산업 진입에 무리가 덜했다. 일자리가 사라진 공백을 새로운 일자리로 채우는 게 가능했다. 우리는 제품이 안 팔리기 시작하면 곧바로 혼돈에 직면한다. 원천기술과 지식 자본의 결핍 때문이다. 교육도 경제도, 새로운 먹거리가 주어지기 전까지 장기간 헤매게 된다.

영국은 조선 · 해운 강국의 지위를 70년 전에 빼앗겼다. 대신 그들은 금융, 해상보험, 설계용역, 안전진단, 동력기관 제조 · 공급 등으로 조선산업의 영역을 다각화했다. 다양한 방식으로 돈을 벌 줄 아니까 다양한 일자리를 공급할 수 있다. 조선강국의 지위를 내려놓을 날이 우리에게도 온다. 그때를 대비해 지금 우리는 무엇을 축적하고 있을까.

LNG선 건조는 한국이 사실상 독점하고 있지만, 부가가치와 고용효과가 내리막길 추세다. 그래서 크루즈 선박이 대안으로 제시되었다. 그런데 크루즈 선박 건조는 일종의 종합예술이다. 인테리어 디자인, 엔터테인먼트, 레저 같은 후방산업이 받쳐줘야 하는데, 이 분야의 고급인력 육성에 우리는 돈을 투자해 본 적이 없다. 아니, 무엇보다 우리는 여유 있게 놀아본 적이 없다. 중등교육과정에서 연극을 가르치는 나라와는 경쟁이 원천적으로 성립하지 않는다.

물 들어올 때 노 젓자는, 즉흥적이고 단기적인 셈법으로는 무한경쟁 시대에 살아남을 수 없다. 힘을 합쳐 벽을 뚫어본 경험이 있어야 방향을 잃었을 때 좌표를 세울 수 있다. 이 원리는 비단 산업구조조정만이 아니라 갈등 해소를 위한 대화와 타협에도 똑같이 적용된다.

베버리지가 원했던 것

많은 이들이 복지를 '진보'의 전유물로 여기지만, 복지를 정책으로 도입한 주역은 보수였다. 뼛속까지 보수였던 프로이센의 철혈재상 비스마르크. 그는 역사상 최초로 의료보험(1883년), 산재보험(1884년), 연금보험(1889년)을 시행했다. 물론, 그 공이 비스마르크에게만 돌려져서는 안 될 것이다. 내가 말하고 싶은 것은, 복지는 사회적 합의의 산물이었다는 사실이다. 영국의 복지제도 역시 노동당 혼자서 만든 작품이 아니었다.

2차 세계대전이 터지고 프랑스가 나치에 점령당하자, 보수당은 노동당과 힘을 합쳐 거국내각을 구성한다. 노동당 당수 클레멘트 애틀리는 연정(聯政)의 조건으로 복지정책의 전면적 확대를 수상 처칠에게 요구했다. 전시(戰時)라는 절박한 상황에서 보수당은 노동당의 요구를 받아들였고, 양당은 위원회를 조직해 프로그램부터 짜기로 합의한다. 위원회의 이름은 '사회보험과 관련 서비스에 관한 위원회'로 정해졌으며, 위원장에는 노동부 차관 윌리엄 베버리지가 지명됐다.

〈베버리지 보고서〉가 완성되자 보수당은 경악했다. 국가 재정으로 감당할 수준이 아니라는 게 이유였다. 보고서 작성을 의뢰한 처칠 자신부터 난색을 표명했다. 갑론을박 끝에 보고서는 공표됐다. 국민은 환영했고, 복지국가의 약속은 파시즘에 반대하는 여론과 함께 영국 국민이 전쟁을 이겨낸 사회심리적 동력이 되었다.

보수당은 점진적으로 시행해야 하고, 일부 급진적인 안건은 다시 논의해야 한다는 단서를 달았다. 이 소극적인 태도가 그들의 발목을 잡았다. 나치가 항복하고 치러진 총선에서 보수당은 예상과 달리 패배했고, 포츠담에서 연합국 수뇌부와 종전 이후의 세계 질서를 협의하던 처칠은 짐을 싸서 돌아가야 했다.

베버리지

노동당의 집권으로 〈베버리지 보고서〉는 현실로 실현되기 시작했다. 가족수당, 산재수당, 실업수당, 연금이 지급되고, 광산,

철도 등의 주요 산업이 국유화되었다. 전광석화처럼 진행된 건 아니었다. 영국이 자랑하는 무상의료제도, 즉 NHS(National Health System, 국민건강서비스)만 하더라도, 보고서 공표 이후 4년에 걸친 사회적 대화와 교섭을 거쳐 1946년에 법안이 통과되고 나서 시행되었다.

이 과정에서 보수당은 협상에 적극적으로 참여했다. 1951년 처칠은 다시 수상 자리에 복귀했지만, 노동당이 벌여놓은 사업들을 폐기하려 들지 않았다. 〈베버리지 보고서〉는 전쟁을 치르는 국민에게 다짐한 약속이었다. 보수당은 사회적 합의를 뒤집기보다 앞으로 닥칠 재정적자 해결을 자신의 역할로 선택했다.

한편, 노동당 당수 애틀리는 국유화 같은 급진적인 정책을 추진하면서도, 당내에 '극좌'나 소련을 추종하는 세력을 용납하지 않았다. 애틀리는 파시즘을 공산주의를, 모든 전체주의를 증오했다. 보수당은 노동당의 '저의'를 구태여 의심할 필요가 없었다. 이리하여 자유시장경제의 강점과 사회민주주의의 장점을 취한 혼합경제 모델이 태어났다. 만일 이때 그가 '극좌'를 정리하지 않았다면, 훗날 토니 블레어의 '제3의 길'은 등장할 수 없었을 것이다.

〈베버리지 보고서〉는 복지국가 수립의 세 가지 기본 원칙(guiding principles)을 제시했다. 그 내용을 살펴보면, 지금도 배울 점이 많다. 특히, 요즘 우리 사회를 달구는 복지논쟁과 관련, 사회적 합의를 어떻게 끌어내야 할지 시사하는 대목들이 있다.

1. 미래를 위한 제안은 "당파적 이익"에 제한되어서는 안 된다(Proposals for the future should not be limited by "sectional interests").

2. 사회보험은 "사회개혁을 위한 포괄적 정책"의 일부이다(Social insurance is only one part of a "comprehensive policy of social progress").

3. 사회보장정책은 "국가와 개인 간의 협력"으로 성취돼야 한다(Policies of social security "must be achieved by co-operation between the State and the individual").

인간은 뭔가 새로운 게 나타나면 그것을 만병통치약이라고 믿는 경향이 있다. 서양이라고 다를 건 없다. 기독교가 그랬고, 공산주의가 그랬다. 그러나 하늘 아래 새로운 것은 없다. 복지 역시 인류의 오랜 전통이다. 우리에게는 을파소의 진대법이 있고, 독일에는 야곱 푸거가 지은 빈민주택단지(이 마을에는 500년이 지난 지금까지도 주민들이 산다, 월세는 100원이다)가 있다.

정책은 보완-육성-융합을 목적으로 다뤄져야 한다. 그래야 오늘이 어제와 내일을 잇는 가교가 될 수 있다. 정책이 배제, 심지어 소거를 목적으로 삼으면 어떻게 될까. 복지를 "사회개혁을 위한 포괄적 정책"의 일부로서 도입하지 않고, 이데올로기로 제출하면 어떻게 될까. 사회는 만병통치약의 효능을 검증하는 임상실험의 제물이 되어, 파탄이 나는 순간까지 되는 일도 없고 안 되는 일도 없는 무기력증에 빠진다.

이해관계는 인간을 구속한다. 당파적 이익에 얽매이는 건 본성이다. 하지만, 그와 동시에 인간은 이성의 동물이다. 이성은 이해관계를 객관적으로 파악할 눈을 선사했다. 눈앞의 이해관계에 집착하면 미래를 망칠 수 있다는 사실을 깨달으면서, 인류는 양보와 타협을 학습하게 된다. 학습은 진화를 낳는다. 사회적 합의 또한 인간의 본성이다. 만병통치약을 파는 떠돌이 약장수들에게 휘둘리지만 않는다면.

베버리지는 사회보장정책이 "국가와 개인 간의 협력"으로 성취돼야 한다고 전제하면서, 국가는 "인센티브, 기회, 책임을 억누르지 말아야 하고", "개인의 자발적 행동을 유도할 여지와 격려를 남겨두어야 한다"고 덧붙였다. 제도는 만드는 것도 중요하지만, 가꾸는 게 더 중요한 법이다. 개인을 북돋지 못하는 제도는 사상누각이다. 공산주의가 몰락한 게 이 때문이다.

"궁핍(Want), 질병(Disease), 무지(Ignorance), 불결(Squalor), 나태(Idleness)." 베버리지는 당시 영국 사회가 풀어야 할 과제를 이렇게 꼽았다. 무지, 불결, 나태가 포함된 게 놀랍다. 복지를 평등이나 분배의 문제로 좁혀서 보지 않았다는 것이다. 〈베버리지 보고서〉는 국가-사회-개인의 역할을 강조한다. 공적 부조는 공공의식(public sense)을 키운다. 베버리지가 원했던 것은 자활과 자립의 토대 제공, 이를 통한 공적 의식의 성숙이었다.

첫 번째 항목이 궁핍인데, 보고서는 그 원인을 소득 단절로 파악했다. 저소득이 아니라 소득 단절이다. 바로 이 대목이 〈베버리지 보고서〉의 핵심이라고, 나는 생각한다. 보고서는 소득이 적음에 대해서는 언급하지 않았다. 그것은 성장이 해결할 문제다. 정부가 개입하면 시장이 뒤틀리고, 이 왜곡은 노동시장의 경화(硬化)와 분절(分節)을 초래해 성장을 가로막는다. 구조조정의 압력이 닿지 않는 성역이 생기고, 똑같은 일을 하는데 누구는 더 받고 누구는 덜 받게 된다.

베버리지 위원회는 분배로 빈곤을 해결할 수 있다고 믿지 않았다. 그렇지 않았다면, 보고서의 첫 장은 '빈곤 척결'로 출발했을 것이며, "국가와 개인 간의 협력" 등의 기본 원칙은 제시되지도 않았을 것이다. 대공황의 경험은 소득 단절이 개인에게, 나아가 사회 전체에게 얼마나 무서운 것인지 뼈저리도록 느끼게 해주었다. 복지는 성장을 대체하려 한 게 아니었다.

〈베버리지 보고서〉의 원칙은 '보편주의'였다. 정책 실행 초기에는, 보편-선별, 무상-유상 등의 쟁점은 형성되지 않았고, 정쟁의 도구로도 쓰이지 않았다. 복지국가는 아무도 밟아보지 못한, 전인미답(前人未踏)의 길이었기 때문이다. 그러나 재정적자를 우려하던 보수당의 경고는 곧 현실로 드러났다. 복지국가는 불황에 대비한 사회보험 시스템이었지만, 불황이 길어지자 견뎌낼 수가 없었다. 지속적인 세수(稅收) 증대는 복지국가의 존립 근거다.

보수당은 〈베버리지 보고서〉를 만악(萬惡)의 근원으로 돌리지 않았다. 그들은 복지국가를 수리해야 한다고, 보수의 언어로 정확히 말하면 '보수해야' 한다고 역설했다. 이러면서 보편-선별, 무상-유상의 논쟁이 개시되었다. 노동당은 관성대로 버텼지만, IMF에 구제금융을 신청하는 상황까지 벌어지자 철의 여인이라 불린 마가렛 대처에게 결국 두 손을 들었다. 대처는 민영화를 단행하고, 신속히 구조조정에 착수했다. 그래도 무상의료제도(NHS)의 뼈대만큼은 건드리지 않았다.

우리는 아직도 보편-선별, 무상-유상 논쟁에 열중하고 있다. 하지만, 답은 이미 나왔다. 한 치 앞을 내다볼 수 없는 저성장-장기불황 시대에, 정쟁의 도구로 쓰겠다는 게 아닌 이상, 보편이나 무상은 어불성설이다. 모두가 고통스러운 시절이다.

그리고 우리 앞에는 미국과 중국 두 개의 패권국가 간의 갈등이라는, 이제까지 인류가 단 한 번도 경험해보지 못했던 불확실한 국제정세가 놓여 있다. 우리는 제조업 수출로 먹고사는 나라인데, 당장 공급망부터가 흔들리고 있다. 지난 15년 동안 중국에서 거둔 무역수지 흑자 잔치는 이제 끝났다. 복지 구호를 천년왕국의 계시로 착각하면, 민주주의마저도 파산할 수 있다.

무상이냐, 유상이냐

제2차 세계대전이 끝나고 영국의 대학생들은 등록금을 내지 않게 됐다(사립대학교 제외). 노동당의 작품이었다. 학생은 편했겠지만, 정부는 갈수록 힘에 부쳤다. 학생 수를 동결하거나 심지어는 줄이는 수밖에 없었다. 대학은 학업성취도가 뛰어난 학생의 전유물이 되었고, 당연히 저소득층 학생은 고등교육 혜택에서 더 소외되었다. 영국의 대학진학률은 1990년대 후반까지 20%대에 머물렀다. 문제는 이것으로 그치지 않았다.

교육예산은 경직성이 높아 대폭 줄이기도 늘리기도 어렵다. 글로벌 무한경쟁 시대가 도래하면서 교육의 역할은 커졌는데, 예산은 따라가지 못했다. 1998년, 학생 1인당 예산은 1970년대의 절반 수준으로 떨어졌다. 고소득층과 저소득층의 학업성취도 격차는 14%에서 37%로 두 배 이상 벌어졌다. 고등교육은 정체하고, 특히 연구개발(R&D) 투자에서 뒤처지게 되었다. 국가경쟁력에 빨간불이 켜졌다.

무상으로는 어떻게 해볼 도리가 없었다. 코페르니쿠스적 전환이 필요했다. 하지만, 오랫동안 익숙해진 제도를 누가 뒤집을 것인가. 여기에 도전한 이가 토니 블레어였다. 그가 이끄는 노동당은 '신노동당(New Labor Party)'이라는 구호로 과감한 체질 개선에 성공한 뒤, '제3의 길(The Third Way)'이라는 비전 아래, 고등교육을 무상에서 유상으로 전환하자는 전면적인 개혁안을 제시했다.

지금도 널리 인용되는 그의 유명한 연설 '교육! 교육! 교육!(Education, Education, Education)'에서, 토니 블레어는 지금 당장 교육개혁에 나서자고 호소했다. 학위를 받는 30대 미만 젊은이의 수를 22%에서 50% 이상으로 끌어올리고, 공립대학의 질적 수준을 향상하며, 저소득층에게 학위 취득의 기회를 제공해 빈곤에서 벗어나도록 하겠다는 게 그의 목표였다. 국민은 전폭적인 지지를 표시했다. 이보다 1년 전인 1997년, 블레어의 노동당은 418석(보수 165, 자유민주 46, 기타 30)을 얻어 개혁의 동력을 확보한 터였다.

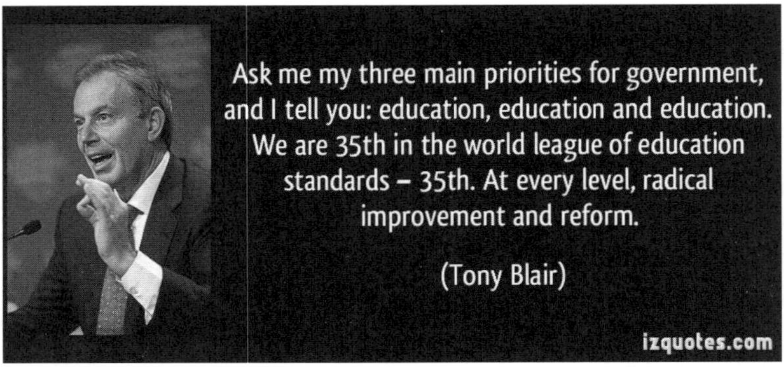

"내게 국가가 우선해야 할 세 가지를 묻는다면, 나는 교육, 교육, 교육이라고 대답하겠다." (토니 블레어)

40년 동안 등록금 없는 대학을 다녔던 영국 학생들은 1998년부터 등록금을 내게 됐다. 첫해에는 1년에 1천 파운드(당시 환율로 약 1백5십만원)였고, 이후 매년 상승했다. 현재 영국의 학생들은 평균 5만 파운드(약 7천5백만원)의 부채를 안고 대학을 떠난다. 이 부채는 정부가 지원하는 학자금 대출이다.

졸업생이 취직하고 연봉 2만1천 파운드(약 3천1백만원) 이상을 벌게 되면, 소득에 따라 비율이 산정된 부채 상환이 개시된다. 30년이 지나도 부채를 다 갚지 못하면, 남은 부채는 탕감된다. 정부가 학자금을 대출해 주고, 학생은 졸업 후 대출금을 상환하는 시스템이다. 이자도 소득에 따라 다르게 책정된다. 경계선은 연봉 4만1천 파운드(약 6천1백만원)다.

텍사스대학의 리처드 머피 교수는 블레어의 교육개혁에 다음과 같은 특징이 있음을 확인했다. 첫째, 개혁 초기의 충격을 줄여(첫해, 1년에 150만원), 뒷날 더 큰 변화를 위한 길을 열었다. 둘째, 학생들의 현금 유동성(등록금과 생활비에 보탤 수 있는 현금의 양)이 늘어났다. 등록금 인상으로 학생들이 쪼들리게 된 게 아니라, 잘 짜인 학자금 대출 시스템 덕분에, 저소득층 학생들은 연간 7천 파운드 이상의 유동성에 접근할 수 있게 됐다. 고소득층 학생들보다 약 2천 파운드 많은 액수다.

무상에서 유상으로 정책을 전환하면서, 대학에 유입되는 재원은 급격히 증가했다. 고등교육의 질이 올라갔고, 영국의 대학들은 연구개발에 더 힘을 쏟게 되었다. 이 혁신이 다양한 새로운 일자리들을 만들어냈다. 2013년에 이르면, 졸업생이 고등교육에 들어가는 비용의 절반 이상을 분담하게 되었다(학자금 대출 상환). 정부의 부담이 줄어, 예산을 다른 시급한 분야에 돌릴 수 있었다. 물론, 정책의 수혜를 가장 크게 입은 이들은 학생들이었다.

무상에서 유상으로 바꾸고 나서, 30대 미만 학위소지자는 꾸준히 증가해 1997년 22%에서 2019년 55%로 2배 이상 늘어났다. 국가가 학자금을 저금리로 빌려준 덕분에 저소득층 자녀들이 대학문을 통과해 전문직에 종사할 기회가 확대되었고, 이는 저소득층의 소득 상승과 빈곤 탈출에 긍정적인 영향을 끼쳤다.

교육으로 돌파구를 연 블레어는 계속해서 개혁을 추진했다. 영국은 무상교육으로 유명했지만, 무상의료로도 유명하다. 하지만 영국의 무상의료제도(NHS)는 하염없이 기다려야 하는 진료 대기시간으로 악명이 높았다. 블레어는 공공서비스 개혁을 마무리 짓고, 보건의료 예산을 대폭 늘렸다. 대기시간은 이틀 이내로 짧아졌다. 블레어의 재임 기간(1997~2007) 영국의 실업률은 2.3%p 감소했고, 1인당 GDP는 1만4천 유로 넘게 증가했다.

부정적인 신호도 없지는 않다. 2015년 이후 정부 보조금이 완전히 폐지되어 등록금 전액을 학자금 대출로 충당하게 되었다. 그만큼 학자금(생활비 포함) 대출이 늘어났기 때문에 학생들의 지갑은 얇아지지 않았지만, 저소득층 학생들은 고소득층 학생들보다 훨씬 더 많은 부채를 안고 사회생활을 시작하게 되었다. 이 문제를 해결하려면, 시스템을 더 손질해야 하고, 중등교육에서 학업성취도 격차를 줄이려는 노력이 필요하다.

토니 블레어와 '신노동당'은 교육의 질적 양적 표준을 획기적으로 끌어올렸지만, 교육 기회의 불평등을 해소하는 데는 좋은 성적을 거두지 못했다는 평가다. 저소득층과 중산층 이상 아동 사이의 격차는 교육개혁에도 불구하고 좀처럼 좁혀지지 않았다. 이 때문에 좌파 인사들은 '노동계급이 불평등 문제를 해결하는 데 있어서 교육이 무엇을 달성할 수 있을 거라는 기대는 비현실적'이라고 주장하기도 한다.

그러나 토니 블레어의 개혁이 영국이라는 나라의 시스템을 한 단계 더 '업그레이드' 했다는 사실에는 변함이 없다. 그는 전통적 분배와 평등, 복지 패러다임에서 벗어나, 빈곤 탈출과 소득 개선을 목표로 사다리를 재설계해야 한다고 제안했다. 노동당은 '영국병'으로 공중분해 위기까지 몰렸다. 노동당이 묶은 매듭은 노동당 스스로 풀어야 한다고 블레어는 당원들에게 호소했다. 영국판 결자해지(結者解之)인 셈이다.

20세기 중반, 노동당은 실로 엄청난 역사적 역할을 해냈다. 영국에는 전통적으로 상류층이 찾는 클럽과 서민층이 찾는 펍, 두 종류의 술집이 있다. 19세기 후반, 보수당의 전성시대를 주도한 디즈레일리는 이 두 술집 손님을 가리켜 "전혀 다른 두 개의 혹성에 사는 사람들"이라고 말했다. 이렇게 심한 말이 통할 정도로 과거의 영국은 계급으로 분리된 사회였다. 그 격차를 좁힌 정당이 노동당이었다.

2017년 기준으로 영국 젊은이들의 대학 학위 취득률은 약 55%이고, 21세부터 64세 인구의 42%가 학위를 소지하고 있다. 우리나라의 대학진학률도 1980년에는 27.2%에 지나지 않았다. 그러던 것이 민주화 이후 가파르게 솟아올라 1995년에는 50%를 넘어서더니, 2008년에는 83.8%라는 경이적인 수치를 기록했다. 한국의 대학진학률은 2017년 68.9%로 내려갔지만, 20년째 부동의 세계 1위다.

대학 진학률이 높다는 건 고맙고 반가운 일이다. 문제는 1998년 영국이 직면했던 것처럼, 고등교육의 질 저하와 뒷걸음치는 연구개발 투자다. 무상이냐 유상이냐로 논쟁하고 있을 한가로운 시점이 아니라는 것이다. 정치적 이해득실을 따지지 말고, 블레어 이전과 블레어 이후를 비교해봐야 한다.

소득에 따라 일정 비율의 학자금과 생활비를 국가에서 대출받아 충당하고, 모든 졸업생은 소득연계 대출 상환 시스템에 자동 등록하도록 하면 어떨까. 서류 작성의 번거로움도 없고, 상환 부도 위험을 최소화해 세금의 낭비를 막을 수 있다. 영국의 교육개혁 사례를 검토해 고등교육에서 양과 질의 형평성을 증대하는 방안을 머리를 맞대고 연구하면, 우리의 현실에 적용할 수 있는 효과적인 모델을 도출할 수 있으리라 생각한다.

노동당은 보수당과 함께 영국 현대 정치사를 쓴 두 주역이다. 노동당은 두 번의 세계대전에서 보수당에 협력했고, 베버리지에게 "요람에서 무덤까지" 보고서를 의뢰한 사람은 보수당의 처칠이었다. '영국병' 수술은 보수당의 대처가 집도했지만, '영국병'이 완치된 건 노동당의 토니 블레어 때였다. 하지만 인간은 역시 망각의 동물인 것 같다.

2020년 영국 총선. 보수당은 '브렉시트(EU 탈퇴)' 완수를, 노동당은 천문학적 재정적자를 초래할 복지 공약을 내세웠다. 블레어는 양쪽이 "판타지'를 늘어놓고 있다"고 꼬집은 뒤, 이렇게 경고했다. "코빈 노동당 당수는 지금 혁명을 약속하고 있습니다. 혁명에서 주목할 점은 어떻게 시작했느냐가 아니라 어떻게 끝났느냐인데, 문제는 혁명은 언제나 나쁘게 끝난다는 것입니다." 결국 영국은 브렉시트를 선택했고, 그 후유증이 지금까지 국민을 괴롭히고 있다.

신부와 요리사

영국 유학 생활 가운데 송경용 신부님 이야기를 빼놓을 수 없다. 송경용 신부는 영국의 국교인 성공회 사제로서, 대학생 때 야학 활동을 하면서, 가난한 이웃들과 함께하는 삶을 살아오신 분이다. 그때부터 "어떻게 하면 가난한 사람들이 인간적 존엄을 지키면서 먹고살 수 있을까, 고민했다"라고 한다.

그의 고민과 성찰은 '사회적경제', '사회적 기업'으로 이어졌다. 사회적경제란 양극화나 소외, 환경파괴와 같은 사회 문제들을 해결하기 위한 대안의 하나로 제시되었다. 이윤 동기보다 사회적 가치를 우선한다는 게 종래의 경제 관념과 다른 점이다. 사회적경제는 뜻만 있다면 누구나 자발적으로 참여할 수 있다. 사회적경제를 추구하는 기업이 사회적 기업이다.

송경용 신부는 한국의 대표적 사회적경제 활동가이며, '사단법인 나눔과 미래' 이사장이다. 푸드뱅크(식품회사나 개인 후원자들로부터 식료품을 지원받아 소외계층에 지원하는 복지 서비스) 사업을 처음 시작한 이도 신부님이었다. 송 신부님은 2003년부터 2009년까지 7년 동안 영국에 머무르며, 런던 성공회 한인교회 주임사제로 한인학생 담당 사목 활동도 맡았다.

그때 나는 대학 3학년으로, 런던대학교(University of London) 13개 칼리지 한인학생회 연합회장이었다. 런던에서 열린 한국영화제에서 신부님을 처음 만났고, 그분의 인품에 반해 주말마다 예배를 드리러 갔다. 송경용 신부는 런던에서도 나눔과 봉사를 실천하고 계셨다. 런던 시내 노숙자들을 위한 쉼터 제공 활동이었다. 나도 친구들과 참여했다. UCL(University College London) 한인학생회와 김기웅 당시 회장이 큰 역할을 했다.

송경용 신부님이 운영한 런던 시내 노숙자들을 위한 쉼터

신부님을 도우면서 복지의 실제에 접할 수 있었다. 신부님은 "사랑은 그 자리에 함께 있는 것"이라고 말씀하셨다. 세상에는 곤경

에 빠진 이웃, 기막힌 사연이 얼마나 많은가. 신부님의 책 『사람과 사람』(2007)에는 영국에서 만나 함께 사목활동을 한 친구들 이야기가 실려 있다.

"인도의 불가촉천민 산족(山族) 어린이 700~800명을 돌보다 온 삐띠 신부, 파키스탄 최빈곤층 어린이들을 위해 일해 온 임란 신부, 인종차별정책에 항의하다 한쪽 팔과 눈을 잃은 남아프리카공화국 사제, 밤사이 반군 테러로 가족이 포위됐다는 소식에 서둘러 돌아간 콩고 신부, 팔레스타인 소년병 출신 신학생 등 많은 친구들을 만났다."

"그들을 통해 내 사역의 의미를 깊이 묵상했고 가난이란 문명이 발전한다고 쉬 소멸될 현상이 아님을, 영원히 지속될지 모르지만, 그 안에서도 사람은 사람답게 살아야 하고, 그러기 위해 누군가는 헌신해야 함을 절감했다."

2000년대 초반, 한국에서도 복지정책이 실행될 무렵이었다. 수많은 활동가와 관계자들이 영국으로 신부님을 찾아왔다. 이 책을 쓰면서 신부님 인터뷰를 검색해 보니, 7년 동안 1천 명 넘게 왔단다. 신부님은 그들을 영국의 복지 현장으로 안내해 선진국의 복지 프로그램 견학을 주선했고, 나에게 통역을 맡겨 동행하도록 배려해주셨다. 굿네이버스, 행복나눔 등 많은 한국 복지단체들과 함께

했다.

당시 영국은 지역별로 사회적 기업이 활성화되고 있었고, 다양한 분야에서 자활과 자립을 목적으로 하는 사회적경제 활동이 실행되고 있었다. "한국에서는 흔히 사회적 기업이라고 하면 취약계층 일자리를 만드는 기업 정도로 인식한다. 영국에 오니 그게 아니었다. 지역사회를 변화시키고, 사회를 혁신하는 대안경제 모델이더라." 신부님이 인터뷰에서 하신 말씀이다. 신부님 덕분에 사회적경제와 사회적 기업에 눈을 뜨게 되었다.

제이미 올리버

영국에 제이미 올리버라는 요리사가 있다. 유튜브 스타다. 1975년생이니 나보다 여섯 살 위로, 대중적으로도 아주 유명한 '훈남' 요리사다. 이 사람이 2002년에 '피프틴(Fifteen)'이라는 자선재단을 설립했다. 피프틴은 교도소나 소년원 신세를 진 '문제아'

들에게 요리를 가르쳐 자립을 유도하는 일을 한다. 재능을 키워 올리버의 레스토랑이 요리사로 고용한다.

피프틴은 상당한 반향을 불러일으켰다. 이 공적으로 그는 5등급 대영제국 훈장(MBE)을 받았다(비틀즈 멤버들이 여왕으로부터 수여받은 그 훈장이다). SK그룹 복지재단 관계자들이 영국에 와서 신부님과 함께 이 식당을 방문하고 싶다는 의사를 전했다. 나도 통역으로 참석했는데, 음식이 정말 훌륭했고, 일하는 젊은이들의 표정에는 자부심이 가득했다. 거대담론으로 접근해서는 결코 맛볼 수 없는 복지의 참맛을 체험한 기분이었다.

'브롬리 바이 보우 센터(Bromley By Bow Center, BBBC)'에서는 사회적 기업이 실제로 어떻게 운영되고 있는지 견학했다. 이 센터가 위치한 이스트엔드는 런던에서도 가장 낙후한 지역으로 난민이 몰리는 곳이다. BBBC는 영국 최초로 건강생활지원센터를 개설했고, 매주 2천명 이상의 주민이 들른다. 심리학자, 간호사, 상담사들이 상근하며, 예술가, 석공, 정원사, 스테인드 글라스 장인의 작업장도 있다.

BBBC는 사회적 기업이 지역사회 재생을 성공적으로 이끈 사례로 자주 언급된다. 사회적 기업을 만들 공간을 제공하는 데 그치지 않고, 창업 준비 단계부터 아이템 선정, 경영-마케팅-법률 자문을 패키지로 지원한다. 사회적 기업 간의 협업과 분업도 모색한다. 일자리 창출과 수익 창출이 유기적으로 결합한 시스템이 인상 깊었다.

영국은 복지국가의 장점과 약점을 모두 경험한 나라답게 저소득층 자활 프로그램 개발 및 운영에 힘을 많이 쏟고 있다. 지역사회의 주민 커뮤니티가 자발적으로 이 일에 나서고, 다양한 분야의 전문가들이 힘을 보탠다. 『빅이슈』 잡지도 영국에서 시작됐다. 각계의 '셀럽(celeb, 유명인)'들이 재능기부 형식으로 사진과 원고를 제공하고, 노숙자들에게 잡지 판매권을 준다. 한국 활동가들과 『빅이슈』 편집장을 연결한 자리에서 통역을 맡은 적도 있다.

레베카 월튼 영국문화원 국장

브리티쉬 카운슬(British Council, 영국문화원)의 레베카 월튼 국장도 잊을 수 없다. 월튼 국장은 요르단과 남아공 등 세계 각지의 개발도상국 복지정책을 자문한 공으로 UN의 최고 공헌상을 수상한 전문가다. 그녀의 풍부한 경험과 탁월한 식견에 탄복했다. 월튼 국장으로부터 최빈국 지원 프로그램에 관한 사항을 청취했는데, 이 만남은 내가 케냐에서 교육지원사업을 펼치는 계기가 되었다(2부 케냐에서 참조).

송경용 신부는 베푸는 삶 나눔의 삶을 사는 게 하나님이 원하시는 것이라고 늘 말씀하셨다. 국가는 국민의 생명을 보살피고, 삶을 지속할 수 있도록 돕는 역할을 거부해서는 안 된다. 굶어 죽을 위험에 처한 국민에게 최소한의 생계를 보장해주고, 자활을 주선하는 게 바로 사회안전망의 개념이라는 말씀도 해주셨다. 신부님이 귀국하신 뒤에는 온라인으로 소통하며, 내가 가야 할 길을 물었다.

4부에서 자세히 설명하겠지만, 내 전공은 뇌과학이다. 유학 생활을 마치고 귀국했을 때, 내 계획은 부산에 병원을 여는 것이었다. 원격진료와 빅데이터 기법을 활용해 고령인구 건강관리를 전문으로 하는 병원이다. 그런데 의료법 개정이 미뤄지면서, 병원 설립이 늦어지게 됐다. 현행법상 도시에서 원격진료는 불법이다. 대책 없이 기다리며, 이대로 시간을 허비할 수는 없었다.

"좋은 일이란 나보다 더 많은 사람에게 이익이 되는 일"이라시던 외할아버지의 말씀이 생각났다. 어디엔가 좋은 일이 있을 거야…. 두드리면 열릴 것이라 했던가. 그리고 내 앞에 "더 많은 사람에게 이익이 되는 일"이 나타났다.

매립장에서 캐낸 보물

올해 여름은 더위와 폭우가 번갈아서 우리를 괴롭혔다. 기상이변에 경제난, 코로나19 팬데믹까지, 삼중고였다. 전문가들은 온실효과에 따른 온난화 현상이 우리 지구를 병들게 하고 있다고 경고한다. 현대문명이 쏟아내는 이산화탄소가 원인이다. 우리나라도 심각하다. 2016년 기상청이 측정한 충남 안면도 상공의 이산화탄소 농도는 415ppm으로, 지구 전체의 평균값 405ppm을 상회한다.

원격진료가 허용되기를 기다리고만 있을 수가 없어서, 후배에게 투자할 곳을 알아봐달라고 부탁했다. "돈만 버는 아이템 말고 공익적 사업이라야 돼. 알았지?" 후배는 그럴 줄 알았다며 싱긋 웃더니, 기다려보란다. 얼마 뒤, 후배에게서 연락이 왔다. "메탄가스를 태우는 일을 해볼래요?"

메탄가스는 이산화탄소보다 20배 이상 온실효과를 일으키는, 지구 온난화의 주범 중 하나다. 전국 각지의 쓰레기 매립장에서 다량의 메탄가스가 발생한다. 이걸 포집해 태워서 전기를 생산하고,

탄소배출권을 판매하는 사업이다. 온실가스 감축을 목표로 하는 교토의정서(2005년 발효)에 따라, 탄소배출 감축 목표량을 달성하지 못한 국가나 기업은 탄소배출을 감축한 기업으로부터 의무적으로 배출권을 사야 한다.

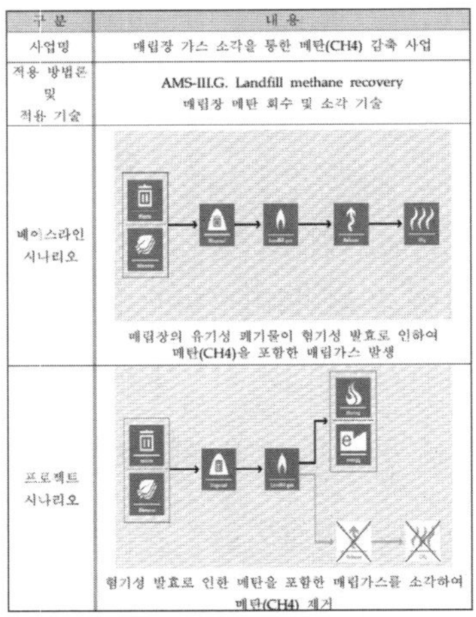

구 분	내 용
사업명	매립장 가스 소각을 통한 메탄(CH4) 감축 사업
적용 방법론 및 적용 기술	AMS-III.G. Landfill methane recovery 매립장 메탄 회수 및 소각 기술
베이스라인 시나리오	매립장의 유기성 폐기물이 혐기성 발효로 인하여 메탄(CH4)을 포함한 매립가스 발생
프로젝트 시나리오	혐기성 발효로 인한 메탄을 포함한 매립가스를 소각하여 메탄(CH4) 제거

매립장 가스 소각을 통한 메탄가스 감축 사업 개념도

탄소배출권은 유엔기후변화협약(UNFCCC)이 발급한다. UN 관계자들이 현장실사를 해서 검증한다. 탄소배출권의 가격은 톤당 4만원이다. 메탄 1톤은 이산화탄소 24톤에 해당하는 탄소배출권이 인정되므로, 톤당 1백만원쯤 되는 셈이다. 확보된 탄소배출권은 대기업이나 지자체들이 구매한다. 외국에 팔 수도 있다.

가만 놔두면 공중으로 올라가서 지구 온난화를 일으키는 메탄가스를 연료로 청정한 에너지를 얻고, 매립장 환경 정화를 도모한다. 수익은 탄소배출권을 판매해 충당하며, 수익 일부는 지역사회에 환원한다. 한마디로 말해서, 자원순환형 사회를 구축해 사회 공익에 이바지하는 사업이다. 회사의 모토와 내 철학이 딱 맞았다.

창원시 덕동 소재 메탄가스 발전소 조감도

중견 건설회사 출신으로 매립장 건설 경험이 풍부한 전문기술인력과 탄소배출권 판매 사업에 정통한 기획팀이 손을 잡고 이 일을 추진하고 있었다. 메탄가스를 포집하는 신기술도 갖고 있었다. 특허도 받았다. “이런 좋은 일이 왜 투자자를 구하지 못하고 있지?” 품이 많이 들고 이윤이 낮아서 그렇다는 대답이었다. 투자를 결정하고, 동참했다. 그게 주식회사 LF에너지다.

처음에는 투자자로서 돕는 위치였지만, 임직원들의 권유로 대표이사를 맡게 됐다. 창원시 마산합포구 덕동 소재 매립장 발전소를 완공 · 가동하고, 전국의 지자체들과 비즈니스 모델을 협의 중이다. 지자체 규모에 따라 발전은 하지 않고 소각만 하는 방식도 있다. 해외사업도 추진하고 있다. 중국, 인도네시아, 방글라데시, 케냐에서 매립가스 소각, 물 정화, 폐수 처리 등을 통해 탄소배출권을 확보하는 사업이다.

경남신문

뉴스 스포츠 사람+ 지역 경남여행 동영상 독자서비스

창원 쓰레기매립장, 가스 대신 돈 내뿜는다

시, 매립가스로 전기 생산설비 준공
이달부터 운영…年수익 6억원 예상

쓰레기 매립장 발생 가스를 활용해 연간 수억원의 세수를 창출하는 등 환경시설의 '황금알 거위'로의 변신이 시작됐다. 창원시는 31일 창원시 마산덕동생활폐기물매립장에서 엘에프에너지(주)와 '매립가스 자원화 및 CDM사업 준공식'을 가졌다.

지난해 2월 창원시와 엘에프에너지(주)는 이번 사업을 위해 협약했으며, 사업비 24억원 전액 민간투자로 매립가스 발전시설 및 포집설비 82개를 설치, 8월부터 발전출력 700kWh로 1만1520Nm³/D의 매립가스를 포집, 소각해 전기를 발생할 예정이다. 이번 사업을 통해 매년 약 6억원의 전력 판매 수익이 발생할 것으로 예상된다.

창원 덕동 매립장 자원화사업 준공식 기사

축산농가의 분뇨를 수거해 메탄가스를 포집 · 소각하고, 침출수는 화학 처리해 정화 후 배출하는 축산폐기물 자원화사업도 진행 중이다. 축산농가가 배출하는 분뇨는 하천을 망가뜨리고, 악취와 침출수 때문에 지자체들은 골머리를 앓고 있다. 탄소배출권과 연계하면, 침출수 처리시설을 갖추는 비용을 들여도 수익을 맞출 수 있다. 수익 일부는 농가와 지자체에 환원한다.

우리 사회는 이런 사업을 계속 발굴하고 개발해야 한다. 내 일이어서 이렇게 말하는 게 아니다. 지구촌의 화두는 순환이다. 대량생산-대량소비-대량투기를 이대로 방치하면, 인류는 파멸할 수밖에 없다. 복지와 성장의 관계도 마찬가지다. 순환해야 한다. 녹색은 나무의 색깔이고, 나무는 성장을 상징한다. 복지의 색깔은 녹색이 돼야 한다. 그 무렵, 국제신문에 기고한 내 칼럼을 소개한다.

메탄가스 감축, 생존의 문제다

인간은 1차 산업혁명 이후 화석연료 개발과 무분별한 사용으로 지구를 죽어가게 만들고 있다. 현대사회 들어서는 도시화 진행으로 산림을 훼손, 마구 아파트를 건설하고 해안을 매립해 고층빌딩을 짓는 등 각종 환경 훼손으로 자연을 망가뜨리는 중이다. 자동차 기차 선박 비행기 등에서 발산되는 이산화탄소 등 각종 오염물질은 인간이 점점 숨을 쉬며 살기 어렵게 만든다.

이처럼 오염된 대기환경은 지구온난화를 야기해 기상이변은 물론 빙하를 녹여 동물의 생존마저 위협한다. 빙하가 녹아내리면서 삶의 터전을 잃은 북극곰이 민가에까지 내려와 먹거리를 찾아 헤맨다는 보도가 심심찮게 나온다.

우리나라도 이상기후로 점차 아열대 국가로 변하고 있다. 기후가 변하면 제조업도 지금과는 다른 업종으로의 전환이 불가피하다. 생활환경도 급변할 것이다. 이상기후에 따른 생태계 변동은 인류가 어떤 환경에서 살아갈지 예측하기 힘들게 한다. 그렇다면 우리는 무엇을 해야 할까. 지금이라도 자연생태계를 복원하고, 자연정화운동에 적극 나서 우리 삶을 좀 더 건강하게 유지하는 방법을 찾아내야 한다. 방안으로 부산을 '건강녹색도시'로 만들기를 제안한다.

부산을 건강녹색도시로 바꿀 첫째 방안은 'LF에너지' 육성이다. LF에너지란 메탄가스를 전기에너지로 바꾸는 친환경 재생에너지 사업이다. 쓰레기 매립장에서 생기는 메탄가스는 환경을 오염시키고 대기오염을 유발해 지구 온난화를 가속화한다. 이상기후의 주범인 메탄가스를 최소화해 주변 환경을 쾌적하게 하고, 생활에 필수적인 전기로도 활용할 수 있는 장점이 크다.

메탄가스는 소와 부식 중인 초목, 천연가스 공장, 음식쓰레기 등에서 주로 배출된다. 지구상에 배출되는 메탄가스 총량은 자동차 선박 비행기 등이 화석연료를 태워 발생하는 이산화탄소 총량의 20배에 달할 만큼 어마어마하다. 전문가에 따르면 농가의 소 한 마리가 1년간 배출하는 메탄가스 양이 거리를 다니는 자동차 1대가 1년간 배출하는 이산화탄소와 맞먹는다니, 심각성을 이해할 만하다.

두 번째는 '탄소배출권' 거래사업 활성화다. 이상기후로 환경이 변하면 우리가 그동안 경험하지 못한 각종 질병이 나타난다. 지금 대유행 중인 코로나19의 원인 중 하나가 환경오염이라 생각한다. 마천루를 꿈꾸는 인간의 욕망이 만든 재앙이라고 생각한다. 따라서 지금은 변화에 단순히 적응할 게 아니라 환경을 복원하면서 살아가는 지혜를 발휘해야 한다.

탄소배출권은 그런 의미에서 중요한 신산업이다. 온실가스 저감 산업을 발전시켜 국내 환경오염을 늦추는 시도는 물론 그 기술을 기반으로 개발도상국에 자본과 기술을 투자, 온실가스를 줄여주고 그 감축분을 선진국에 판매하는 사업을 활발히 전개해야 한다는 말이다.

세 번째는 필자의 전공이기도 한 뇌과학 산업이다. 온실가스와 뇌과학이 무슨 관계가 있겠느냐 하겠지만, 상당한 연관성이 있다. 사람은 숨을 쉬어야 살아간다. 숨을 쉰다는 것은 뇌에 산소가 공급된다는 것을 의미한다. 심질환자가 갑자기 쓰러졌을 때 심폐소생술을 하는 것은 뇌에 산소를 공급하기 위함이다. 신선한 공기가 뇌에 전달돼야 건강하게 살 수 있다.

그런데 우리는 오염물질이 가득한 공기를 마시고 살아간다. 세상에서 가장 소중한 공기를 공짜로 마시며 살아가니 별 생각을 하지 않았을 수도 있겠다. 하지만 지금부터는 의과학적으로 판단해야 한다. 건강 중 뇌 건강이 가장 중요하고, 뇌 건강은 환경과 직결된다. 뇌과학이 건강녹색도시와 연결되는 이유다. 오염된 뒤의 복원보다 예방이 중요하다. 대기오염이 심각하지만 지금부터라도 시민 모두 맑은 공기를 마실 수 있도록 환경오염 예방운동에 나서야 한다.

코로나19에 우리 일상과 경제 활동이 올스톱 됐다. 온실가스가 만든 대기오염으로 인한 지구온난화, 그로 인해 각종 질병이 생겼고, 코로나19를 비롯해 앞으로도 예상하지 못하는 전염병이 계속 발생한다면 인류 생활은 어떻게 변할지 아무도 모른다. 불확실한 미래에 대비하기 위해서는 인간이 건강하게 사는 생활환경을 만들어야 한다. 늦지 않았다. 온실가스를 줄이고, 백세시대를 건강하게 살아가는 방안을 지금부터라도 적극적으로 실천해야 한다.

국제신문 2020년 7월 9일

삶의 재분배로

A-level로 올라가면서 미대를 염두에 두었다. 뉴욕 아트 트립에 참여한 것도 미술을 전공하겠다는 계획의 일환이었다. 선생님들도 그림에 소질이 있다고 말씀하셨다(아버지도 그림을 잘 그리신다). 런던대학교 미술대학(Slade School of London)에 입학이 예정되어 있었다. 그런데, A-level 시험 기간에 우리 집에 안 좋은 일이 생겼다. 어머니가 암에 걸리셨는데, 당시 한국에서 '의료대란'이 터져 수술 날짜를 받지 못하게 됐다.

의약분업 도입에 반대하는 의사들이 파업에 나섰기 때문이었다. 이때 처음으로 의료시스템에 관심을 가지게 됐다. 영국의 의료제도는 세금으로 운영하다 보니 예산이 달려서 의료서비스 공급이 원활하지 않다. 중환자 우선이라 진료 대기자가 10만 명이나 된다. 새벽에 열이 내리지 않는 아기를 업고 응급실에 가면, 3시간은 기본으로 기다려야 한다. 무상의료라서 그러려니 했는데, 한국에서 이런 일이 벌어질 줄은 몰랐다.

내가 선택한 A-level 과목은 미술, 화학, 수학, 생물이었다. 의대를 지망할 수 있었다. 미대 입학이 예정됐다고 다른 과목에 손을 놓고 있지도 않았다. 케임브리지와 옥스퍼드를 포함한 5개 의대와 런던대학교 생화학과(Queen Mary College)와 화학과(KIng's College)에 입학원서를 냈다. 욕심을 부려 최상위권 의대를 지망하는 바람에, 결과는 신통치 않았다. 학부를 졸업하고 시험을 쳐서 의대에 편입하기로 하고, 생화학과에 입학했다.

학부를 마친 뒤, 런던대학교에서 생물분자학/바이러스 질병 병리학 석사학위를 받고(Imperial College) 의대 입학시험에 합격했는데, 외할머니와 진외증조할머니(아버지의 외할머니) 두 분께서 돌아가셨다. 나를 지극 정성으로 키워주신 분들인데, 말년에 치매로 고생하셨다. 키워준 손자도 알아보지 못하는 질병이 대체 어떤 것인지 알아야겠다는 마음에, 석사 과정을 한 번 더 밟았다(뇌과학 석사, King's College). 그리고 맨체스터대학교 의대 박사과정에 입학했다.

맨체스터에서 만난 친구가 케니(Dr. Kenny Yu)다. 케니는 한국인 어머니와 홍콩인 아버지 사이에서 태어난 신경과 의사다. 외할아버지도 의사셨다. 아주 명석한 젊은이로 나와 동갑이다. 맨체스터의 한인교회에서 처음 만났는데, 현재의 의료시스템을 성토하더니 빅데이터에 기반한 환자 관리가 필요하다며 목소리를 높이는 것이었다. 나로서는 정말 운명적 만남이었다.

우리는 곧바로 의기투합, '세계가 경험해본 적이 없는' 의료시스템을 만들어 보자는 구상에 나섰다. 이어서, 맨체스터대학교 의대 안에 빅데이터 기반의 '예방의학' 전문 진료병원 설립을 위한 연구 모임을 만들었다. 모임은 곧 확대되었다. 나와 함께 박사과정을 밟고 있던 신경과 의사 스벤(Sven), 미국에서 박사학위를 하고 영국 의료협회가 선정한 '최고의 젊은 의사' 상을 받은 헝가리 출신 신경과 의사 졸트(Zolt)가 합류했다.

컴퓨터와 의학의 융복합 전문가가 필요했다. 남식이 형이 떠올랐다. 한남식 선배는 맨체스터대학교로 온 나를 챙겨주고, 재영한인과학자협회 부회장이자 사무장으로 일하도록 설득한 분이다. 남식이 형은 박사학위를 마치고, 줄기세포로 노벨상을 받은 케임브리지대학 밀러연구센터 존 거든 경의 요청으로 그의 연구실에서 컴퓨터 생명공학 책임자(head of computational biology)로 일하고 있었다. 케임브리지로 가서 모임의 성격을 설명했더니, 남식이 형은 흔쾌히 응해주었다.

기존 의료시스템은 환자가 병에 걸렸을 때 진료를 통해서 그 병을 고치는 역할에 치중되어 있다. 이 시스템은 예방을 일상적으로 조직하는 데 최적화되어 있지 않다. 고령화사회로 진입하면, 질병을 확인했을 때는 이미 늦다. 특히 당뇨 및 만성질환의 경우에는 치료도 중요하지만, 그보다는 관리가 먼저다. 고령이 될수록 질병에 취약해지는데, 의료시스템의 공간이 진료에 머물러 있으면 사회적 비용은 기하급수적으로 늘어날 수밖에 없다.

요컨대 질병을 예방하고 관리하는 게 점점 더 중요해지고, 해결

방법은 빅데이터와 사물인터넷(IoT) 등을 활용하면 설계할 수 있다는 것이다. 효율적인 진료를 위해 환자의 데이터를 자율적으로 모아 사용하는 것은 이미 시행되고 있다. 문제의 핵심은 데이터의 양이 아니라 질이다. 즉 의미 있는 데이터를 얼마나 모을 수 있느냐, 어떻게 모아놓을 것이냐, 설계 단계부터 범용성을 추구해 필요할 때마다 불러올 수 있게 만들었느냐. 여기에 달려 있다.

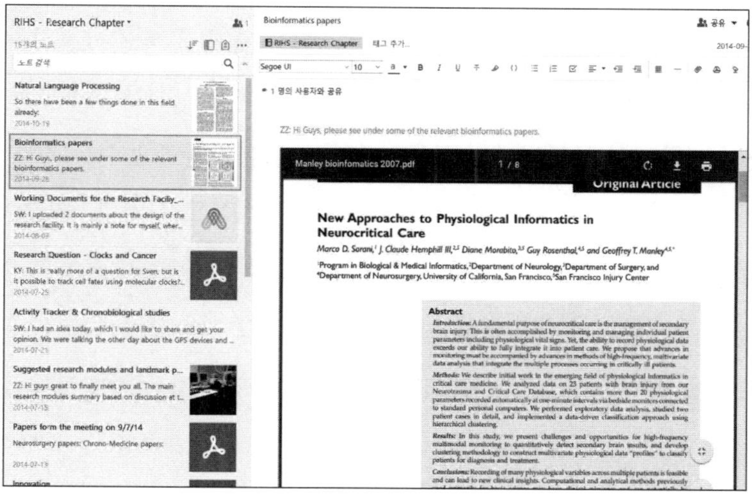

당시 논의 내용 및 결과를 담은 수많은 파일과 메모들

그러기 위해서는, 작동언어가 같아야 하고, 정확하게 태깅(tagging)이 되어 필요한 데이터를 빠르게 불러서 사용할 수 있어야 한다. 데이터를 모으는 게 능사가 아니라, 데이터를 사용할 수 있도록 시스템을 설계하는 게 요점이다. 우리가 추구했던 시스템은 환자의 데이터를 모으기 전에 사용 목적과 데이터 러닝에 필요한 랜드마크(land mark)를 정해서 모든 곳에 사용할 수 있는, 만능으로 가공 가능한 데이터의 생성이었다.

사람의 몸은 그 자체가 빅데이터다. 사람마다 체질, 생활 습관, 특성이 다 다르기 때문이다. 이러한 데이터 체계를 만들어놓으면, 각각의 빅데이터(환자 한 명 한 명마다)를 환경과 연계해 변수를 추출하는 게 가능해진다. 질병에 걸리기 전에, 어떤 예방과 관리를 해야 할지, 개인별로 맞춤형 진단을 내릴 수 있다.

예방의학이 가장 발달한 나라는 쿠바다. 이렇게 되기까지의 과정이 의미심장하다. 쿠바는 가난한 나라다. 의료시설은 낙후되고, 필수의약품이 부족하다. 병에 걸리면 사망할 확률이 높다. 그래서 아예 병에 안 걸리게 하는 걸 의료시스템의 목표로 삼았다. 기술이 없으니 몸으로 때울 수밖에 없다. 의사 수를 왕창 늘려 환자를 일일이 찾아다니며 데이터를 모았다. 아날로그 방식으로 이룩한 시스템을 디지털 시대의 OECD 가맹 국가가 만들지 못한대서야 말이 안 된다.

옛날에는 의사들이 왕진으로 환자를 찾아왔다. 유대관계도 깊었다. 의료기기가 발달하면서 환자가 병원을 찾아가게 됐다. 이제는 검진기기가 소형화되어 집에서도 데이터를 생성□전송할 수 있다. 이 데이터를 효과적으로 축적하면, 질병에 걸릴 가능성을 일기예보처럼 개인에게 보내줄 수 있다. 이것이 우리가 추구한 예방의학 시스템이었다.

사물인터넷 기술의 발달 덕분에, 환자의 상태를 실시간으로 진단할 수 있다. 꼭 필요한 경우가 아니라면 환자가 병원에 올 필요가 없게 된다. 의사가 주기적으로 방문해 조치하거나, 환자의 상태가 위중할 시에는 병원이 차량을 보내 환자를 데려올 수도 있다. 이 모든 서비스가 하나의 시스템으로 구축되면, 고령의 환자들이 몸이 불편해서 병원에 오지 못해 상태가 악화하거나 관리가 되지 않아 돌봄도 받지 못한 채 세상을 떠나는 사회적 문제가 해결되리라 믿었다.

한남식 선배, 케니 유 그리고 나(왼쪽부터)

밤을 새운 토론, 자료 수집, 연구, 그 결과물로 저장용량이 꽉 찬 노트북을 품에 안고 한국으로 돌아왔다. 친구들에게 한국에 병원을 지어서 우리의 시스템을 실현해보겠노라고 약속했다. 이 약속은 아직 지켜지지 않고 있다. 솔직히 말하면, 이런 일은 국가가 벌여야 하는 사업이다. 초기 과정에서 위험 부담이 워낙 크기 때문이다. 만일 국가가 손대지 않겠다면 나라도 하겠다는 심정이었다.

내가 시험비행사, 테스트 파일럿 노릇을 해보겠다는 생각이었다.

요즘에는 지자체가 가스계량기나 CCTV, 전화 등으로 독거 어르신의 상태를 파악한다. 이것만 해도 많이 발전한 거다. 여기에서 더 나아가야 한다. 현재의 돌봄 서비스는 24시간 실시간도 아니고, 무엇보다 의료서비스가 아니다. 보건소 시설과 인력에 빅데이터와 사물인터넷만 결합해도 많은 것이 달라질 수 있다. 병원에 갈 택시 쿠폰을 지급하는 것에 만족하지 말고, 고령화사회에 전방위적으로 대비할 시스템을 고민해야 한다.

예방은 단지 의료에만 적용되는 개념은 아닐 것이다. 따지고 보면, 복지도 예방이다. 베버리지가 해결 과제로 꼽았던 궁핍, 질병, 무지, 불결, 나태를 굳이 질병에 비유한다면 증상이라고 할 수 있다. 이 각각의 증상들이 치명적인 질병으로 발현해 사회를 무너뜨리기 전에 치유하는 게 복지의 진정한 역할이라고 나는 생각한다. 우리는 그동안 부의 재분배를 놓고 다퉈왔다. 그것이 사후약방문인지도 잊은 채. 앞으로는 삶의 재분배를 놓고 머리를 맞대야 하지 않을까.

PART 4

런던에서 부산까지

다른 생각을 들을 때
단기기억과 장기기억
감정의 동물
미래의 문을 열겠다면
논산훈련소로
넘치는 이데올로기
어머니의 꿈
부산시 남구 유엔평화로 93

다른 생각을 들을 때

11월 11일은 한국에서는 '빼빼로 데이'다. 제과업체의 마케팅이 만든 날인지 알았는데, 창시자는 우리 부산의 여학생들이란다. 인터넷에서 "1996년경 부산의 계성여중 학생들이 빼빼로 과자처럼 날씬해지자는 의미로 11월 11일에 선물로 주고받던 것에서 유래했다"고 업체 측이 확인해준 신문 기사를 검색할 수 있다. 그보다 일찍 다른 학교에서 시작됐다는 설도 있다고 한다.

좌우간, 매년 11월 11일이 되면 편의점 앞 특별 매대에는 빼빼로가 산더미처럼 쌓인다. 한국에서 11월 11일은 웃는 날이다. 영국에 갔더니, 11월 11일은 전혀 다른 날이었다. 1918년 11월 11일 11시, 1차 세계대전이 끝났다. 이날을 영국인들은 'Remembrance Day(전사자 추도일)'로 기념한다. 11시에 맞춰서 모든 국민이 2분간 묵념을 드린다.

서양 문화에 익숙해지면서, 11월 11일이 성 마틴(St. Martin) 기념일이라는 사실도 알게 됐다. 이날 저녁, 아이들은 등에 불을 밝히고 성 마틴을 기리는 노래를 부르며 이웃집을 돌아다닌다. 아이들 노랫소리가 들리면, 어른들은 나와서 사탕이며 과자를 내놓는다. 같은 날이라도, 역사, 민족, 종교에 따라 이렇게 다른 의미가 될 수도 있다는 데 생각이 미쳤다. 아래의 글은 Mill Hill 고학년 시절 맞은 11월 11일에 쓴 일기다.

1.

오늘은 1차 세계대전을 기억하는 날이다. 9백만의 젊은 군인들과 7백만의 민간인들이 희생된 전쟁은 1914년 7월 28일 시작되어 1918년 11월 11일 11시에 끝이 났고, 이를 기억하기 위해 영국에서는 매년 11월 11일 11시 모든 국민은 2분간 침묵하며 희생을 기린다(공식적인 종전일은 베르사이유 조약이 체결된 1919년 6월 28일이지만, 적대행위는 1918년 11월 11일 11시에 종료됐다).

다시 평화를 찾았지만, 20년 뒤 2차 세계대전이 발발하여 약 5천~8천5백만의 사람들이 희생되었다. 그리고 지금 그때를 경험했던 세대는 그렇지 않은 세대와 함께 살아가고 있다. 우리는 왜 죽여야만 했으며 왜 죽어야만 했을까? 우리는 과연 과거를 기억하며 현재를 살고 미래에는 같은 일을 되풀이하지 않을 수 있을 것인가?

2.

오늘은 St. Martin's Festival Day(성 마틴 페스티벌)이다. 어린아이들이 조그마한 호롱불을 들고 이웃을 돌아다니며 사탕과

초콜릿을 받는 날로 성인인 성 마틴을 기념하는 날이다.

성 마틴은 로마 병사로 골(Gaul, 지금의 프랑스) 지방에 배치되었다. 그가 아미앵(Amiens)의 성문에 도착했을 때 구걸하는 거지가 있었고, 성 마틴은 하나뿐인 자신의 외투를 반으로 잘라 거지에게 주었다. 그날 저녁 꿈에 예수님이 나와 "마틴, 아직 세례를 받지 않은 자여, 그대가 나에게 외투를 입혀주었노라"라고 하였고, 성 마틴은 세례를 받고 베푸는 삶을 살게 되었다.

이런 전설보다 아이들에게는 호롱불 들고 추운 저녁 손을 호호 불며 이웃으로부터 따뜻한 한마디와 과자를 얻는 날로써 더욱 소중하고 중요한 날이다.

3.

오늘은 빼빼로 데이다. 11월 11일은 작대기가 4개가 있는 날이고, 그래서 빼빼로와 닮았다. 천재적인 마케팅 전략으로 빼빼로 매출이 급증하게 되었다.

하지만 오늘이 가치 있는 이유는 빼빼로 데이가 이미 서로 사랑하고 있는 연인들에게 그 사랑을 다시 확인하는 날이고, 사랑을 시작하고 싶은 사람들이 약간의 용기를 얻어 사랑을 쑥스럽게 고백할 수 있는 날이기 때문이지 싶다.

여기까지 쓰고 보니, 영국애들에게 공감했던 바가 생각났다. 얘들은 어떻게 된 영문인지 대화를 나누면서 '틀렸다(wrong)'는 단어를 거의 쓰지 않는다. 얘기하다가 쟁점이 생기면 '네가 틀렸어'라고 말할 법도 한데, 도통 입에 올리지 않는다. 화기애애한 토론을 하다가도, 틀렸다는 말을 들으면 엄청 화를 낸다. 즉각 '너는 나를 존중하지 않는 거지?'라는 힐난이 돌아온다. '멍청한 녀석', '비겁한 놈' 같은 표현은 금기 중의 금기다. 싸우자는 소리로 받아들인다.

논쟁하더라도, '너는 나랑 생각이 다르네?'라고 시작한다. 개인의 생각이나 의견을 존중하는 문화가 몸에 배어 있다. 토론은 설득을 위해 있는 것이지, 승패를 가리기 위한 게 아니라는 사고방식이다. 생각이 다른데 공존하려면 간격을 좁히는 수밖에 없다. 그러니 '오늘 토론 이겼어?' 같은 질문은 나올 수가 없다.

4.

우리는 살아온 경험(과거)으로부터 모든 행동과 생각을 결정하고, (현재)지금의 행동과 생각이 향후 어떠한 결과로 다가온다(미래). 따라서 과거의 경험이 다르면 지금의 생각이 다를 수밖에 없고, 그렇기에 행동도 다르다. 그래서 우리는 99.99999% 동일한 유전자를 가지고 있으면서도 각자 다른 미래를 살아가게 되는 것이다.

그렇기에 나와 타인은 생각이 같지 않고 다를 수밖에 없다. 하지만 다름은 틀림과는 같지 않다. 나와 생각이 다르다고 해서 틀리다고 하는 것은 크나큰 오류이며, 이로 인해 우리는 다투고 헤어진다.

서로 다름을 인정하고 그 다름을 수용하고자 하는 마음이 있을 때 우리는 성숙하고 서로에게 배울 수 있으며 사랑을 지속할 수 있다. 세상의 모든 사랑은 아름답고 또 따뜻하다. 주고 또 줘도 모자라지 않으며 받아도 또 받아도 넘치지 않는다. 아마 이 세상에서 유일하게 주는 것이 본인을 행복하게 하고 풍요롭게 하는 행위이지 않을까?

사랑은 우리의 가치를 높인다. 서로의 다름을 알아가게 되고 그 속에서 맞춰 나가고 싶은 마음을 가지게 해준다. 그 속에서 인지상정이란 것을 배우고 동병상련도 겪어본다. 이것이 가능한 이유는 서로 사랑하는 사람들은 본인과 타인을 동일시하여 하나라고 생각할 수 있기 때문인 것 같다.

우리가 꼭 연인들의 사랑뿐만이 아닌 타인을 배려하고 이해하고자 하는 것 또한 큰사랑이란 것을 깨닫고 그 사랑을 실천하면, 서로 죽이고 뺏는 전쟁은 없어지지 않을까 생각해본다.

새로운 지식이나 정보, 처음 접해보는 이야기를 들을 때 나는 기분이 좋다. 말꼬리 잡지 않고, 끝까지 잠자코 듣는다. 기대에 부풀어서다. 영국 친구들에게 감화(?)를 받은 덕분인지 몰라도, 나와 다른 생각을 들을 때도 고개를 돌리지 않는다. 고향에 돌아와 자리를 잡고 나서, 가까운 이웃들과 담소(논쟁이 아니라 담소다)를 나누다가 '틀려'라는 표현이 자주 나오는데 놀랐다. 내가 영국으로 떠날 때만 해도 이렇지는 않았는데….

뉴스를 보면 시종 '너는 틀렸다'로 일관한다. 정치 뉴스는 특히 더 그렇다. 하물며 과학에서도 '틀렸다'는 표현을 삼가는데, 함께 어울려 살 방법을 모색하는 정치인들이 어찌 이럴 수가 있을까. 정치의 영역에서 정답이란 게 있을 수 있다고 생각한다면, 독선이고 위선이다. 그런 식이니까 스스로 자기 발목을 잡고, 발등을 찍는 실수를 거듭한다. 거친 말이 고운 말로 돌아올 리가 있겠는가.

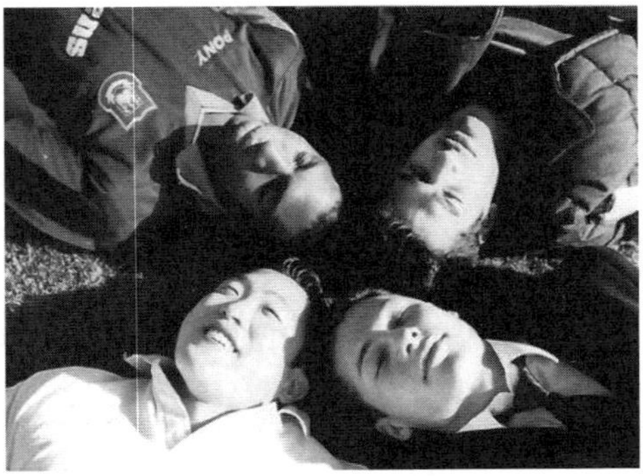

Mill Hill에서 친구들과 함께(넷이 국적이 다 다르다)

박권상 선생의 『영국을 생각한다』에는 영국 의회(하원) 취재기도 실려 있다. 한국의 국회에서 공화당과 신민당이 싸우는 모습만 보았던 박 선생에게 의장의 "질서!(Order!)" 한 마디로 장내가 정리되는 영국 의회는 일종의 경이로 비쳤던 모양이다. 취재하면서 친해진 어느 하원의원에게 박 선생이 비결을 물었다.

"우리가 살고 있는 섬은 아시다시피 좁고 인구는 조밀합니다. 더불어 살기 위해선 피차 관용 안 할래야 안 할 수가 없습니다. 칼은

옷장 속에 맡겨 버렸지요. 칼로 싸울 여유가 우리에겐 없기 때문에 입으로 싸우지만, 그러나 싸우는 데 한계가 있습니다. 이 좁은 섬이라는 부엌 안에 있는 물 주전자가 모두 끓기 시작하면 모두 숨 막혀 질식할 것입니다. 더불어 다 같이 살아나가야지요."

단기기억과 장기기억

외할머니와 진외증조할머니 두 분이 모두 치매로 돌아가신 데 충격을 받고, 석사과정을 한 번 더 밟았다는 이야기는 앞에 썼다. 두 번째 석사 논문의 주제는 '파킨슨병 유전인자에 의한 전두엽 신경회로 변화'였다. 치매 연구를 하면서, 박사과정에서 뇌과학을 전공하기로 결심을 굳혔다.

뇌과학은 새 지평이었다. 그것은 내게 인간과 사회를 성찰할 새로운 전망을 열어주었다. 인간의 자아는 뇌로부터 이루어진다. 인간의 생각이 사람마다 다른 이유는 뇌세포망의 연결이 다르기 때문이다.

우리는 살아가면서 각자 다른 경험을 한다. 그 경험들이 어떤 집합의 신경세포들을 활성화했느냐에 따라 다른 루트로 기억이 저장된다. 어떤 경험을 하고 살아왔는지는 사람마다 다를 수밖에 없고, 같은 시간에 같은 경험을 했더라도 과거의 경험과 지금 경험의 상관관계에 따라 다른 경험으로 인식된다. 그래서 우리는 같은 사람이되 다른 사람이다. 인간의 몸 하나하나가 빅데이터인 이유는 뇌가 있기 때문이다.

많은 이들이 본인의 줄기세포를 이용하여 복제인간을 만들면 자신과 똑같을 것으로 생각한다. 나와 같은 생각을 하고 나와 같은 행동을 하는 복제인간을 이용해, 일은 복제인간에게 시키고 자신은 쉬거나 놀러 다니는 상상을 한다. 사랑하는 고양이 나비가 죽으면 얼마나 슬프고 허전할까. 이럴 때 나비를 복제할 수만 있다면 나비와 평생 함께 지내는 게 가능해지지 않을까.

결론부터 말하면, 이는 가능하지 않다. 유전자가 같다고 각각의 개체가 같아지지는 않는다. 일란성 쌍둥이는 유전자가 100% 같다. 같은 유전자를 받고, 같은 부모 아래서 함께 자랐지만, 성격은 제각각이다. 한 명은 외향적인데, 다른 한 명은 내성적일 수도 있다. 일란성 쌍둥이 형 철수는 카페에서 우연히 비발디의 사계를 듣고 클래식에 푹 빠졌다. 동생 철민이는 친구가 부르는 힙합에 반해 클래식은 거들떠보지도 않는다.

다른 경험이 다른 길로 뇌에 작용해 다른 취향을 낳은 것이다. 행태나 습성도 달라진다. 시간이 흐르고 다른 경험들이 더 켜켜이 쌓이면서 자아는 더 달라진다. 정치적 견해나 세계관이 달라지는 건 시간문제다. 복제한 나비가 야옹 하고 아양을 떨기는커녕 자꾸 할퀴려고만 든다. 옛날 나비는 안 그랬는데, 이 나비는 왜 이러지? 한탄해봐야 소용없다. 두 나비는 서로 다른 개체이기 때문이다.

경험과 기억 그리고 판단과 결정에 대한 모든 것을 수행하는 기관이 바로 뇌다. 따라서 인간과 사회를 알기 위해서는 뇌를 알아야 한다. 뇌과학은 단지 과학 지식을 습득하는 것이 아닌, 인간 본연에 대한 탐구다. 뇌를 알게 되면 인간의 행동 패턴을 예측할 수 있다. 뇌과학은 의료, 정치, 범죄분석 등 인간 행동과 사회관계의 모든 영역으로 확장할 수 있다.

경제학도 뇌과학 연구 성과를 차용하고 있다. 신경경제학(neuroeconomics)은 심리학과 행동경제학 그리고 뇌과학을 접목해, 각각의 경제주체들이 어떤 프로세스를 통해 결정을 내리는지 연구하고 그 패턴을 분석한다.

서울대에서 박사후 과정을 밟으면서 한-프랑스 뇌과학 심포지엄을 진행했다.

범죄자 심리분석이나 체포에도 뇌과학은 도움을 줄 수 있다. 과거의 경험이나 행동 패턴을 조사해 범죄자의 성향을 분석하고, 계획적 범행인지 정신질환에 의한 우발적 범행인지 알아낼 수 있다. 예를 들면, 조현병, 트라우마 또는 우울증 등 뇌의 기능에 이상이 생기면 행동과 인지에 문제를 일으키고 결국 범죄를 저지르는 경우가 종종 있다.

뇌과학의 적용 범위와 활용도는 이렇게 무궁무진하지만, 우리는 아직 뇌에 대해 아는 것보다 모르는 게 훨씬 더 많다. 그만큼 인간과 사회에 대해 아는 게 부족하다는 뜻이다. 독일의 평범한 중산층들이 나치라는 집단적 광기에 사로잡힐 줄 누가 알았겠는가. 이건 사회과학만으로는 설명하기 불가능하다. 아마도, 인류에게 던져진 최후의 숙제는 뇌일 것이다.

선진국들은 이미 천문학적 금액을 뇌 연구에 쏟아붓고 있다. 미국은 2013년부터 'Brain Initiative' 프로젝트 하나에만 15억 달러(1조8천억원)를 투입했고, 영국은 정신건강과 신경 관련 연구에 2018년 4억 파운드(6천억원)를 지원했다. 중국은 2016년부터 2020년까지 GDP의 2.5%인 450억 달러(60조원)를 과학 발전에 지출하고 있는데, 예산을 투입하는 10대 사업 가운데 하나가 뇌과학이다. 한국의 2018년 뇌과학 연구 지원 예산은 1천8백억 원이다.

고령화사회의 걱정거리 가운데 하나가 치매다. 원인은 여러 가지가 있지만, 치매는 기본적으로 퇴행성 질환이기 때문이다. 65세 이상 인구 비중이 7%가 넘으면 고령화사회, 14% 이상은 고령사회, 20% 이상은 초고령사회라고 한다. 한국은 2018년 고령사회로 진입했고, 65세 이상 인구의 9%가 치매 환자다.

치매에 걸리면 최근 기억부터 잃어버린다. 기억은 의식적으로 저장하고 불러내야 하는 '서술기억(declarative memory)'과 무의식중에 저장돼 몸이 기억하는 '절차기억(procedural memory)'으로 분류되는데, 서술기억에는 '단기기억(short-term memory)'과 '장기기억(long-term memory)'이 있다. 단기기억은 일시적으로 간직된 기억으로, 장기기억으로 전환되지 않으면 얼마 지나지 않아 사라진다.

이 과정에서 핵심적 역할을 담당하는 뇌 부위가 해마다. 절제한 단면이 바다생물인 해마와 흡사해서 이런 이름이 붙었다. 해마의 기능이 밝혀진 건 1953년, 미국에서였다. 간질을 치료하기 위해 전두엽을 잘라내다가 해마까지 도려냈는데, 회복 후 뜻밖의 증상이 나타났다. 환자가 5분 전에 일어났던 일도 기억하지 못하는 것이었다.

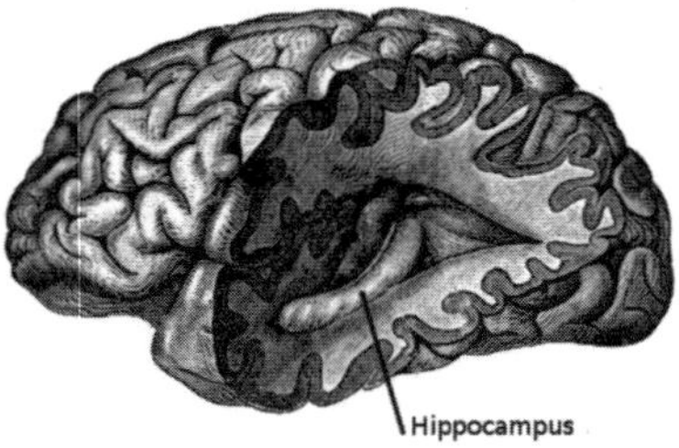

해마(hippocampus)

내 박사학위 논문 제목은 '노화와 알츠하이머병 유전인자에 의한 해마체 신경회로 변화 연구'다. 알츠하이머병에 걸리면 해마의 뇌세포부터 공격당한다. 단기기억을 장기기억으로 전환하는 회로가 손상되면서, 최근 기억부터 잃어버리기 시작하는 것이다. 이 시점까지 장기기억은 남아 있다. 치매에 걸린 노인들이 밖에 나갔다가 실종돼 옛날에 살던 집 앞에서 발견되는 일이 이래서 생긴다.

치매가 진행되면, 인지력과 판단력이 급속도로 떨어지고 장기기억까지 손상된다. 알츠하이머 박사와 환자의 대화를 보자(내가 재구성한 대화다).

"(시금치를 먹고 있는 환자에게) 지금 무엇을 먹고 있지요?"
"스테이크."
"맛있나요?"
"무서워."
"당신은 누구지요?"
"몰라."

기억상실은 자아 상실로 전이된다. 데카르트는 "나는 생각한다. 고로, 존재한다."라는 명언을 남겼다. 자아를 잃어버리면, 생명의 유지 여부와 무관하게, 인간은 존재성을 잃게 된다. 인식과 성찰은 상대방과 상호작용을 통해 심화하는데, 내가 누구인지 인지하지도 못하는 상황이라면 타자 역시 존재하지 않는 것이나 마찬가지가 된다.

뇌과학을 연구하면서, 정치를 새삼 돌아보게 되었다. "5 · 16은 쿠데타 맞지요? 왜 대답을 못해요!" 장관 청문회에서 흘러나오는 대화를 들으면서 안타까웠다. 친일은 기억나고, 경제개발계획은 기억나지 않는다는 것일까. 자기가 환기하고 싶은 것만 소환하면, 새로이 기억해야 할 것을 거부하면, 과거에 갇히게 된다.

23년 전의 'IMF 사태'는 잊은 지 오래면서, 60년 전의 '군사혁명'만 벼르는 건 무슨 까닭인가. 대체 어느 쪽이 현재의 우리를 더 힘들게 만들었는가. 옛날 집 앞에서 서성이는 가련한 환자처럼, 정치는 지금 과거로 돌아가고 있다. 4차산업혁명이 백만분의 1초 단위로 생성하는 단기기억은 장기기억으로 전환되지 않고, 정치적 이해관계가 부각한 장기기억이 단기기억을 파괴하고 있다.

곤충도 뇌가 있다. 뇌가 있을 뿐만 아니라 사회성까지 있다. 1천억 개가 넘는 뉴런(neuron, 신경세포)을 가진 인간의 사회성과 25만 개밖에 되지 않는 개미의 사회성을 비교해보자. 도시(개미의 집)를 짓고, 음식을 생산하고 저장하며, 분업(일개미-병정개미-여왕개미)을 이뤄 살아간다. 효율을 조직할 줄도 알고, 때로는 목숨을 걸고 무리를 지킨다. 인간과 본질적으로 다를 바가 없다. 하지만, 정치인의 뇌는 다른 것 같다.

감정의 동물

기억이 없으면 아무것도 없고, 아무것도 하지 못한다. 시력을 가진 사람이 안 보인다는 게 뭔지 이해할 수 없듯이, 기억이 없다는 게 어떤 상태일지 상상조차 하지 못한다. 인간은 기억으로 산다. 그게 자연스럽다고 받아들이기 때문에, 정작 기억이 왜 이루어지는지는 묻지 않고 산다. 그저, 머리 좋은 사람은 많이 기억하고 머리 나쁜 사람은 많이 까먹는다는 정도로 생각하고 만다.

인간에게는 오감이 있다. 하루에도 보고, 듣고, 먹고, 맡고, 만지는 게 얼마나 많은가. 이 정보들이 전부 기억으로 저장되지는 않는다. 그렇다면 무엇이 취사선택을 명령할까. 이성일 거라고 짐작하겠지만, 이런 추론으로는 해명되지 않는 기억의 패턴이 수두룩하다. 이성이 명령했다면 합목적적이어야 할 텐데, 하필이면 왜 그것을 기억했는지 당사자도 설명하지 못하는 경우가 있다.

기억의 밑바닥에 감정이 실려 있어서다. 아기가 특히 그렇다. 호오(好惡)가 없다면, 오감으로 느낀 모든 정보에 똑같은 처리 시간을 할당해야 한다. 이건 너무 비효율적이다. 주시하거나 외면하거나, 집중하거나 딴청을 피우거나, 삼키거나 뱉어내거나, 코를 박거나 코를 막거나, 움켜쥐거나 내던지거나 하는 경험을 반복하면서, 아기는 자신이 처리해야 할 정보를 골라낸다.

정서 치료 전문가들에 따르면, '좋다'는 '믿을 수 있거나 내게 이로운', '싫다'는 '믿을 수 없거나 내게 해로운', '노하다'는 '위험으로부터 나를 지켜야 하는', '슬프다'는 '잃은 것을 다시 찾아야 하는'이라는 정보 혹은 행동 지시 신호를 각각 담고 있다고 한다. 어른이 됐다고 달라지지 않는다. 기억의 출발은 감정이고, 모든 기억은 감정적이다.

기억의 밑바탕이 감정이기 때문에, 장기기억일수록 장면이나 일화(episode)로 저장된다. 중학생 때 헤밍웨이의 『노인과 바다』를 읽었다고 하자. 활자로 기억될까? 아니다. 노인, 바다, 낚시, 청새치, 상어로 기억된다. 책을 읽으면서 흥미를 느끼거나 공감한 대목에 따라 뇌리에 남은 장면은 달라질 것이다. 여럿이 『춘향전』을 봤는데, 누구는 '첫날 밤'이 좋았다고 하고, 누구는 '어사 출도'가 좋았다고 한다.

엄마 역시 어머니라는 추상적 개념으로 기억되지 않는다. 보듬어주시고 때로는 타이르시던 아련한 장면들이 모여 엄마라는 실체에 대한 기억이 완성된다. 그럴 리야 없겠지만, 엄마로부터 학대만 받고 자랐다면 모성은 허구의 개념이 된다. 추상은 구체에서 비롯한다. 구체의 어떤 부분에서 어떤 감정을 경험했는지가 다르므로,

각 개인이 파악하는 사물의 특성 또한 달라질 수 있다.

이 때문에, 같은 대상을 경험했다 하더라도 어떻게 경험했느냐에 따라 대상에 대한 인식이 달라진다. 영국에 여행을 갔는데, 날씨가 화창해서 상쾌하게 구경하고 한국에 돌아왔다. 이 사람에게 영국을 물어보면 십중팔구 '좋다'고 말한다. 그러나 여행 내내 우중충한 날씨로 고생했다면, '사람 살 곳이 아니더라'는 극단적인 반대의 대답이 나올 수도 있다. 즉, 다른 경험이 다른 기억을 낳고, 다른 판단으로 이어지는 것이다.

해마는 단기기억이 장기기억으로 전환하는 과정을 관장할 뿐만 아니라, 장소, 시차, 인물, 사건에 대한 감정을 기억으로 변환하는 역할도 한다. 부산 피난 시절 다방에서 흘러나오는 '이별의 부산정거장'으로 시름을 달랬던 사람에게, 남인수가 일제강점기 '혈서 지원' 같은 노래를 불렀다는 정보는 아무런 의미가 없다.

중국 속담에 '인비목석 숙능무정(人非木石, 孰能无情)'이라는 말이 있다. '사람이 목석이 아닌데 누가 감정이 없겠는가'라는 뜻이다. 기억에 관한 한, 인간은 이성의 동물이라기보다 감정의 동물에 가깝다. 여러 감정 중에서도 억울하게 당했을 때 느꼈던 감정이 가장 강하다. 그 기억은 좀처럼 잊히지 않는다. 때린 사람의 기억은 희미하고, 맞은 사람의 기억은 생생하다. 이런 일은 우리 주변에서 흔히 볼 수 있다.

상처받은 기억이 치유되지 않고 응어리로 맺힌 상태를 가리켜 우리는 '트라우마(trauma)에 빠졌다'라고 말한다. 트라우마는 상처라는 기억의 특성상 더 또렷한 장면으로 저장된다. 상처가 집단적이면 기억의 밀도는 더 높아진다. 개별 기억들이 뭉쳐 응축되기 때문이다. 기억의 구속력은 더 강해진다. 사회의 특정 집단이 집단적 트라우마에 빠지면 갈등 해소는 그만큼 더 어려워진다.

아우슈비츠에 갇혀 죽음을 기다리는 유태인들

문명은 건설과 파괴의 속성을 함께 지니고 있다. 집단적 트라우마는 동서고금의 역사에서 발생했다. 산업혁명 초기 영국의 '노동자계급', 프런티어 시대 미국의 '인디언'과 '흑인' 그리고 일제강점기 우리의 '민족'이 그랬다. 사회가 집단적 트라우마를 치유하기 위해 애쓰지 않으면, 문명은 점점 더 파괴의 속성 쪽으로 기운다. 이런 사회심리적 분위기 속에서 집단적 트라우마를 정치적 목적으로 악용하는 세력이 득세하는 것이다. 히틀러와 스탈린이 가장 끔찍한 사례다.

기억은 직접 경험만으로 구성되지 않는다. 내가 좋아하거나 믿는 사람의 기억은 나의 기억이 되기도 한다. 부모의 원수는 자식에게도 원수이고, 자식의 은인은 부모에게도 은인이다. 기억은 또한 시간과 공간을 통과해 대물림되기도 한다. 『성서』에 실린 이야기들은 멀리는 몇천 년 전에 살았던 이들의 기억이면서, 동시에 21세기에 사는 성도들의 기억이다. 집단적 기억이란 이처럼 역사적이고 사회적이다.

기억은 가변한다. 개인적 기억일지라도 바램이나 원망이 도를 넘으면 윤색된다. '리플리 증후군'이 대표적인데, 없던 일을 있던 일로 착각하고서는 그것을 기억이라고 우긴다. 기억의 이러한 형질을 누군가 이용하려 한다면 어떻게 될까. 대중의 감정 이입을 한쪽으로 몰고, 단편적 사실들을 꿰어맞춰 흩뿌리면 어떻게 될까. 기억은 각색된다. 나치의 선전부장 괴벨스가 보여주었던 악랄한 솜씨다.

여러 뇌 부위 중에서도 전두엽은 특별하다. 전두엽은 대뇌에서 가장 큰 부피를 차지하고, 인간을 타 영장류와 구분해주는 핵심 기능인 통찰력을 관장한다. 인간은 다른 동물들보다 크고 완전한 전두엽을 갖고 있다.

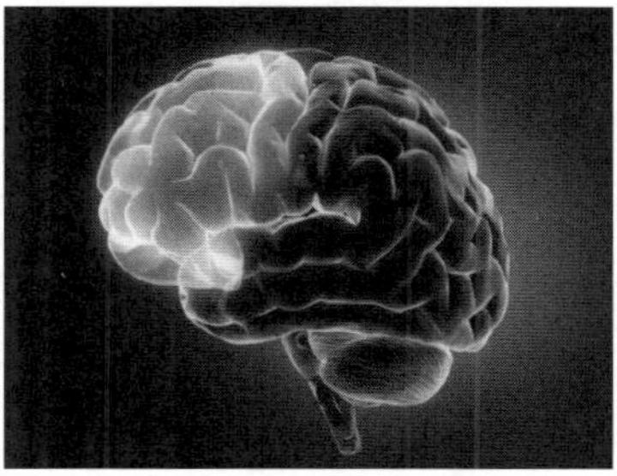

전두엽

통찰력은 작업기억(working memory)에 의존하는데, 작업기억은 우리가 흔히 아는 기억력과는 다른 기능이며, 저장되지 않고 순간적으로 정보를 의식적으로 처리하는 능력이다. 컴퓨터에 비유하면, 뇌의 해마에 속하는 기억 저장장치는 HDD(하드디스크)나 SSD(반도체 기반 저장장치)이고, 작업기억은 RAM(주기억장치)이다. 작업기억은 단기기억-장기기억에 저장된 정보들을 꺼내어 잘 조합하고 처리해서 원하는 것을 판단하고 행동하게 만드는 능력이다.

1956년 프린스턴대학교의 조지 밀러가 처음 소개한 개념으로, 작업기억의 성능과 용량 차이가 지능의 60%를 결정한다. 통찰력 외에도 임기응변, 스트레스에 대처하는 능력과 매우 밀접한 연관이 있다. 전두엽이 발달했기에, 인간은 스스로 무엇을 느끼고 생각하고 행동했는지 알 수 있고, 그에 따라 다음 계획을 세우는 능력을 키우게 되었다. 인간이 이성의 동물이라면, 그것은 전두엽 덕분이라 해도 과언이 아니다.

선동이 먹히는 사회는 전두엽의 기능이 정지된 뇌와 같다. 감정과 이성이 조화를 이뤄야 집단지성을 도출할 수 있는데, 감정끼리 충돌하면 개인과 집단의 다양한 경험을 더 나은 계획으로 수렴할 통찰력이 사라진다. 자정 능력도 떨어진다. 목소리를 높이는 무리마다 불신과 증오의 갑옷을 두르니, '내가 하면 로맨스, 남이 하면 불륜'이라는 아전인수가 버젓이 통용된다.

다름을 배척하지 않고 수용한다는 것은 생각의 기반이 되는 기억이 서로 다른 경험에서 나왔음을 인정한다는 뜻이다. 그게 역지사지(易地思之) 아닌가. 소통을 남의 이야기 참고 들어주는 것쯤으로 여기는 이들이 많다. 이건 소통이 아니라 명분 쌓기에 지나지 않는다. 진정한 소통은 옳고 그름 이전에 감정이 다르다는 사실을 받아들이는 것이다.

민주주의가 민주주의인 이유는 작동 방식에 있다. 청취를 미루지 않아야, 설득을 포기하지 않아야 민주주의다. 이 기본을 놓치면, 편향과 편중에 안주하게 된다. 확증 편향은 확증 파괴를 부를 뿐이다.

미래의 문을 열겠다면

대영박물관에 도서관이 있다는 걸 대학교에 들어가서야 알았다. 여기만 오면 괜히 공부가 더 잘 되는 기분이어서, 대학교 때는 자주 들렀다. 디킨스의 고본(古本)을 손에 쥐고 뿌듯해한 적도 있다. 처음 빌려본 책은 알렉산더대왕의 정복기였다. 빨간색 양장본이었던 건 기억이 나는데, 책 이름은 잊었다. 정복 행위 자체는 침략이었으나, 문명의 충돌–교차–유입–교류가 시작된 계기가 되었다는 내용이었다.

19세기 중엽, 영국이 아편전쟁을 일으켰다. 여론은 전쟁을 요구했다. 하원에서, 30세의 초선 의원 글래드스턴이 발언권을 신청했다. "청나라에는 아편을 금지할 정당한 권리가 있습니다. (중략) 그 기원을 놓고 볼 때 이것만큼 부정한 전쟁, 이것만큼 영국을 불명예에 빠뜨릴 전쟁을 나는 이제껏 보지 못했습니다." 회의장은 숙연해졌다. 그러나 표결 결과는 271 대 262, 전쟁 찬성이었다.

표결 직후, 글래드스턴은 "영국 양심의 무게가 고작 262표란 말입니까"라며 탄식했다고 한다. 글래드스턴은 자유당의 기수였다. 의무교육을 시행하고 비밀투표를 도입했으며, 제국주의를 비판했다. 유약하다는 비난을 받고 네 차례나 총리직에서 물러났지만, 그가 주창한 인도주의에 입각한 대외정책으로 대영제국은 제국주의 이후의 시대에 적응할 수 있었다. 글래드스턴은 은퇴 후 백작 작위를 거절하고 평민으로 남았으며, 웨스트민스터 성당에 묻혔다.

우리로 치면 종묘(宗廟), 문묘(文廟)와 현충원을 합친 듯한 장소가 영국에서는 웨스트민스터 성당과 세인트폴 성당이다. 영국을 만든 위인들이 묻힌 곳이다. 하지만 웨스트민스터에서 방문객들의 눈길을 가장 끄는 무덤은 바닥에 안장된 무명용사의 묘다. 1차 세계대전에서 전사한 육군 병사인데, 신원을 확인할 수 없었다고 한다. 이 무덤은 영국이 치른 전쟁에서 전사한 모든 군인의 상징이다.

뉴턴, 다윈, 디킨스, 스티븐 호킹도 여기에 잠들어 있다. 말하자면 영국 문화의 성지(聖地)인 셈인데, 이 장소의 성격과 어울리지 않은 삶을 살다간 이들도 묻혀 있다. '블러디 메리'로 유명한 메리 여왕은 역사에 길이 남을 실정(失政)을 저질렀고, 가톨릭 신자임에도, 심지어 그녀 자신이 다른 곳에 묻히길 원했음에도, 이곳에 묻혔다. 『정글북』을 쓴 키플링은 '백인의 의무'라는 말을 만들어낼 만큼 지독한 인종차별주의자로 악명이 높았지만, 이곳이 그의 영원한 안식처가 되었다.

웨스트민스터 성당에 묻힐 자격은 누가 부여할까. 정권이 아닌 것만은 확실하다. 글래드스턴이 사망했을 때 여당은 보수당이었다. 히틀러에게 시간만 벌어줬다고 쫓겨나다시피 사임한 네빌 체임벌린 전 수상이 웨스트민스터에 묻힐 당시 수상은 그를 가장 거세게 몰아붙였던 처칠이었다. 이데올로기도 별로 힘을 쓰지 못하는 것 같다. 사회민주주의의 아버지 어머니로 불리는 웹 부부(Sidney & Beatrice Webb)도, "요람에서 무덤까지"의 실행자 클레멘트 애틀리 전 수상도 이곳에 묻혀 있으니까.

제국주의든 사회주의든 영국이 낳은 것이라면 국민이 함께 책임지자는 정신이다. 역사의 한 시기에 잘못이 있었다면, 국민이 함께 기억하자는 약속이다. 역사는 소수 위인의 것이 아닌, 다수 대중의 것이란 신념이다. 이런 정신과 약속과 신념이 배양되지 않았다면, 웨스트민스터 성당은 한낱 '그들만이 묻힌 무덤'이 되었을 것이며, 영국인의 마음속에서 지워졌을 것이다.

2002년 영국의 국영방송 BBC가 국민 여론조사를 바탕으로 '가장 위대한 영국인 100인'을 선정했다. 명단을 보면, 영국인들이 자국의 역사와 문화를 어떻게 바라보고 있는지 가늠할 수 있다. 정치인으로는 처칠(1위), 엘리자베스 1세(7위), 올리버 크롬웰(10위), 과학자로는 다윈(4위)과 뉴턴(6위), 문학가로는 셰익스피어(5위)가 10위 안에 오른 이름들이다. 여기까지는 그렇겠다 싶은데, 나머지 3인은 우리 상식으로는 선뜻 이해하기가 힘들다.

2위가 브루넬(A. K. Brunel)이라는 인물인데, 산업혁명이 한창 진행 중이던 19세기 초중반 건축, 철도, 선박 설계 등 손대지 않은 분야를 찾는 게 더 쉬울 정도로 다재다능한 공학자였다. 그가 뚫은 템즈강 하저터널로 지금도 런던의 지하철이 다닌다. 그런데 이 사람은 혁명을 피해 영국으로 건너온 프랑스인의 아들이다. 한일관계만큼이나 복잡하고 미묘한 영국과 프랑스 사이를 고려하면, 이방인 브루넬이 토종 영국인 와트(증기기관)와 스티븐슨(기차)을 멀리 제쳤다는 게 놀라울 따름이다.

3위는 다이애나 왕세자비다. 쇼윈도의 인형을 거부하고 자유를 찾아 궁궐을 떠난 여성. 내가 Mill Hill에서 공부하고 있을 때 그녀의 비극적 죽음이 일어났다. 런던 시내가 추모 꽃다발로 가득했다. 왕실을 성토하는 여론도 높았다. 토니 블레어는 자신이 왕실을 압박해 왕실장을 치르게 했다고 자서전에 밝힌 바 있다. 추모연설에서 "민중의 왕세자비(People's Princess)"라고 호칭하기도 했다. 그렇다고는 해도, 다이애나의 순위가 엘리자베스 1세보다 높다는 건 예상 밖이었다.

우리가 이해하기 가장 곤란한 순위가 7위에 오른 존 레넌이다. 나는 비틀스를 좋아하고, 그들이 열어젖힌 신세계에 공감한다. 하지만, 규범의 시각으로 보자면 그는 한마디로 '문제적 인물'이다. 기독교사회에서 "우리는 예수보다 유명하다"라고 소리쳤는가 하면, 영국의 자존심 롤스로이스를 아프리카 토속 문양으로 떡칠해놓고 즐거워했다. 반전운동에 몰입하다가 미국으로 건너가 살았고, 훈장마저 반납했다. 크롬웰이나 처칠과는 정반대의 삶을 살았다. 역시 영국인의 셈법에서는 다양성이 중요하다는 것일까.

역사적 인물에게는 공과(功過)가 있게 마련인데, 어째서인지 우리는 공보다 과를 캐묻는다. 5 · 16이 쿠데타냐 아니냐는 논법에 매몰되면, 카이사르도 나폴레옹도 정치군인의 멍에를 뒤집어써야 한다. 나폴레옹은 쿠데타로 혁명을 중단시켰지만, 나폴레옹의 통치는 프랑스가 중세에서 근대로 발돋움하는 데 결정적인 역할을 했다. 베스트셀러『나폴레옹』을 쓴 막스 갈로는 사회당 정권에서 정부 대변인을 지낸 진보적 학자다. 산전수전 다 겪은 선진국들은 이데올로기나 당파적 논리로 인물을 재단하지는 않는다.

카이사르

나폴레옹

박정희

5 · 16 이전까지 우리 사회는 국가와 민족의 에너지를 한곳으로 모을 엄두도 내지 못했고, 그 힘을 어느 방향으로 써야 할지도 몰랐다. 쿠데타는 당사자들에게도 비극적인 일이다. 그러나 역사의 문을 여는 열쇠는 비정하다. 제국주의 시대를 거치고 나서야 인류는 역사의 다음 장으로 이동할 수 있었다. 그것이 인간의 운명이고 실력이다. 이를 부정한다면, 역사는 온통 우연의 연속이 될 것이다.

우리의 역사에서 5 · 16은 근대화의 기점이었다. 기점이 마음에 들지 않는다고 바꿔치기라도 할 셈인가. 역사의 뒷면이 부끄럽다고 갈아치우기라도 할 작정인가. 어떤 이들은 박정희가 없었더라도 경제개발에 성공했을 거라고 말한다. 가정법은 인간을 역사로부터 도망치게 만든다. 공을 인정하고 나서 과를 따져야 한다. 그래야 그때 그 시점에서 우리에게 부족했던 게 무엇이었는지 찾아낼 수 있고, 아직 채우지 못한 게 있다면 앞으로 어떻게 채울지 합의할 수 있다.

문재인 정부 시절, 백선엽 장군의 현충원 안장을 놓고 여야가 첨예하게 맞섰다. 대립이 격화되면서 박정희 대통령을 현충원에서 파묘(破墓) 하자는 주장까지 나왔다. 기시감이 든다. 광해군은 폐위되었다고 종묘에 들어가지도 못했다. 장영실은 무덤은 고사하고 제삿날도 전해지지 않는다. 요즘 '진보'를 보면 500년 전 사림파(士林派)가 생각난다. 자기만 옳다는 독선으로는 그 이상이다. 사림의 종말이 당파싸움이었다.

역사에는 자랑스러운 장면도 있고, 부끄러운 장면도 있다. 역사의 페이지를 넘기는 일은 때로는 잔인하기까지 하다. 무한대의 자기 성찰을 강요하기 때문이다. 지도자라면 역사의 굴곡을 남의 탓으로 미루어서는 안 된다. 뼈저린 반성과 고백이 국민을 역사의 무대에 주연으로 올리고, 세대교체를 이룬다. 말끝마다 사과부터 요구하는데, 국민은 사과만 듣고 만족하라는 것인가.

공과는 정산(定算)할 수 있어도 역사는 청산(淸算)할 수 없다. '진보'의 주장대로 이승만 박사와 미군정 탓에 친일파를 청산하지 못했다고 치자. 그런 논리라면 '진보'는 역사적으로 존재했어야 할 이유를 잃게 된다. 대상 없는 존재는 없다. 역사는 함께 짊어지는 것. 그것을 인정해야 미래의 문은 열린다.

논산훈련소로

영국은 비자 발급이 까다롭다. 밖으로 나가는 건 쉬워도 안으로 들어오는 건 어렵다. 영국은 미국처럼 이민으로 성장한 나라가 아니라 식민으로 세계를 제패한 나라다. 석사과정을 시작하러 런던 히드로공항에 내렸는데, 입국을 거부당했다. 입국 절차가 바뀐 줄 몰랐던 탓이었다.

영국의 석사과정은 방학 없는 1년 3학기다. 9월 입학인데, 비자 때문에 4개월이나 늦어져 1월에 입국했다. 3개월 동안 필수 제출 리포트(2천 단어 이상)를 여섯 개 제출하고, 시험과 논문을 준비해야 했다. 하루에 3시간 이상 잠을 못 잤고, 몸무게가 20kg이나 줄고, 탈모 증상까지 생겼다. 다행히 석사 논문이 통과되어 학위를 취득했지만, 피를 말리는 날들이었다.

이때 비자 받는 게 하도 복잡하고 시간을 많이 잡아먹어서 아예 영주권을 받았다. 10년 이상 영국에서 학생으로 거주했으므로 영주권 받을 자격은 충분했다. 애당초 영주권을 신청할 계획은 없었다. 영주권이 없으면 정기적으로 비자를 갱신해야 하고, 내가 유학할 당시에는 비자값이 3백만 원이나 됐지만, 학위 마치면 어차피 돌아갈 거고, 영주권 같은 것에 관심이 없었기 때문이다.

영주권을 받고 1년이 지나면 시민권을 신청할 수 있다. 나는 석사학위 소지자라서 우선순위에 해당했다. 시민권을 받으면 영국 생활은 당연히 더 편해진다. 그러나 조국은 이중국적을 허용하지 않는다. 나는 국적을 포기할 마음이 손톱만큼도 없었다. 나는 고지식한 '순혈주의자'는 아니지만, 국적은 신성한 것이고 훼손은 용납할 수 없었다. 영주권 신청을 미뤄놨던 것도 그런 마음에서였다.

"먼저 나는 우리 선조(先祖)들에 대한 것부터 시작하고 싶습니다. 그것은 이런 기회에 조상을 생각하고 그분들께 경의를 표하는 것이 올바르고 또 적합하기 때문입니다. 즉 그분들은 이 나라에 대대로 변함없이 상주하고, 그 덕행을 통해서 자유를 현세대에까지 전했습니다. 그렇지만 그분들이 이런 칭송을 받을 만하다면, 더욱 그에 적합한 것은 우리의 선대(先代) 분들입니다. 요컨대 선대 분들은 조상들로부터 전해 받은 것 위에 우리가 유지하고 있는 권리를 애써 쌓아 올려 그것을 물려주었기 때문입니다."

(투키디데스, 『〈펠로폰네소스전쟁사』)

위에 인용한 글은 아테네의 전성시대를 이끈 지도자 페리클레스(Perikles)의 국장(國葬) 추모연설이다. 그는 전사한 군인들의 가족을 위로하고 시민을 고무하는 연설의 서두를 아테네의 '선조들'과 '선대 분들'에게 바쳤다. 어렸을 적에 읽은 책이고, 서양의 고전이지만, 나는 이러한 자세가 충효의 기본이라고 늘 생각했다. 조상에 바치는 존경심이 국적에 대한 자부심이다.

두 번째 석사과정을 마치고 나니, 내 나이는 20대 중반이었다. 더 늦추면 군대 갈 나이를 놓치게 된다. 박사보다 병역 의무가 먼저다. 영국 시민권을 받을 수 있게 된 상황 전개가 오히려 나를 더 재촉했다. 병무청에 입대 신청을 했고, 논산 육군훈련소에 입영해 훈련병 생활을 시작했다.

나의 군 입대를 뉴스로 다룬 KBS 기사

동기들은 나보다 최소 여섯 살 어렸다. 영국에서 석사를 하고 왔다니까 장교들도 달리 보는 듯했다. 직능 테스트를 받는데, 담당

부사관이 '당신은 좋은 데 가겠네'라고 말을 건넨 것도 왠지 거슬렸다. '열외 취급' 받지 않으려고 일부러 더 열심히 뛰었다. 사실 '군대 경험'이라면 내가 소대장보다 빠르다. 동기들이 초등학교 다닐 적에 나는 학군단을 통솔하던 '레지먼털 서전트(Regimental Sergeant)'였다. 그게 다 이날을 대비한 것이었다.

자기들보다 더 '빡쎄게' 구르니까 동기들도 뒤지지 않으려고 분발했다. "형! 형!" 하며 잘 따랐고, 쉬는 시간에는 학업이며 진로 문제를 상의해오기도 했다. 우리 내무반이 군기가 제일 바짝 들었고, 분위기도 가장 좋았다. 유심히 보던 소대장이 나를 호출했다.

"전 훈병, 조교 자원해보겠나?"

"제가 자격이 되겠습니까?"

"나이가 많긴 하지만, 원한다면 내가 추천하지."

"영광입니다!"

힘들다는 건 들어서 알고 있었지만, 요령 부리는 건 내 성미에 맞지 않았다. 추천까지 받았는데 탈락하면 동기들 얼굴 보기도 민망하다. 조교 선발 테스트 때 젖 먹던 힘까지 짜냈다. 한 단계 한 단계 통과할 때마다 절반씩 떨어졌다. 차례로 중대장-대대장-연대장을 면담했다. 중대장은 내가 나이가 많다는 게 영 꺼림직했던 모양이다.

"조교는 남보다 두 배는 뛰어나야 한다. 체력적으로 힘들지 않겠나?"

"할 수 있습니다!"

빠릿빠릿한 대답에 중대장은 합격이라는 표정을 지었다. 자대 배치를 받는 날, 내 이름은 마지막에 가서야 불렸다. 조교로 선발된 훈련병은 제일 나중에 호명된다. 됐구나! "형! 최고!"라며 환호성을 지르는 동기들과 함빡 웃었다. 논산훈련소 안에 조교훈련소(분대장훈련소)가 별도로 있다. 여긴 정말 스파르타식이다. 조교를 훈련하는 조교들은 대개 체육대학생들로, 신체적 능력이 거의 완벽했다.

육군 논산훈련소 최우수훈련병 메달

이 친구들이 나를 인정해줬다. 포복 훈련 때 내가 제일 먼저 고지에 올라가고 내려왔다. 노익장(?)에 감탄했던지 넉살을 떤다. "형,

몸 좀 사려, 그러다가 다쳐." 분대장훈련을 최우수 성적으로 마쳐 소장 표창을 받았고, 조교 견장 수여식에서 소장이 직접 견장을 달아주는 영광을 안았다. 처음에는 아무도 내가 조교 훈련을 통과하리라고 기대하지 않았단다. 내 나이 스물여덟이었다.

조교 견장 수여식

분대장이 됐다. 강한 육군을 위해서 내가 무엇을 할 수 있을까? 기본임무에 더해 뭔가 더 기여하고 싶었다. 의학지식을 활용하기로 했다. 내 첫 번째 석사는 바이러스 질병 병리학이다. 훈련소에 있다 보면 병사들이 폐렴에 걸리는 경우가 종종 있다. 격리 시스템을 제안했다. 겨울에는 입소하는 훈련병이 적다. 비어 있는 생활관을 소독해 아픈 병사들을 따로 수용했다. 이후 폐렴으로 인한 병력 손실이 많이 줄었다.

또 하나는 정신건강이었다. 어디 가나 적응이 늦는 친구들이 있다. 가족이나 여자친구 일이 신경 쓰여서 훈련에 집중하지 못하는 훈련병들도 있다. 신경정신학 전공을 살려 훈련병들의 고민을 들어주고 조언하는 역할을 자청했다. '심리상담사+고충상담사' 노릇을 한 셈이다. 내 노력이 주효했는지는 모르겠으나, 내가 분대장을 맡고 나서 여덟 달 동안 7백 명 넘는 훈련병 가운데 단 한 명도 질병이나 스트레스로 유급하지 않고 자대 배치를 받았다.

여자친구 상담이 다수였다. "형, 여자친구가 고무신 거꾸로 신으려 해요 ㅠㅠ." 20대 초반이니까 이성에 민감할 때다. 이럴 땐 일단 들어줘야 한다. 실컷 털어놓을수록 진정이 되니까. 부처님께서도 사람 봐가며 설법하라고 하셨다. 의존이나 집착이 강한 친구에게는 달래는 게 약이고, '쿨' 한 친구에게는 '만일 기다려주면, 너 어떻게 감당할래?'라고 응대한다. 영어 잘하려면 어떻게 해야 하느냐고 묻는 친구들도 있었다. "사전 외우면 돼." 내가 실제 그렇게 했다는데도, 영 못 믿겠다는 눈치다.

군대 생활은 즐겁고 보람찼다. 오랜만에 조국의 품에 안긴 기분이었다. 그런데 어느 날 나더러 뉴스에 나가라는 것이었다. 영국에서 석사학위까지 마친 유학생, 영주권 포기하고 입대…. 대략 이런 식이었다. 이때는 정말 손발이 오그라들었다. 이게 무슨 뉴스거리가 되느냐고 되묻는 나에게, 불문곡직(不問曲直), 이것도 군인의 의무란다.

논산훈련소 조교 시절 최고의 추억은 훈련병들로부터 받은 편지다. 퇴소하면서 내 관물함에 슬그머니 편지를 넣고 떠난 훈련병이 2백 명이 넘는다. 요즘도 가끔 이 편지들을 꺼내 읽는 순간이 있다. 내가 군대 가길 정말 잘했구나!

넘치는 이데올로기

정쟁(政爭)에서, 상대를 몰아붙이는 방법은 여러 가지가 있다. 가장 손쉬운 건 도덕률로 공격하는 거다. 그런데 이 방법에는 치명적인 약점이 있다. 자신이 깨끗하지 않을 경우, 부메랑으로 되돌아온다. 이른바 '조국 사태'라는 게 벌어지면서, 폭로와 부인, 재폭로와 변명이 끝없이 이어졌다. 실망했다.

그동안 '진보'는 보수를 '반칙왕'이라고 공격해왔다. 반칙은 그 자체로 잘못된 것이므로, 누구든 나서서 지적해야 한다. 그게 사회 구성원의 의무다. 하지만, 반칙을 비판하는 것으로 '진영'을 나누겠다면, 자기 자신은 반칙을 저지르지 말았어야 했다. '오십 보 백 보'만큼 꼴불견이 없다. 윤리가 상대화되면 통합은 더 난망(難望)이다. 멍든 건 우리 사회였다.

자기가 버린 쓰레기는 자기가 치워야 하는 법이다. 도덕적 해이는 자신의 잘못을 처리하는 비용을 타인에게 전가한다. 공인(公人)이라면 절대 저지르지 말아야 할 짓이다. 처리 비용을 사회가 부담하기 때문이다. 경제적 손실도 손실이지만, 피해가 '1/n'로 쪼개지는 게 더 문제다. 체감이 떨어지면서 규범이 느슨해진다. 공인의 도덕적 해이야말로 공공의 적이다.

엄연한 사실을 놓고 정치적 이해관계가 개입해 해석이 달라지면, 상황은 점입가경으로 흐른다. 말 같지 않은 말이 난무하고, 삿대질이 서로를 후벼판다. 이쯤 되면 뭐가 선이고 뭐가 악인지 분간하는 것조차 우습게 된다. 판도라의 상자에 봉인되어 있던 시커먼 마음들이 죄다 튀어나온다. 도덕적 해이를 별것 아닌 일로 여기는 풍조가 만연하고, 세상만사가 부조리극이 되어버린다.

내가 태어났을 적에 우리 집은 잘사는 쪽이 아니었다. 유학 갈 때까지도 별로 달라지지 않았다. 우리 집은 부산의 주택가에서 흔히 마주치는, 아빠가 사오시는 통닭 한 마리에 행복해하는 중산층 가정이었다. 그러나 유학을 떠나면서, 나는 내가 이제 기득권층에 속하게 되었음을 깨달았다. 잘살고 못살고를 떠나, 이런 기회를 누린다는 것 자체가 이미 기득권이다. 그 자각이 유학 생활을 버틸 수 있도록 도와주었다.

여기까지 왜 왔니? 여기서 무엇을 배우려고 하니? 배워서 무엇에 쓰려고 하니? 여기 눌러앉을 거니? 아니면, 너희 나라로 돌아가서 무엇을 할 거니? 지구 반대편의 작은 나라에서 온 나에게 영국 학생들의 눈빛은 묻고 있었다. 사립학교 입학이 특권이라는 건 걔들이 더 잘 안다. 기득권에 편승하러 온 게 아니라는 것을 보여주어야 했다.

1994년 말부터 2014년 초까지, 군대에 가 있던 2년여 시간을 제외하면 만 18년을 영국에서 보냈다. 우리 정치로 보자면, 김영삼-김대중-노무현-이명박-박근혜의 순으로 정권 교체가 활발했던 시기다. 주기적 물갈이가 우리 사회를 좀 더 나은 쪽으로 끌어가기를 기대했다. 특히, '진보'가 제 역할을 해서 균형을 맞춰주기를 바랐다. 그런데 아니었다. 국민은 정의와 공정을 입에 달고 살던 이들이 안면을 몰수하는 모습을 보고 민주화에 고개를 갸웃거렸다.

역사가 알려주듯이, 이데올로기는 도덕이나 윤리와 무관하다. 초기에는 선심(善心)에 호소하고 선행(善行)을 베푸는 데 주력하지만, 현실의 권력으로 올라설수록 본성이 드러난다. 요컨대, 개인이나 집단이 어떤 이데올로기를 받아들이냐는 선악의 심성과는 아무런 상관이 없다. 특별히 더 정의롭고 유난히 더 깨끗한 이데올로기란 존재하지 않는다. '조국 사태'는 이데올로기 과잉이 부른 참사다.

몸은 기득권을 행사하고 있는데, 머리는 핍박받던 시절에 머물고 있다. 이 이율배반적인 행동방식과 사고방식이 결합하면, 아집과 독선이 자신을 속여도 전혀 알아차리지 못한다. 집권층이 이런 증상에 빠질 때, 정치는 최악으로 치닫는다. 갈등을 해소하고 통합을 모색하는 솜씨가 부족한 줄은 모르고, 누군가 훼방을 놓는다는 피해망상에 빠지게 된다. 언젠가는 꼬리가 잡히게 마련이고, 그럼 수습이 되지 않는다.

조국 씨의 이중성을 '노블리스 오블리주'의 잣대로 비판한 기사를 본 적이 있다. 이건 아니다 싶었다. 지금이 어느 시대인가. '노블리스 오블리주'는 19세기 초반 프랑스 귀족이 맨 먼저 쓴 말이라고 알려져 있다. 귀족의 의무와 수양을 촉구하는 뜻이었을 테니, 평민들은 불쾌했을 것이다. 원산지 프랑스에서도 호불호가 갈렸을 듯하다. 영국에 있는 동안 이 말을 들어본 적이 열 손가락으로 꼽을 정도다.

한국의 기득권층이 비난받을 짓을 많이 한 게 사실이니, '노블리스 오블리주' 같은 철 지난 잣대라도 동원해서 훈계해야 한다고 생각하는 사람이 있을 것이다. 그래서 아들을 군대에 보내면, 기부금을 내면, '노블리스 오블리주'를 실천했다고 칭송한다. 내 생각은 다르다. 당연히 해야 할 일을 했을 뿐인데 칭찬이 나오면, 사회 규범의 기준선은 내려간다. 이러다가 반칙하지 않는 게 '노블리스 오블리주'가 되면 우리 사회가 얼마나 몰상식해질까.

우리의 과제는 사회 규범의 기준선을 끌어올리는 일이다. 우리가 '조국 사태'에서 경험했듯이, 이런 일은 이데올로기로는 할 수 없다. 이데올로기는 거대 담론이다. 형성기에는 수많은 개인이 일상에서 토해내는 원망과 희망들이 전면에 등장하지만, 성숙기에는 작은 일로 치부되어 가장자리로 밀려난다. 국가 앞에만 서면 작아지는 국민. 그것의 폐해를 누구보다 앞장서 비판했던 이들이 오늘의 '진보' 세력이다.

노자(老子)는 '치대국약팽소선(治大國若烹小鮮)'이라 하여, 큰 나라를 다스리는 일은 작은 생선을 삶는 일과 같다고 설파했다. 세심하지 않으면 사회는 부스러진다. 거대 담론에 종속될수록 작은 일을 무시하게 된다. '큰일을 치르는데 그 정도쯤이야'라는 방심에 공동체를 지탱해온 윤리의 날은 무디어진다. 종교개혁 같은 사건은 이래서 일어났다.

앞에 쓴 바 있지만, 사회적 혜택을 받은 이가 있다는 사실은 역으로 그만큼 사회적 혜택을 받지 못한 이가 있다는 뜻이라고 나는 생각한다. 사회적 혜택의 총량은, 대단히 안타깝게도, 경제 성장의 총량보다 더디게 늘어난다. 성장의 불균형은 기회의 불균형으로 직결된다. 시장의 '보이지 않는 손'도 거기까지는 어루만지지 못한다.

그게 선진 자본주의국가가 복지국가나 혼합경제를 실험한 이유였다. 하지만 이 실험 과정에서 국가가 만능이 아니라는, 국가에 모든 걸 미뤄서는 안 된다는 교훈이 확인됐다. 최초의 복지국가는 사회보장이 개인의 자립을 북돋을 거라고 믿었다. 현실은 달랐다. 복지국가를 설계한 이들마저도 보장(분배)의 확대가 의존성을 부추긴다는 사실을 인정할 수밖에 없었다.

이데올로기에 선을 그었던 전문가들은 '빈곤의 덫'을 일찌감치 경고했다. 복지국가가 연금수혜자로부터 일하겠다는 의욕을 빼앗음으로써 '빈곤의 덫'에 빠뜨린다는 것이었다. 이어서 그들은 복지 의존으로 인해 개인이 입을 수밖에 없는 '도덕적 손상' 효과에 주목했다. 국가가 국민을 동정하는 쪽과 동정받는 쪽으로 분리한 꼴이 되었다. '개미와 베짱이' 이론을 주장하려는 게 아니다. 어떤 국가도 국민을 무기력하게 만들 권리는 없다.

내가 책임지고 완공한 창원시 덕동 매립장 메탄가스 발전소

기득권층의 일원으로서, 나는 더 많은 이들에게 혜택이 돌아가는 일을 하고 싶다. 내게 돌아오는 이익보다 남에게 돌아가는 이익이 더 많은 일에 손대고 싶고, 그런 일을 하는 사람들이 더 늘어났으면 좋겠다. 그리하여 기득권층이 점점 불어나, 최종적으로는 기득권층이라는 단어가 없어지기를 희망한다. 고작 반칙하지 않는

게 '노블리스 오블리주'라면, 우리는 양극화를 해결할 방도를 찾을 수 없다.

"각자 맡은 바 분야에서 최선을 다하는 것이 애국이며, 애족입니다." 도산(島山) 안창호 선생의 말씀이다. 나는 이 말씀을 자기가 가진 능력을 사회에 투자하는 게 애국이고 애족이라는 뜻으로 새긴다. 지금 우리 사회에 필요한 건 투자다. 자본을, 노동을, 개성을, 솜씨를 마음껏 투자할 수 있도록 시스템을 다시 짜야 한다. 다시 한 번 강조하지만, 이데올로기는 이런 일을 하지 못한다.

어머니의 꿈

어머니는 유치원에 모든 것을 거신 분이었다. 어머니 시대, 유치원 선생님들의 꿈은 다 똑같았다. 청춘을 쏟은 곳, 아이들과 함께한 세월. 유아 교육을 천직이라 여긴 그분들의 꿈은 당신의 유치원을 운영하는 것이었다. 국가도 장려했다. 정부는 유아 교육에 쓸 예산을 염출하는 대신 민간에 이 일을 맡겼다. 그게 정부가 선택한 정책이었다.

유치원은 학교보다 가족적이다. 유치원 선생님들은 누구보다 아동 시기의 특성을 잘 알고 있다. 다양성을 꺾지 않는 게 무엇보다 중요하다고 생각한다. 그래서 자신이 가장 잘할 수 있는 맞춤형 교육을 실현하고 싶어 한다. 유치원은 학교보다 규모도 작아서 개인이 운영하기에 덜 버거운 편이다. 유치원 선생님들은 정부 방침에 따라 개인사업자로 등록했다.

유치원 지을 때 정부 돈은 한 푼도 받지 않았다. 개원 초기에는 정원이 차지 않는다. 그래도 교사와 시설은 다 갖춰야 한다. 여기에 드는 경비도 모두 부담했다. 세제 혜택을 받았다지만 무슨 떼돈을 벌고 감추는 것도 아닌 터에, 조세회피처로 자기 돈 써가며 유치원을 설립할 바보는 없다. 아동은 원석(原石)과 같아서 돌보려면 모성에 버금가는 소명의식이 요구된다. 유아 교육에 대한 철학과 애정이 없으면 유치원은 절대 하지 못한다.

중학교 의무교육이 법으로 보장된 게 2008년이다(교육기본법 제8조). 민주화의 진행 속도에 비하면 국가의 교육 투자는 한참 느렸다. 그러니 그보다 30년 전인 1970년대 후반, 한국의 유아 교육은 황무지 상태나 마찬가지였다. 외할아버지가 당신의 집을 유치원으로 내놓고 아이들을 받은 게 이 무렵이었다. 유치원은 외할아버지 이래 우리 집의 가업이었다.

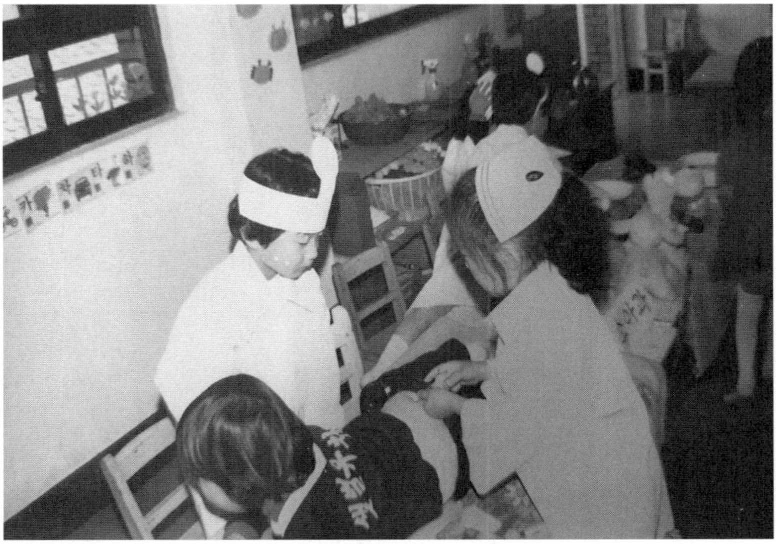

어린 시절 유치원에서 병원놀이

입대하기 직전 아내를 소개받았다. 첫 휴가 때 청혼을 했는데, 고맙게도 받아주었다. 군대 말년 마지막 정기 휴가 때 우리는 결혼식을 올렸다. 2010년 8월에 제대해서, 그해 12월 박사과정 준비하러 나 혼자 영국으로 다시 떠났다. 아내는 그때 레지던트 1년차였는데, 큰애를 가졌다. 옆에 있지 못해 미안했다. 아내는 가끔 연애는 군대에 뺏기고, 신혼은 유학에 뺏겼다며 곱게 눈을 흘긴다.

2011년 4월 박사과정을 시작해 2014년 12월 모든 실험을 마무리했다. 논문 쓰고 통과하는 일만 남았다. SfN(Society for Neuroscience)는 세계 뇌과학협회가 주최하는 가장 큰 학회다. 세계 각지에서 1만 명이 넘는 뇌과학자들이 참석하는 연례 합동회의로, 2013년에는 미국 워싱턴에서 열렸다. 이 회의에 내 실험 결과를 발표할 기회를 얻었다. 맨체스터대학에서 비행기표와 숙박비 일부를 제공해주었다.

이 회의에서 서울대학교 뇌인지과학과 학과장이신 이인아 교수님을 만났다. 내 실험 발표가 인상적이었던지, 이 교수님은 박사과정을 마치면 서울대 박사후 과정(post-doctor) 연구원으로 오지 않겠냐는 제안을 하셨다. 2014년 3월부터 서울대학교에 출근했다. 연구를 진행하면서 논문을 완성해 2015년 9월 제출했다. 당시 맨체스터대학은 학과 개편 중이어서, 석 달 후 논문심사 날짜가 잡혔다. 논문심사는 좋은 분위기에서 진행되었고, 당일 통과되었음을 통보받았다.

한국으로 돌아와서 수정 · 보완할 부분에 관한 내용을 기다렸는데 연락이 오지 않아, 논문심사 당시 지적받은 부분을 먼저 고치고 있었다. 6개월 안에 수정한 논문을 제출해야 하는데, 다섯 달이 지나고 나서야 연락이 왔고, 내용도 논문심사 때와 달랐다. 밤을 새우며 재수정해 제출했으나, 시험관은 박사학위를 줄 수 없다고 한다. 대학에 항의하자, 재시험을 허락했다.

논문은 제출하지 않은 것으로 하고, 다시 논문시험을 보되 새로운 시험관 두 명을 선정해 진행하자는 것이었다. 승낙하고, 두 번째 논문심사를 치르게 되었다. 시험관은 내 논문의 데이터와 내용이 아주 우수하다며(high quality), 해당 분야에 주목할 만한 공헌을 할 것이라고 평가했다. 남들은 한 번 통과하기도 힘든 박사 논문심사에 두 번이나 합격했다. 이때가 2017년 6월 말의 일이었다.

어머니가 설립한 은하자연유치원(덕포)

마음을 가다듬고 논문 수정에 매진했다. 그런데 내가 박사학위와는 인연이 없었나 보다. 난데없이 우리 가족이 운영하는 유치원 전부가 부산시 교육청 감사를 받게 되고, 어머니, 아버지, 나, 동생까지 전 가족이 형사고발을 당했다. 정권이 바뀌자마자 벌어진 일이었다. 내 경우 2014년부터 2017년까지 서울대학교에 근무하고 있었고, 상근하지 않는 설립자에게는 보수를 지급하면 안 된다는 규정에 따라 월급도 받지 않았다. 고발 자체가 성립할 수 없었다.

2017년 8월 영장실질심사를 받았고, 영장은 기각되었다. 아버지, 나, 동생 모두 무혐의 처분을 받았다. 하지만 어머니는 기소되어 재판을 받게 되었다. 이 일로 우리 집은 쑥대밭이 되었다. 동생은 심한 우울증에 걸려 치료를 받느라 제정신이 아니었고, 아버지도 건강을 상했다. 선천적으로 심장병을 앓고 있던 어머니는 더 힘드셨다.

결국, 내가 어머니의 재판 준비를 도맡아야 했다. 가족의 건강을 살피고, 우리 집이 운영하는 다섯 개 유치원의 3년간 회계 자료를 분석하고 정리해 변호사에게 전달했다. 2017년 여름부터 시작한 어머니의 재판은 올해 2월이 되어서야 1심이 끝났다. 무죄 및 공소기각 판결이 나왔다.

너무나도 당연한 결과였다. 사립유치원은 개인재산이며, 건물 및 토지가 모두 개인 자본이며, 설립자의 자금으로 건축된 건물에서 교육해 왔고, 운영비가 모자랄 때마다 설립자 자신이 자금을 차입해 유치원의 정상 운영을 위해 사용했다는 사실이, 법정에서 명

명백백히 입증되었기 때문이다. 하지만, 우리 가족이 받은 상처와 피해는 1심 판결로 보상될 성질의 것이 아니었다.

엎친 데 덮친 격으로, 교육청 감사를 받고 송사에 휘말리는 와중에 내가 손목뼈가 부러지는 사고를 당했다. 석 달이나 깁스를 한 채 컴퓨터 자판도 제대로 두드리지 못하는 상태에서, 논문을 수정하고 어머니의 재판을 도와야 했다. 부산 고신대학교 의대에서 교수 임용 제안을 받았지만, 교육청이 나를 형사고발 조치하는 바람에 이 또한 무산되고 말았다.

2018년 1월까지 논문을 수정해 제출해야 했는데, 모든 일이 꼬여버린 거다. 최선을 다해 시간을 맞췄으나, 결과는 탈락이었다. 단 한 장(章)의 데이터가 올바르게 표기되지 않았고, 시험관의 요구사항에 미치지 못했다는 이유로, 나의 논문은 거절되었다. 내 주위의 변호사들은 소송을 걸면 충분히 승산이 있다고 권했지만, 그렇게까지 하고 싶지는 않았다.

모교와 법적 다툼을 벌인다는 것도 차마 하지 못할 일이거니와, 내 목표는 학자로 성공하는 게 아니었다. 애당초 뇌과학을 지망했던 이유는 할머니 두 분이 치매로 고생하시다 세상을 떠나셨기 때문이었다. 치매의 원인과 기억의 원리가 궁금해 박사(알츠하이머 치매 연구)와 박사후 과정(기억의 원리와 환경변화에 따른 판단 변화의 원리)에 도전했던 거다. 연구는 더 하고 싶었지만, 학자가 되겠다는 미련은 없었다. 후회하지 않는다. 내 박사학위보다 어머니의 건강과 가족이 더 소중했다.

나는 지금도 이해할 수가 없다. 검찰이 기소도 하기 전인데, 교육청은 고발만 해놓고 감사 결과를 마치 기정사실인 양 부랴부랴 언론에 공표했다. 졸지에 우리 가족은 '범죄자집단'이 되어버렸고, 아이를 맡긴 부모의 눈빛이 싸늘해졌다. 유치원이 풍비박산 날 지경이었다. 법원의 판결이 났건만, 우리 가족을 찾아와 진심 어린 사과 한마디 하지 않았다. 이런 게 행정이고, 정치인가.

법정에 서신 어머니를 지켜보는 게 허망해서, 어머니에게 '어머니도 누구처럼 강남에 아파트나 사지 그러셨어요?'라고 푸념할 뻔했다. 대한민국은 아직 부자나라가 아니다. 언제 또 민간에 손을 벌려야 할지 모른다. 사회적 투자가 절실한 시점에서 교육에 투자한 국민마저 적으로 돌리는 정권이 과연 일자리를 만들어낼 수 있을까. 우리가 공산주의 사회인가.

부산시 남구 유엔평화로 93

논산훈련소에서 조교로 선발될 때의 일이다. 대대장 면담을 하는데, 주로 영국 유학 생활을 물었다. 어떻게 가게 됐느냐, 가서 어떻게 살았느냐, 무엇을 배웠느냐, 영국은 어떤 점이 좋더냐, 입대 안 할 수도 있었는데 왜 자원했느냐…. 사실관계를 파악한다는 느낌이었는데, 연대장 면담은 달랐다. 생각을 집중적으로 물었다.

"석사를 두 개나 했군. 배운 게 많으면 생각이 복잡하지 않나?"

"저는 군인입니다. 군인은 외적을 막는 한 가지만 생각합니다."

연대장은 오랜 외국 생활로 개인주의에 젖었을 유학생이 미덥지 않은 듯했다. 이런 질문을 받으리라고는 예상하지 못했다. 당황하지는 않았다. 내 대답은 준비되어 있었다. 언제 어디서든 주어진 의무를 충실히 이행하는 게 철칙이다. 연대장은 뜻밖이라는 표정을 짓더니, 다음 질문을 꺼냈다.

“북한에 대해 어떻게 생각하나?”

“민족과 국가는 별개입니다.”

“별개라면?”

“현재 북한은 대한민국의 안보를 위협하는 주적 국가입니다.”

이 질문은 약간 혼란스러웠다. 어떻게 생각하냐니? 같은 민족이지만 서로 다른 체제로 대치하고 있다는 것 외에 다른 대답이 나올 수 있나? 연대장은 내 대답을 듣고 나서 고개를 끄덕이며, 마지막 질문을 내놓았다.

“남북관계가 어떻게 가는 게 바람직하다고 보나?”

“군대는 안보가 우선이라고 생각합니다.”

“나머지는?”

“경제적 레벨을 맞추는 노력이 필요한데, 이게 퍼주기로 되는 건지 모르겠습니다.”

연대장 면담을 통과했으니까 조교로 선발되었을 것이다. 2년의 군대 생활 중에서 가장 얼떨떨했던 장면이었던 것 같다. 그런데, 한편으로는 조금 놀랐다. 병영 안에서, 연대장이 훈련병에게 이런 질문까지 던져야 할 정도로 안보에 관한 국론이 분열되어 있다는 건가? 제대한 뒤에도 이 의문이 떠나지 않았다. 6·25는 벌써 ‘잊혀진 전쟁’이 되고 말았단 말인가?

『헨리 키신저의 중국 이야기』는 우리에게 놀라운 진실을 전해준다. 1950년 4월, 스탈린은 모스크바를 방문한 김일성에게 남침을 허락했다. 마오쩌둥은 인민해방군 소속 한인(韓人) 병력 5만을 북한으로 보냈다. 이보다 1년 전 맥아더 장군은 언론 인터뷰를 통해 대한민국을 미군의 방위선 바깥으로 내놓은 바 있다. 1950년 1월, 미국 국무장관 딘 애치슨은 '애치슨 라인'을 공개했다. 이때를 전후해 미국은 군사고문단만 남기고 미군을 철수시켰다.

스탈린은 책임을 회피하기 위해 "도움이 필요하다면 마오쩌둥에게 청하라"며, 김일성에게 중국공산당의 확실한 동의를 얻을 것을 종용했다. 5월 13일에서 16일 사이, 김일성은 베이징으로 날아가 마오쩌둥을 만났다. 회동에서 마오쩌둥은 미국의 개입 가능성을 우려했고(심지어 마오쩌둥은 미군이 인천에 상륙할 수도 있다고 경고했다), 김일성은 도움은 필요치 않다며 "거만하게(마오쩌둥은 당시 김일성의 태도를 이렇게 표현했다고 한다)" 대답했다.

남침이 일어나자 미국은 일고의 여지 없이 파병했고, 인천상륙작전으로 전세를 뒤집었다. 중국이 개입을 결심한 건 유엔군의 북진 때문이라는 게 일반적인 통념이다. 그러나 이건 사실이 아니었다. 북한군이 파죽지세로 국군과 미군을 밀어붙이던 7월 7일과 10일, 중국공산당은 타이완 공격을 위해 준비했던 부대를 동원하기로 결정했다. 압록강 건너편에 25만 병력의 중공군이 집결한 건 1950년 7월 말이었고, 그들이 압록강을 건너기 석 달 전의 일이었다.

퓰리처상 수상 작가로 유명한 데이비드 핼버스탬. 한국전쟁을 다룬 그의 유작(遺作) 『콜디스트 윈터(Coldest Winter)』는 국군과 미군이 중공군과 맞닥뜨린 최초의 전투였던 운산 전투(1950년 10월 25일~11월 4일)로 시작한다. 이로써 저자는 6·25의 본질이 무엇이었던지 독자에게 시사한다. 한국전쟁은 공산주의의 도발에 맞선 자유세계의 응전이었다. 한국전쟁은 인류 역사상 가장 많은 나라가 단일한 깃발 아래 참전한 전쟁이다. 전투지원 16개국, 의료지원 5개국, 물자지원 44개국 등 총 63개국이 자유 대한민국을 지키기 위해 참전했다.

핼버스탬이 책의 제목을 "가장 추웠던 겨울"로 지은 이유는 장진호 전투 때문이다. 우리가 흥남 철수와 '굳세어라 금순아'로 기억되는 장진호 전투는, 미군에게는 역사상 가장 추웠던 전투, 가장 험했던 전투로 기억된다. 미군의 인명 손실은 무려 2만3천여 명이었다(전사, 전상, 비전투손실 포함). 미군은 이 전투를 잊지 않으려고, 미 해군의 정예 이지스 구축함 한 척에 '초신(Chosin, 장진의 일본식 발음)'이라는 함명을 붙였다.

중공군의 개입으로 유엔군은 막심한 피해를 입었다. 국군이 최소 14만 명 이상, 미군 포함 외국군이 4만 명 이상(40,896명, 유엔군사령부 집계)의 전사자를 냈다. 1951년 1월, 유엔군은 부산시 남구 대연동 당곡마을에 유엔군묘지를 조성해 4월에 완공했다. 1954년까지 약 1만1천여 구의 전사자 유해가 이 묘지에 묻혔다. 현재 유엔기념공원에는 11개국 2,309구의 유해가 안장되어 있다. 단일 국가로는 영국이 886명으로 가장 많다. 전사자의 유해를 전장이 있던 나라에 묻는 게 영국군의 전통이다.

1955년 11월, 대한민국 국회는 묘지 부지를 유엔에 영구 기증할 것을 결의하고, 이 묘지를 유엔이 관리하는 기념묘지로 지정할 것을 유엔총회에 건의했다. 유엔총회는 이를 받아들여 유엔기념묘지(United Nations Memorial Cemetery)로 공식 조성하고, 유엔이 영구적으로 관리하기로 결의했다. 1959년 11월 대한민국과 유엔은 '유엔기념묘지 설치 및 관리 유지를 위한 대한민국과 유엔 간의 협정'을 체결했다.

건축가 김중업이 설계한 유엔기념공원 정문

유엔기념공원 정문은 건축가 김중업이 설계하고, 1966년 11월 30일 부산시민들이 봉납했다. 김중업 선생은 정문을 설계할 때의 마음가짐을 이렇게 적었다. "이국땅에서 평화를 위하여 싸우다 간 여러 나라들의 천사들에게 두손 모아 경건히 바친 작품이다." 이 정문을 보고, 우탄트 유엔 사무총장(재임 1961~1971, 국적 미얀마)은 김중업 선생에게 "유엔 관계 건축물 가운데 가장 아름다운 건축물"이라는 찬사를 건넸다고 한다.

유엔기념공원 묘지

한국전쟁 시기 부산은 대한민국 임시수도이자 자유의 마지막 보루였다. 공산군에 쫓겨 내려 온 수십만의 피난민을 감싸주었고, 유엔군의 병참기지 역할을 든든히 해냈다. 대중가요는 "이별의 부산 정거장"이라며 부산과 헤어짐을 노래했지만, 부산은 전후 대한민국의 중흥을 기약한 '번영의 정거장'이었다.

2011년, 용당로로 불리던 유엔기념공원으로 통하는 도로는 유엔평화로로 이름이 바뀌었다. 유엔기념공원 옆에는 평화공원이 자리를 잡았다. '번영의 정거장'은 '평화의 정거장'으로 재도약을 꿈꾼다. 그러나 우리는 망각해서는 안 될 것이다. 평화는 피로써 지켜졌다는 사실을. 유엔기념공원에 잠든 이역만리 출신의 영웅들을 참배하면서, 번영과 평화를 다시금 생각한다.

중미 코스타리카의 수도 산호세 근처에 유엔평화대학(University for Peace)이 있다. 1980년 유엔총회 결의로 설립되었고, 세계평화 구현을 실천하는 인재를 양성하는 기관이다. 졸업생들은 세계 각지의 유엔기구나 국제기구, 안보협력기구, 학술기관 등에서 일한다고 한다. 반기문 전 유엔 사무총장이 재임 당시 이 대학의 명예총장이었다.

유엔평화대학이 세계에 하나만 있으라는 법은 없을 것이다. 한반도는 세계에서 군사적 긴장이 가장 심각한 지역의 하나다. 동란의 상흔을 딛고 50년만에 대한민국은 피원조국에서 원조국으로 발돋움했다. 대한민국과 부산시가 대학을 지어 유엔에 운영을 의뢰할 수도 있겠다. 국제평화도시 부산을 상징하는 랜드마크로 유엔평화대학을 설립하면 세계 속에

PART 5

수직에서 수평으로

"성하 형, 일 좀 그만 만들어!"
테이블의 무게
악화가 양화를 구축한다
두렵지 않아
경부선이 위태롭다
서울 강남구가 부산 해운대구를 부러워하게 하자
부산시 제1호 투자유치협력관
수평이라는 비전
청년창업가가 춤추게 하라!
코로나19 팬데믹 다음에 올 세상

"성하 형! 일 좀 그만 만들어!"

퀸 메리 대학(Queen Mary College) 2학년 때 한인학생회장으로 선임됐다. 칼리지 회장은 학생들이 직선으로 선출하고, 런던대학교 13개 칼리지 연합 학생회장은 칼리지 회장단(회장-부회장-총무)이 간선으로 뽑는다. 회원은 1천5백 명 남짓 된다. 회장으로 선임되고 나서, 한인학생회 주최로 한국을 알리는 행사를 만들어 보자는 생각을 하게 됐다.

'한국의 밤' 같은 행사가 있기는 했다. 그런데 런던 시내가 아니고, 한인들이 모여 사는 교외 마을에서 열렸다. 우리 잔치였다. 사실 영국 대학생들은 한국을 잘 모른다. 그들에게 우리 문화를 체험할 기회를 마련해주자는 게 내 의도였다. 이런 일은 손이 많이 필요하다. 공부하기도 바쁘다며 손을 내젓는 친구들도 있었다. 경비를 조달할 길도 막막했다. 결국, 투표까지 해서 행사를 준비하게 됐다.

런던정경대학(London School of Economy) 피코크 센터를

예약했다. 행사장부터 잡고 움직인 거다. 한 달 안에 대관료와 초청 인사들의 비행기표를 마련해야 했다. 한인사회가 십시일반으로 도움을 주셨고, 대사관의 교육담당관과 공보관이 거들어주셨다. 대사관도 경비 일부를 냈고, 비행기표는 대한항공이 지원해주었다.

그냥 문화라고 하면 막연할 수도 있겠다 싶어서, 우리는 음식에 집중하기로 했다. 행사 이름을 '한국문화와 음식의 밤'이라고 정했다. 한인 식당들을 접촉했다. 사장님들은 런던 시내에서 여는 건 자기들에게 아무런 이득이 없다면서도, 우리나라를 알리겠다고 나선 유학생들이 기특했던지, 꽤 많은 음식을 내어주셨다. 행사 당일 몇 명이 분담해 차에 실어 날랐다.

한국 문화와 음식의 밤 포스터

행사 포스터를 제작해 대학마다 나눠주고, 커뮤니티센터에도 돌렸다. 거리 게시판에도 붙였다. 입장료는 5파운드를 받았다. 한국

국악원의 명인 두 분이 국악 공연을 해주셨고, 호나우지뉴와 나이키 광고를 함께 찍었던 우희용 님이 축구 묘기를 보여주셨다. 행사 진행에는 런던 한인성공회 신도분들께서 발 벗고 나서주셨다. 행사는 성황리에 끝났다. 이게 제1회 '런던-코리언 컬쳐 페스티벌(2002)'이었는데, 내 한인학생회장 임기 동안 두 번 더 개최했다(2003, 2004). 영국 현지 한인신문 인터뷰에서도 이 행사를 물었다.

"임원들끼리 회의를 하다 '왜 일본, 중국은 자신들의 문화를 알리는 행사를 하는데 우리는 그런 게 없나?'라는 생각에서 갑자기 추진된 일이었는데, 정말 기적처럼 짧은 시간 안에 모든 여건이 완비되어서 성공적으로 1회 행사를 치르면서 너무나 뿌듯했던 기억이 납니다. 2회 행사 때는 행사 장비 운반 도중 교통사고가 발생해 많은 어려움을 겪었던 일도 떠오르네요. 지금 와서 돌아보면 그 모든 일들이 다 그리운 추억으로 남네요, 특히, 함께했던 많은 얼굴들이 떠오릅니다."

이 행사를 추진하면서 런던 한국문화원의 도움을 받았다. 그 인연으로, 런던 한국영화제 운영위원으로 참여해 진행을 돕게 됐다. 이 행사는 런던 한국문화원과 한인성공회가 주최한다. 영화 〈올드보이〉와 〈살인의 추억〉 등을 상영했고, 테너 박인수 씨와 가수 김종서 씨가 공연했다.

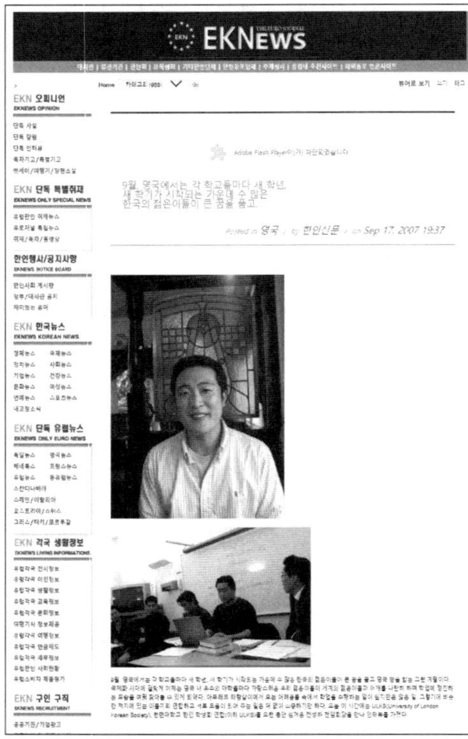

내 인터뷰가 실린 EK News(영국 현지 한인신문) 사이트

영화제에서 CJ 이미경 부회장을 만났다. 부회장님에게 런던대학교 유학생들을 위한 특별강연회를 부탁드렸더니 흔쾌히 응낙하고, 강연이 끝나고 학생 한 명을 즉석에서 채용해주셨다. 재미있는 일도 있었다. 부회장님이 유서 깊은 사보이호텔 레스토랑에서 점심을 내셨는데, 옆자리에 알 파치노가 앉아 있는 거다. 냉큼 사인을 받았다. 3학년 때 런던대학교 연합 학생회장을 맡았다. 내가 원래 '장기집권'을 싫어하는데, 회원들이 계속 내 등을 떠밀어 세 번이나

하게 됐다. 세 번째는 아예 '강제'였다. 더는 맡지 않으려고 선거 당일 참석하지도 않은 사람을 회장으로 뽑았다. 그날 나는 한국관광공사가 주최한 행사를 돕느라 행사장에 와 있었는데, 전화벨이 울려 받으니 당선 축하한다는 것이었다. 황당했지만, 좁은 유학생사회에서 어디 숨을 수도 없고….

영국을 방문한 윤도현밴드와 함께

유학생이라면 자동으로 취직되는 줄 알겠지만, 수요와 공급이란 그리 일사불란하게 맞아떨어지는 게 아니다. 기업들은 알음알음 소개를 받아 개별적으로 뽑아간다. 인맥이 닿지 않는 유학생은 낙동강 오리알 신세가 될 수도 있다. 이건 양쪽 모두에게 손실이다. 일본은 기업 합동으로 회사설명회를 열어 인재를 취합하는데, 우리는 왜 안 하나. 이 점에 착안해서 잡 페스티벌을 열자고 제안했다. 임원들은 난리였다. 몇 번은 끌려다녔지만, 더는 안 된다는 거다. "공부는 언제 하라고?" 공부할 시간이 모자라는 건 사실이다. "성하 형! 일 좀 그만 만들어!" 내가 대꾸했다. "나더러 회장 하라며?" 임원들은 기가 막힌다는 얼굴이다. "알았어. 런던 정경대에 장소만 잡아줘. 나머지는 내가 다 할게….” 옛말에도 목마른 사람이 우물 판다고 했다.

그런데 기업들도 시큰둥했다. 알다가도 모를 일이었다. 삼성전자부터 공략(?)했다. 삼성이 참여하겠다니까 LG도 손을 들고, 이렇게 해서 기업들을 모았다. 런던 정경대 선배인 오세원 형이 차린 헤드헌터 회사의 도움을 받아, 정경대 건물 하나를 통째로 빌려서 제1회 런던 잡 페스티벌을 개최했다. 영국 전역에서 2천 명이 넘는 유학생들이 몰려왔다. 상당수가 직장을 잡은 것으로 아는데, 내가 회장을 그만두고 나서 잡 페스티벌은 대가 끊겼다.

생각해보면 이리저리 분주히 뛰어다녔던 것 같다. 저 자식, 공부는 언제 하는 거야? 내가 일 벌이는 걸 못마땅하게 여긴 친구들도 있었을 게다. 하지만, 내가 무슨 영달을 바라고 그런 건가. 대사관과 협력한 일이 많아지면서, 민주평화통일자문위원회 영국 자문위원에 위촉됐다. ‘독도 지명과 동해 표기 찾기 위원장’ 자격으로 유학생들을 조직해, 런던의 도서관들을 돌며 ‘다케시마’나 ‘일본해(Japan Sea)’로 오기(誤記)한 사례를 모아 대사관에 전달했다.

독도 하니까, 일본인 친구들이 생각난다. Mill Hill에서 친하게 지냈던 일본애가 둘 있었다. 물론, 처음에는 친하게 안 지냈다. 내가 영국까지 와서 왜놈하고 친하게 지내야 해? 이런 마음이었던 것 같다. 시간이 흘러, 시미즈와 기무라 두 녀석과 가까워졌다.

시미즈가 그런다. “너, 나한테 재수 없는 쪽빠리 새끼들이라고 했던 거 기억나?” 이 녀석이 우리말을 어떻게 알아들었지? 시미즈가 계속했다. "우리나라가 너희 나라에 잘못한 거, 나 인정해. 하지만, 그게 내 잘못은 아니잖아?" 이렇게까지 말하는 데야, 마음을 열지 않을 도리가 없다. 시미즈가 고백하기를, 자기들은 일본이 한국에 무슨 짓을 했는지 배운 바가 없단다. 역시 교육이 중요하다.

기무라의 이름은 유이치다. 유이치도 나처럼 런던 일본인 학생회장을 했다. 서로 짬을 내어 가끔 어울렸는데, 하루는 이 녀석이 급히 보자는 거다. 만나자마자 "원 인 밀리언!"이라며 안겨드는 걸 보니, 뭔가 부탁이 있나 보다. 일본인 학생들 사이에서 다툼이 생겼는데, 다음 달에 열리는 일본인학생회 파티에 와서 조정을 좀 해달라는 거였다. "위스키 한 병 준비해놓을 테니, 꼭 와야 해!"

파티는 내 취미가 아니지만, 친구 부탁이니 어쩌겠나. 위스키 한 잔 따라놓고 주위를 둘러보는데, 유이치가 다가와서 속삭였다. "성, 걔들이 왔다." 유이치와 그쪽 테이블로 가자, 벌써 긴장하는 표정이 역력했다. 한국인이라고 겁을 먹었나? "나, 유이치 친구 성이라고 한다. 너희들 다퉜다면서? 싸우지 마라. 우리 외할아버지 말씀이다. 앞으로는 친하게 지내라." 금방 말을 알아듣는다.

그 친구들과 합석해서 유쾌하게 술을 나눴다. 원래 계획은 유이치와 그쪽 대표가 결투하는 것이었다나? 아무튼, 나를 아주 깍듯하게 대했다. 잘 풀어주고 나서 나는 빠졌다. 파티장을 나오다가 문득 이상한 생각이 들어, 유이치에게 물었다. "너, 나를 대체 어떤 사람이라고 소개한 거야?" 유이치가 키득키득 웃더니 대답했다. "코리언 갱스터."

테이블의 무게

그러고 보면, 나만큼 아르바이트를 많이 한 유학생도 드물지 싶다. 중학 1학년 때 왔으니 석사 박사 하러 온 학생들보다는 일거리를 잡기가 수월했을 것이다. 통역이 그런 일 중의 하나였다. 통역은 영어만 잘해서는 안 되고, 문화를 꿰고 있어야 한다. 한국 기업이나 언론의 요청으로 통역 아르바이트를 한 적이 꽤 됐다. 대사관 직원들과 교류가 늘어나면서, 대한민국 정부로부터 통역을 의뢰받는 일이 제법 생겼다.

첫 번째 과제는 Global KTX 유럽-한국 투자유치 설명회(2007)였다. 영국 투자자들에게 한국 기업을 설명하는 일이었다. 행사가 끝나고 우리 기업인들이 대사관에 내 칭찬을 했던 모양이다. "성하 씨 덕분에 우리 회사 주가도 올라갔다"라고 고마워하더라고, 공보관님이 전해줬다. 한 달이나 지났을까, 공보관님이 전화를 주셨다. 예정에 없던 급한 일이 생겼다면서, 다른 일정 다 미루고 통역을 해줄 수 없겠냐는 것이었다.

"어느 분 통역입니까?"

"대한민국 한덕수 총리입니다."

"어느 분을 만나십니까?"

"헝가리 라슬로 대통령과 페렌츠 수상입니다."

유럽 순회 방문 중이던 한덕수 국무총리가 영국에 와 있었다. 한-EU FTA 협상, 2012년 여수엑스포 유치, 북핵과 개성공단 문제 등 굵직한 현안이 많았다. 그런데 공교롭게도 헝가리에 진출한 한국 기업에서 대규모 파업이 일어나는 바람에 헝가리가 방문국에 급히 추가되었다는 공보관님의 설명이었다. 내일 헝가리로 출발해야 하는 일정이다.

헝가리의 수도 부다페스트에서(뒤에 보이는 강이 다뉴브다)

총리, 대통령, 수상? 그렇다면 정상회담 통역? 나는 아무 준비도 안 된 상태인데? 통역은 말을 옮기는 일이다. 대화 주제와 내용에 따라 용어와 뉘앙스가 다 다르다. 친구들끼리 말을 전하다가도 오해를 빚는 경우가 허다한데, 하물며 정상회담이다. 통역에 국익이 달려있다. 공보관님은 성하 씨 실력은 우리가 믿으니까 도와달라는 것이었다. 현재로서는 다른 대안을 구할 수 없다는 말씀과 함께.

떨렸다. 나라의 부름인데 거절할 수는 없다. 오죽 급하면 나를 호출했겠는가. 헝가리에 도착하니, 현지 대사관 직원이 자료를 한 보따리 건네준다. 다음 날 총리 일정은 한국 기업 현장 방문, 대통령 예방(대통령궁), 수상과 단독 및 확대 회담(국회의사당)의 순이었다. 한숨도 못 자고, 호텔 방에서 통역 준비를 했다. 밤새우는 건 내 팔자인가 보다.

한덕수 총리의 헝가리 방문이 어떤 성과를 거뒀는지는 내 입으로 말하지 않는 게 좋겠다. 회담 후 공동기자회견에서, 페렌츠 수상은 한-EU FTA 협상을 전폭적으로 지지하며, 북핵 문제 해결을 위해서 필요한 역할을 하겠다고 말했다. 당시 엑스포 개최지를 놓고, 여수와 폴란드의 브로츠와프, 모로코의 탕헤르가 경합하고 있었는데, 헝가리는 폴란드와 가까운 사이다. 페렌츠 수상은 여수 엑스포 지지와 관련, "앞으로 합리적 차원에서 판단해 대응하겠다"라고 밝혔다. 두 달 뒤, 여수는 2차 투표에서 탕헤르를 꺾고 개최지로 선정됐다.

헝가리 일정을 마치고, 총리 일행을 따라 암스테르담을 경유 노르웨이로 날아갔다. 한덕수 총리는 호콘 왕세자를 예방하고, 스톨텐베르그 수상과 회담했다. 이 통역도 내가 담당했다. 스톨텐베르그 수상은 한-EU FTA에 만족한다면서, 여수엑스포의 테마가 기후변화 및 지속성장이라는 점에 주목하고 있다고 밝혔고, 북한 인권 문제 개선을 위해 지속적으로 노력하겠다고 말했다.

노르웨이 방문 일정에서 가장 인상적이었던 경험은 친환경 주거 단지인 필레스트레데 파크 시찰이었다. 모든 건물이 친환경으로 설계 · 시공됐고, 특히 탄소배출 저감시설이 잘 갖춰져 있었다. 깊은 감명을 받았다. 이 경험은 내가 한국에 돌아와 LF에너지 투자를 결정할 때 상당한 영감을 주었다. 이것으로 내 임무는 끝났다. 저녁에는 각계에서 활약하는 동포 대표들을 격려하는 총리 주최 만찬이 열렸다. 나도 말석에 앉아 긴장을 풀었다.

국무총리 통역을 계기로 정부 일을 몇 차례 더 했다. 법무부 관계자들이 스테판 로스(Sir Stephen Charles Laws) 영국 하원 수석 법률고문(First Parliamentary Counsel)을 만난 자리에서는, 양국의 법체계를 비교할 수 있었다. 우리 측은 국제법과 여성 관련 법안에 대해 주로 질문했다. 법률 용어는 내게는 생소한 분야라서 통역을 준비하느라 고생을 좀 했다.

외교통상 쪽 일을 맡기도 했다. 여수엑스포 유치단 통역도 여러 번 했다. 영연방에는 50개가 넘는 국가들이 가입해 있다. 국제행사 유치전에서 영국은 중요한 나라다. 덕분에 영국 외무성 사람들과 안면을 트게 되었다. 우리 외교통상부 관계자들이 방문했을 때,

차관의 안내로 외무성 청사 전체를 둘러볼 기회를 얻었다.

영국 외무성 청사는 19세기 중엽 빅토리아 여왕 치세에 지어진 건물이다. 규모며 내부장식이 거의 박물관 수준이었다. 중앙 회랑에 설치된 제국주의 시대 '해가 지지 않는 나라' 대영제국을 묘사한 천장화가 정말 웅장했다. 영국을 중심으로, 동쪽 청사에는 인도와 중동과 중국, 서쪽 청사에는 미국과 남미, 남쪽 청사에는 이집트와 아프리카의 풍물과 동물이 그려져 있었다. 실물을 보는 듯한 디테일, 정제된 화려함은 아직도 내 머릿속에 남아 있다.

영국 외무성 중앙 회랑에 설치된 천정화

정부 통역 일을 하면서, 국제관계가 어떻게 움직이는지 배웠다. 국격이란 무엇인지, 의전은 왜 필요한지 체득할 수 있었다. 테이블에 앉으려면 그 테이블의 무게를 감당할 줄 알아야 한다. 그 점을 확인한 게 가장 큰 소득이었다. 노무현 대통령이 영국을 방문하셨을 때, 나도 만찬에 초대받았다. 인사를 드리는데, 대통령님 키가 작으셔서 내가 아무리 고개를 숙여도 내려보는 형국이었다. 당황해서 혼났다.

박사과정 중에 재영 한인과학자협회 사무총장에 선임되어, 유럽-대한민국 과학기술자대회(Europe-Korea Conference on Science and Technology 2013, EKC 2013)를 기획하고 실행했다. 한국과학기술단체총연합회와 유럽 4개국 과학기술자협회(영국, 독일, 프랑스, 오스트리아)가 공동주관하는 행사로, 7백 명이 넘는 과학기술자들이 참석했다.

EKC 2013 개막행사와 만찬

이 회의는 융합과 개방을 통한 '열린 과학기술'을 모토로 참석자들 간에 on/off line 협력 네트워크를 강화하고, 다양한 웹사이트 개발을 통해 '종이 없는 회의(paperless conference)'를 추구했다. 이전 회의에 비해 정부와 국회, 산-학-연 관계자들이 적극적으로 참여했으며, 생명과학, 에너지 · 환경, 재료, 기계 · 항공, ICT 등 전반적인 과학기술 분야에서 학술토론 및 정보교환이 활발히 이루어져, EKC가 명실상부한 한국-유럽 과학기술자 네트워크로 자리매김하는 성과를 거두었다.

EKC 2013 웹사이트

EKC 2013은 영국 남부 해안의 휴양도시 브라이턴에서 열렸다. 유럽 8개국의 과학기술자들을 초청하고, 프로그램 설계부터 사이트 개발, 의전, 비행기표 예약, 숙박까지 모든 실무를 자원봉사자 10여 명과 함께 처리했다. 낮에는 실험실에 틀어박혀 연구에 몰두하고, 밤에는 집에 돌아와 새벽까지 대회 준비 상황을 점검했다. 대회 기간에는 몸이 열 개라도 부족할 지경이었다. 호텔 실수로 바뀐 방을 다시 조정하고, 어느 과학자 부부가 데려온 애들을 봐주기도 했다. 대회를 마치고 나니, 한시름 놓은 기분이었다.

악화가 양화를 구축한다

한때 집단지성이란 단어가 유행했다. 이 개념의 창안자는 미국의 곤충학자 휠러(W. Wheeler)다. 앞에서 뇌과학 얘기를 하면서 개미의 사례를 들었는데, 휠러가 착안한 게 개미였다. 개미 한 마리의 능력은 미미하지만(개미의 뉴런 개수는 인간의 40만분의 1이다), 무리는 전혀 딴판이다. 이를 근거로, 휠러는 개별을 넘어서는 집단적 지성이 만들어진다고 추론했다.

우리나라에서 집단지성이란 말이 유행한 건 'IMF 사태' 직후 김대중 정권이 들어서고 나서, 정부가 '정보고속도로'를 깔던 무렵이었다. 산업화는 늦었지만 정보화는 앞서가자! 이런 표어가 나오기도 했다. 당시 IT산업은 대한민국을 먹여 살릴 차세대 성장엔진으로 주목받았고, 벤처 붐도 그때의 일이었다. 산업화와 민주화 다음의 시대정신에 대한 성찰이 필요한 시점이었다.

칼 포퍼(Karl Popper)가 주장했듯이, 열린 사회의 적은 전체주의다. 전체주의의 득세는 정보를 독점하고 은폐하고 윤색할 때만 가능하다. 정보 통제는 국민이 반론을 펼칠 근거를 감춤으로써, 지성의 수평적 연결을 방해한다. 최초의 정권 교체에 발맞춰, 정보와 의견이 실시간으로 교환되는 디지털 사회의 도래는 민주주의의 강력한 원군이 될 것으로 기대되었다. 집단지성이란 개념은 그렇게 우리 사회와 만났다.

스마트폰이 보급되자 그 기대는 더 높아졌다. 이러한 변화를 '진보'는 쌍수를 들고 환영했다. 그런데, 그들이 집단지성에 접근했던 방식은 지성과는 거리가 멀었다. '진보'는 폭로에 목말라했다. 그들은 오랫동안 우리 사회의 치부를 드러내는 게 세상을 바꾸는 지름길이라고 믿어왔다. 온라인은 익명이다. 이 익명의 바다에 관료와 전문가들이 움켜쥐고 있던 정보들이 하나둘씩 떠올랐다. 정치인의 일거수일투족이 공개되었다.

예전에도 정보는 간간이 빠져나왔다. 언론이 그 일을 했다. 지금은 SNS가 그 일을 한다. 입에서 입으로, 손에서 손으로 전할 필요도 없이, 터치 하나로 다 해결된다. 정보의 전파 속도가 무시무시하게 빨라졌다. 기미독립선언 소식이 닿는 데 열흘이 걸렸다(지방에서 만세운동이 일어난 건 3월 10일 이후부터다). 지금은, 하다못해 '가짜뉴스'라도, 광속으로 퍼진다.

아날로그 시대라면 상상도 할 수 없을 일이었다. 이게 '진보'가 디지털 시대에 환호한 이유였다. 폭로의 일상화. 볼셰비키혁명의 영수 블라디미르 레닌은, 100년 전에 '살인자의 손에서 피가 마르기 전에 낙인을 찍으라'라고 가르쳤다. '진보'에게 온라인이란 폭로의 플랫폼, 집결의 나팔이었다. 박근혜 대통령을 하야시킨 촛불을 집단지성이라고 그들이 칭송한 건 수사(修辭)가 아닌 본심이었을 것이다.

폭로와 집결, 그것이 그들이 이해한 집단지성이었다. 그러나 집단지성의 본질은, 개미의 사례에서 확인할 수 있듯이, 협업과 분업이다. 토론이 이루어져야 집단지성은 숨을 쉴 수 있다. 이러한 집단지성의 형성 및 발달 과정은 민주주의의 작동 과정과도 일치한다. 토론이 막히면 집단지성은 숨을 쉴 수 없고, 전체주의에 포박당한다. 포퍼가 『열린 사회와 그 적들』에서 경고하려 했던 게 바로 이 지점이다.

폭로는 상대를 깎아내려 목적한 바를 얻는 행위다. 폭로에 능숙한 이들은 정보를 자신에게 유리한 것과 불리한 것으로 나누는 작업부터 착수한다. 상대에게 도움이 될 정보(예를 들어 미담)나 상대에게 변명의 기회를 줄 수 있는 맥락은 삭제한다. 이른바 '악마의 편집'이다. 폭로는 감정을 건드리는 전술이다. 반응이 즉각 온다. 최선의 대안을 공유하기 위해 지성에 호소하는 목소리는 점점 더 파묻혔다. 유권자 앞에는 '차악'이라는 선택지만 놓이게 되었다.

민주주의는 과정이다. 위민(爲民)에 힘썼다고 해서 세종대왕을 민주주의 지도자라고 평가하지는 않는다. 입구와 출구에 비교하자면, 과정은 입구다. 이 점에서 볼 때, 정보통신혁명은 입구를 넓힌 게 맞다. 하지만, 입구가 넓고 많다고 출구가 꼭 안전하리란 법은 없다. 그 입구로 들어가는 게 무엇이냐에 따라 출구는 넓어질 수도 좁아질 수도 있다. 디지털 사회의 도래는 기회일 뿐이며, 그 기회를 살리고 못 살리고는 사람 손에 달린 문제다.

내가 의아하게 생각하는 것은, '진보'가 정보통신혁명을 반기기만 했지 그 파장을 심사숙고하지 않았다는 사실이다. 미래학자들은 기술 혁신이 불러올 블루칼라의 몰락을 예고했다. '진보'라면 응당 이것부터 대비했어야 하는 게 아닌가. 산업혁명 초기, 영국을 뒤흔들었던 러다이트 운동을 보자. 노동자들은 기계가 사람의 일을 빼앗는다며 기계를 파괴하는 폭동을 일으켰다. 절망적인 몸부림이었다.

세상을 더 나은 길로 인도하겠다면, 무엇보다 먼저 경제적 변화에 주의를 기울여야 한다. 달라지는 삶의 조건에 조응해 국민의 삶의 질을 어떻게 끌어올릴지 고민해야 한다. 하지만, 그들은 실시간으로 집계되는 접속자 수에 취해버렸다. 국민경제를 지탱해왔던 협업과 분업의 시스템이 위기에 봉착했는데, 대안 마련에 힘을 모으지 않고 '낙인찍기'에 열을 올린다면 파괴의 선동이나 다를 바 없다. '진보'가 민생에 애정이 없었다는 증거다.

그들의 손에 온라인은 장악됐다. 암울했던 건 일자리를 동반한 현상이 아니었다는 사실이다. 사이버 세계는 현실의 삶을 풍성하게 꾸며주는 양념으로 그쳐야 하는데, 접속이 '낙(樂)'이 되어버렸다. 폭로는 폭로를 낳는다. 박근혜 대통령 하야를 전후해 반격이 개시됐다. 콘텐츠는 점점 더 극단으로 치닫고, 그럴수록 온라인은 더 뜨겁게 달궈졌다.

SNS는 삿대질의 공간으로 퇴화했다. 폭로전과 난타전이 일상이 되었다. '좋아요'와 '댓글'의 난무가 어떻게 집단지성으로 연결된다는 것인지, 나로서는 모르겠다. 차라리 집단최면이라고 진단하는 게 이성적이지 않을까. '막장드라마'에 시선을 빼앗긴 시청자와 페이스북 한 줄에 분노하고 낙담하고 조소하는 '팔로워(follower)'는 무엇이 다른가.

급기야 '무슨 빠'라는, 어느 나라 말인지 국적조차 불분명한 비어(卑語)가 버젓이 통용되게끔 되었다. 모욕적 언사로 들릴 텐데, 당사자들은 개의치도 않는 것 같으니 오싹하다. 온라인을 누비고 다니는 일을 생업으로 삼는 이들도 나타났다. 성전(聖戰)을 수행하는 전사(戰士)를 자처하는 태도다. 이 사람들은 성전이라 불린 전쟁이 가장 더러운 전쟁이었다는 역사의 진실을 까먹었나 보다.

서로 치고받으며 닮아간다는 건 비극이다. 네가 한 대 쳤으니 나도 한 대 친다는 식의 저차원적 조건반사로는 집단지성을 바랄 수 없다. 첫 단추를 잘못 끼웠기 때문이다. 민주주의는 쟁취하는 것이다? '진보'의 이 명제는 개발독재 시대에는 참에 가까웠겠지만, 민주주의로 이행하는 시기라면 달라져야 한다. 민주주의는 대화와 협상이다. 그러나 이들은 시종일관 민주주의를 대결로 바라봤다.

빈대 잡자고 초가삼간 태우는 격이었다. 불은 온라인으로 삽시간에 번졌다. 이들이 주도한 논전에 생산이란 두 글자는 없었다. 오로지 폭로와 집결이었다. 털어서 먼지 안 날 사람이 없으니, 싸움을 건 쪽도 폭로전의 덫에 걸려버렸다. 이 악순환에 휘말려, 건전한 상식으로 삶을 꾸려가는 국민은 죄다 관중석으로 밀려났다. 결국, 악화(惡貨)가 양화(良貨)를 구축(驅逐)했다.

사실, 한국의 '진보'는 '진보'라고 부르기도 애매한 집단이다. 지성에 역행하는 이들에게 '진보'라는 이름은 어울리지 않는다. '좌파'라고 부르기도 모호한 집단이다. 고작해야 사립 유치원이나 때려잡겠다고 핏대를 세우는 이들을 '좌파'라고 부른다면, 세계 각국의 멀쩡한 '좌파'들이 펄쩍 뛸 것이다.

한국의 '진보'에 묻고 싶다. 단 한 번이라도, 의제를 진중하게 끌고 간 적이 있느냐고. 분배의 구호를 전가의 보도 마냥 휘두르겠다면, 최소한 지속 가능한 분배의 청사진은 제출했어야 한다. 그래야 토론이 이루어질 게 아닌가. 세 번에 걸쳐 15년이나 권력을 잡았는데, 여태껏 '분배' 타령에서 헤어나지 못하더니 '기본소득'까지 갔다.

로마제국 쇠망의 신호는 하나둘이 아니었지만, 학자들은 그중 하나로 콜로세움을 꼽는다. 요즘 온라인에서 벌어지는 폭로전은 원형경기장의 검투사들을 생각나게 만든다. 느낌이 좋지 않다. 나만 그렇게 느끼는 건 아닐 것이다. 요즘에는 자기들 내부에 총질을 해대는 경우도 허다한데, 하기는 누구에겐들 못하랴.

영국과 미국이 합작한 〈이어즈 앤 이어즈〉라는 드라마가 있다. 〈러브 액추얼리〉에 남편의 외도에 상처받은 아내로 나왔던 엠마 톰슨이 막말을 서슴지 않는 포퓰리스트 정치인으로 나온다. 영국의 평범한 중산층 가족이 주인공인데, 정치가 돌아가는 꼴을 보다 못한 할머니가 이렇게 말한다.

“달콤한 말과 광대 같은 저 행동들을 조심해야 해. 우리 삶을 망치기 딱 좋은 정치인이 될 테니 말이야.”

두렵지 않아

우리 가족이 교육청으로부터 고발을 당해 곤욕을 겪으면서, 유치원 제도에 모순이 있음을 알게 됐다. 유치원은 유아교육을 담당하므로 그 기능은 공적이다. 이 점은 학교와 같다. 그런데, 유치원의 운영 주체는 개인사업자다. 사립이라 하더라도 교육법인이 운영을 맡는 학교와 완전히 다르다. 모든 걸 개인이 책임져야 한다. 공적 기능과 사적 영역(소유권과 책임 범위)이 상충하는 지점이 생긴다.

국가는 사립 유치원 설립을 장려해 유아교육을 분담시킨 장본인이면서도, 이 문제를 방치했다. 소득이 늘어나고 삶의 질에 대한 욕구가 높아지면서 유아교육 시장이 성장했다. 국가는 시장의 요구에 답해야 했다. 근본적인 해결책은 유아교육을 의무교육으로 지정하는 것이지만, 김대중 정권 이후 어느 정권도 미루기만 했다. 정치인과 관료들은 국가의 책임을 더는 방법을 고안해냈다.

그것이 바로 학부모에게 유아교육비 일부를 지원해 수요자인 학부모를 달래고, 원비에 국가 예산이 들어간다는 명목으로 공급자인 유치원을 어르는 방법이었다. 유치원 수는 국공립이 많지만, 원아 수는 사립이 70% 이상이다. 국가가 가장 책임 있는 공급자가 돼야 함에도, 관리자의 가면을 쓰고 뒤에 숨겠다는 발상이었다. 로드맵에 따르면 유아교육은 벌써 무상이 되었어야 했는데, 사립 유치원 운영자에게는 무상은 멀고 규제만 가까운 어처구니없는 형태가 되어버렸다.

이명박 정권 때 정부가 유아교육비 일부를 지원하기 시작하면서, 유치원의 공적 기능과 사적 영역의 상충 문제는 정부와 사립 유치원 간에 수없이 논의됐다. 하지만, 아무것도 합의되지 않고 10년째 표류했다. 그럴 수밖에 없었던 게, 정부는 사적 영역의 권리를 보장할 아무런 대안도 제시하지 않았기 때문이다. 재산권 행사는 가로막고 책임은 무한대로 지라는 이율배반적 요구에 사립 유치원들은 동의할 수 없었다.

예를 들어 제조업 성장에 꼭 필요한 부품 산업이 있었다고 하자. 국가가 이 산업을 육성할 돈이 없어서 민간에 맡겼고, 개인사업자들은 가격 통제에 시달리면서도 부품 생산에 성공했다. 그런데 이 부품의 수요가 폭발적으로 늘어났다. 정부는 민간에만 맡겨서는 수요를 충당할 수 없다며 국영공장을 짓고, 앞으로는 정부가 부품값을 일부 지급할 테니 공장 처분권이며 회계장부까지 다 내놓으라고 요구했다. 누가 동의할 수 있겠나. 적반하장이다.

심지가 타들어 간다고 느꼈다. 아니나 다를까, 문재인 정권이 들어서고 사립 유치원이 표적이 되자, 원장들의 분노는 폭발하고 말았다. 이른바 '한유총 사태'의 핵심은 유치원의 운영 주체가 개인사업자로 등록되어 있음에도, 사립학교법의 규제를 받는다는 사실이다. 유치원의 재산은 개인 소유이지 학교처럼 법인에 기부하거나 출자한 게 아닌데, 개인 재산권과 수익을 인정하지 않는 비영리법인의 회계 방식을 따르라는 게 정상인가.

천재지변이 일어나서 건물이 파손됐을 경우, 공립유치원은 정부가 전액을 부담해 수리해준다. 하지만 사립 유치원은 원장이 자기 돈으로 이 일을 해야 한다. 포항에서 지진이 났을 때, 어느 사립 유치원 벽이 무너졌다. 개인 사유재산이라는 이유로 한 푼도 지원받지 못했다. 적십자사에서 휴지 몇 통 보내준 게 전부였다. 원장이 빚을 내서 보수공사를 마쳤는데, 지금 이 원장은 파산 상태다. 보다 못해 내가 한유총 대변인으로 나섰다.

"사립 유치원은 100% 개인의 자산으로 설립, 운영되고 있습니다. 또한, 손실이 일어나면 설립자가 충당해야 합니다. 저출산으로 원아는 줄고 있고, 획일화된 교육으로 인해 무료인 국공립유치원과의 차별성이 떨어져 경쟁에서 도태되고 있습니다. 이러한 상황에서 사립 유치원들의 70% 이상이 운영난을 겪고 있고, 5% 미만의 유치원만 세입이 지출보다 많은 상황입니다."

아이들이 줄어든다. 사립 유치원 네 곳 중 세 곳이 누적 적자에 시달리고 있다. 폐원도 불가능하다. 엄연한 개인 재산임에도 유치원 이외의 용도로는 처분할 수 없기 때문이다. 이 상태로 계속 운영을 하라고 요구할 셈이면, 정부가 최소한 파산은 막아주는 게 도리다. 세제 혜택도 빛 좋은 개살구다. 월급 이외의 소득을 가져갈 수가 없는데 소득세 면제가 무슨 소용이 있나(월급에는 근로소득세가 붙는다).

돈이 목적이었다면 유치원을 했을까. 어차피 유치원은 처분할 수 없으니 투기 대상도 아니다. 유아교육을 천직이라고 여기지 않았다면, 빚을 내면서까지 설립하고 운영할 사람이 어디에 있나. 수익은 절대 인정하지 않으면서 운영에 들어간 빚은 네가 책임지라는 식의 막무가내로 일관하는 정부의 태도에 원장들은 질렸다. 그리고 사태는 엉뚱한 방향으로 흐르기 시작했다. 원장들을 '파렴치범'으로 몰아간 거다.

독자 여러분께서도 '명품 가방' 사건을 기억하실 것이다. 원장이 유치원 돈으로 명품 가방을 샀다. 루이뷔통은 맞는데, 이게 실은 20만원짜리 지갑을 유치원 선생님 10명에게 선물한 거였다. '성인용품'을 샀다는 폭로도 나왔다. 콘돔이 '성인용품'으로 둔갑한 거다. 사립학교법 회계 방식을 따라야 하므로 유치원 카드로 콘돔을 산 건 잘못됐지만, '성인용품'이라니. 이렇게 야비한 수를 써도 되는 건가. 게다가 그 원장은 여성이었다.

"우리가 행동에 나서게 되면, 피해는 아이들이 입게 됩니다. 지금까지 단 한 번도 휴업 선언이 행동으로 이어지지 않았던 이유가 바로 여기에 있습니다. 하지만, 유치원은 의무교육이 아닙니다. 공적 기능과 사적 영역 사이에 절충점이 필요합니다. 유치원의 공적 기능은 우리가 더 소중하게 생각합니다. 그래서 공공성 강화를 위해 에듀파인을 과감히 수용했습니다. 그 대신 정부는 사적 영역을 지켜줘야 하지 않겠습니까?"

1980년대 초까지만 해도 유치원은 부유층 아이들만 다닐 수 있었다. 외할아버지가 동네에 원생들을 모집하러 다니고, 원비도 제대로 받지 않은 건 그 때문이었다. 이제 학부모에게 유치원은 선택이 아닌 필수다. 유아교육비 일부를 보조하고, 유치원 지원했다고 생색내는 건 시대 변화에 맞지 않는다. 공적 의무를 도외시한 쪽은 원장들이 아니라 정치인과 관료들이었다.

국가가 실업수당을 지급하면서 개인이 어떻게 쓰는지 확인하지는 않는다. 실업수당으로 해고 부담을 덜어주었다고 해서, 기업의 회계를 국가가 관리하지는 않는다. 이랬다간 민란이 날 거다. 그런데 유독 사립 유치원 원장들에게만큼은 지독하게 굴었다. 사유재산권을 침해하면 국가는 배상 및 보상의 책임을 져야 한다. 헌법 제22조다. 원장들은 이 점을 어떻게 풀지 대화하자고 요청했을 뿐이었다.

사립 유치원을 굴복시켜 무늬만 '사립'으로, 사실상 '국영화' 하겠다는 의도가 아니었다면, 이해하기 힘든 처사였다. 하도 기가 막혀서, 내가 "이건 관료주의가 사회주의와 결탁한 겁니다"라고 말했더니, 원장님들이 모두 부르르 떤다. 규제는 회계에 그치지 않았다. 정부는 교육 프로그램도 간섭하고 나섰다. 자기들이 정한 것 외에는 가르칠 생각도 하지 말라는 것이었다.

TV 뉴스에 출연해 한유총의 입장을 설명하고 있다.

아이들에게 영어 노래를 가르쳤다가, 고발을 당해서 교육청에서 조사까지 받았다. 만일 우리 유치원이 식단이나 안전의 최저기준을 어겼다면 어떤 처벌이든 달게 받겠다. 나는 이런 점에 대해서는 정말 엄격하다. 하지만, 영어 노래 가르쳤다고 닦달당하다니. 허탈했다. 몬테소리도 안 되고, 숲 교육도 안 되고, 안 되는 것 천지다. 여기가 평양인가. 유치원을 탁아소로 바꾸고 싶은 건가.

국가가 필요해서 장려해놓고서는, 자율성을 부정했다. 공립유치원은 무상교육으로, 사립 유치원은 시설과 프로그램으로 학부모의 선택을 받게 해야 했다. 교육 격차는 공립에 예산을 더 투자해서 해결해야 할 문제다. 그것이 유아교육의 질을 상향 평준화하는 바른길이고, 그래야 학부모가 마음 놓고 자녀를 유치원에 맡길 수 있다.

자율성을 부정하면 다양성이 사라진다. 다양성이야말로 국가와 개인 경쟁력의 원천인데, 유아 때부터 획일적 교육에 가두면 나라의 미래가 어떻게 될까. 한유총을 돕겠다고 하자, 말리는 분들이 많았다. 여론이 너무 안 좋다, 홍위병과 싸우다가 다친다….

무섭지 않았다. 어떤 멍에를 지게 되더라도 두렵지 않았는데, 문재인 정부를 직접 상대하면서 '진보'라 불리는 이들의 민낯을 목격하게 됐다. 그리고 무서운 의문에 사로잡히게 됐다. 혹시 이 사람들, 파이를 키울 생각이 전혀 없는 것 아닌가.

경부선이 위태롭다

내가 태어난 곳은 부산이고, 지금 사는 곳도 부산이다. 사람들은 부산을 대한민국 제2의 도시라고 말한다. 부산의 특성을 가장 확실히 표현하는 수식어는 무역항이다. 부산은 우리나라 최대의 물류 거점으로, 세계 7위의 무역항이다(Statista, 2022). 10위권 안에 중국 이외의 항구는 싱가포르(2위), 부산, 로테르담(10위, 네덜란드) 세 곳뿐이다.

어느 나라든 무역항은 잘사는 도시다. 로테르담, 앤트워프(13위, 벨기에), LA(17위, 미국), 함부르크(19위, 독일)도 그 나라에서는 가장 부자 도시의 하나로 꼽힌다. 상하이의 경우, 인구는 최근 10년 사이에 125만 명 늘어났고, 지역내총생산은 3조8,155위안(2019)으로 전년 대비 6% 성장했다. 그런데, 부산은 지역내총생산이 가장 작고, 성장률도 가장 낮으며, 인구마저 감소하고 있다. 2005년 집계에서 부산은 세계 5위의 항구였다.

국제적으로만 그런 게 아니다. 부산은 국내에서는 인천에도 밀리고 있다. 2018년 인천이 처리한 항만 물동량은 1억6,346 RT(RT는 운임으로 환산한 톤수)로, 4억6,004 RT를 달성한 부산의 절반에도 못 미친다. 하지만, 2018년 1인당 지역내총생산은 인천이 3천19만원으로, 2천646만원의 부산보다 372만원 더 많다. 물동량만 갖고 지역내총생산의 많고 적음을 따질 수는 없지만, 국내 최대무역항을 자부하는 부산으로서는 답답한 일이다.

부산은 광양항이 있는 전남, 평택항이 있는 충남에도 밀렸다. 2018년 광양항이 처리한 항만 물동량은 3억191RT, 평택항은 1억1,507RT로 부산에 한참 뒤지는데도, 전남의 2018년 1인당 지역내총생산은 4천213만 원, 충남은 5천3백만 원이었다. 통계를 보면, 부산의 1인당 지역내총생산이 낮은 건 어제오늘의 일이 아니었다. 부산의 어르신들이 경기가 좋았던 시절로 기억하는 1980년대 중후반에도, 부산의 1인당 지역내총생산은 하위권이었다.

	1985	1990	1995	2000	2005	2010	2015	2018
부산	1,932	3,787	7,024	9,790	14,738	19,223	23,956	26,464
전국	2,245	4,794	9,871	13,952	19,902	26,788	32,556	36,866
서울	2,377	5,086	10,891	16,383	23,151	31,053	37,236	43,664
인천	2,743	5,422	9,839	11,875	17,844	23,234	27,798	30,194
충남	1,946	3,802	10,405	17,362	27,417	40,926	48,173	53,006
전남	1,750	4,013	10,594	15,446	23,953	34,768	38,339	42,131

연도별 1인당 지역내총생산(단위 천원, 출처 통계청)

1985년, 1인당 지역내총생산이 부산보다 낮은 광역단체는 대구, 전남, 전북, 제주 네 곳이었고, 2018년에는 대구 한 곳이다. 부산은 단 한 번도 전국 평균을 상회해본 적이 없다. 시간이 갈수록 격차는 더 벌어졌다. 1985년 부산의 1인당 지역내총생산은 전국 평균의 86%, 서울의 81% 수준이었는데, 2018년에는 전국 평균의 71%, 서울의 60%로 떨어졌다. 2009년에는 서울과 격차가 1천만 원 이상 차이 나기까지 했다.

표를 보면 짐작하겠지만, 부산의 지역내총생산 성장률이 다른 지역에 비해 낮기 때문이다. 지난 34년 동안 부산이 전국 평균보다 높았던 건 겨우 다섯 해뿐이었다. 우리의 산업구조는 수직이라서 지역내총생산 성장률은 GDP 성장률과 연동되어 있다. 그런데 유독 부산만은 전체 성장률이 올라가면 찔끔 올라가고, 내려가면 확 내려간다.

외국인 직접투자는 2020년까지 5년 연속 200억 달러를 넘겼고, 2018년에는 269억 달러로 최고기록을 세웠다. 광역별로는 어느 곳이 가장 많이 투자를 유치했을까? 서울(1위, 89억5천만 달러), 인천(2위, 50억4천만 달러), 경기(3위, 28억5천만 달러)의 순위로, 수도권이 62%를 가져갔다. 부산은 2억9천만 달러로, 강원도(10억 6천만 달러)의 1/3에도 못 미쳤다. 세계 10위권의 경제대국이면서 동시에 무역의존도가 세 번째인 나라에서, 최대무역항을 보유한 부산의 경제지표가 이것밖에 안 된다는 게 불가사의할 정도다.

이러니 인구가 줄어드는 것이다. 1980년 부산 인구는 315만9천 명으로 대한민국 인구의 8.2%를 차지했고, 서울 대비 37.6%였다. 하지만 1995년 389만2천 명으로 정점을 찍은 뒤, 내리막길이다. 현재 부산 인구는 대한민국 인구 6,5%, 서울 대비 33.6%로 줄어들었다. 더 심각한 건 부산에서 청년이 사라지고 있다는 사실이다. 2018년 부산을 떠난 전체 인구 중 청년 인구의 비중은 40.3%에 이른다. 특히, 20세부터 39세까지 인구가 1995년 150만에서 2018년 93만으로 무려 55만이 감소했다.

청년이 사라지는 이유는 무엇일까? 청년의 일자리가 제조업과 서비스업을 가리지 않고 줄었기 때문이다. 2018년 부산의 취업자 증가율은 광역 단위 최하위권이며, 고용률도 가장 낮았다. 기술혁신이 진행되면서 전통적 일자리들이 도태되고 있다. 없어지는 일자리가 새로운 일자리로 채워져야 청년이 안심하고 부산에 둥지를 틀 수가 있는데, 중앙정부는 방관하고 지방정부는 속수무책이다.

지역내총생산 성장이 정체되면서 부산에 특화됐던 서비스업이 고전을 면치 못하고 있다. 시설투자가 미뤄지고 있고, 제2의 도시라는 명성이 무색하게 연구개발 투자는 최하위다. 생산성 향상을 위한 기업 내 혁신 움직임이 부진하니, 제조업 일자리가 사라지는 속도가 다른 지역보다 훨씬 빠르다. 고부가가치 창출 기술집약산업과 ICT 기반 신규 일자리가 몰린 수도권에 청년을 빼앗길 수밖에 없는 산업구조다.

청년이 없으니 아이도 없다. 부산은 국회입법조사처 시나리오에서 가장 먼저 사라지는 광역도시다. 청년 인구 유출은 출산율 저하로 이어져, 2018년에는 출산율 0.78명으로 인구 50만 이상 도시 중 최초로 인구가 자연감소로 돌아섰다. 범일동의 좌성초등학교는 2천 명이 넘는 학생이 다니는 학교였지만, 지금은 한 학년 학생 수가 15명 안팎에 불과하다. 시골 분교도 아닌 도심 학교가 이럴진대, 부산의 인구 문제가 얼마나 아픈지 알 수 있다.

생산가능인구 감소, 투자 감소, 생산 위축, 일자리 소멸, 도시 쇠퇴. 청년의 고통은 모든 세대로 이어진다. 청년에게 부산만큼 매력적인 도시는 없다고 나는 평소 생각해왔다. 내 고향이라고 억지를 부리는 게 아니다. 수도권이 블랙홀처럼 작용하고 있음에도, 여론조사 결과 부산 청년의 82.4%가 부산에서 일하고 싶다고 한다. 그들에게 부산에서 살아갈 여건을 조성해줘야 한다. 현재 상황을 타파하고 혁신하지 않으면, 부산의 미래는 암울할 뿐이다.

1970년, 부산 인구는 184만이었다. 10년 뒤 1980년 부산 인구는 315만9천으로, 130만이나 늘어났다. 출산율이 높은 시대였지만, 숨은 동력은 경부고속도로였다. 부산과 서울이 '1일 생활권'으로 가까워지면서, 경남 · 경북 · 전남 일부의 인구를 흡수한 것이었다. 이것이 경부고속도로가 뚫렸을 때 부산시민들은 환호한 이유였다. 그러나 경부고속도로의 선순환 효과는 20년도 지속하지 못했다.

서양에 "모든 길은 로마로 통한다"는 격언이 있다. 이게 실은 무서운 이야기다. 로마의 인력(引力)을 이겨내지 못하면, 길은 일방

차선이 된다. 실제 역사에서도, 로마 가도는 속주(屬州, 로마가 지배하는 로마 외부의 준영토)를 다스리는 시스템이었다. 길이 사람과 재화를 냉혹하게 빨아들이는 펌프로 변신하게 되는 것이다.

시베리아 자바이칼공화국을 방문, 전통 예복을 입은 정부 관계자로부터 환영을 받았다.

경부고속도로는 부산과 서울을 잇는 수직의 길이다. 설계 당시 이 길의 목적은 에너지와 원료 그리고 수출 상품을 실어나르는 것이었다. 부산은 이 길의 한쪽 끝으로서, 대한민국의 해양 진출을 책임지는 통로였다. 이제 굴뚝의 시대는 갔다. 노동집약적 대량생산은 패배할 수밖에 없는 운명이다. 경부선이 위태롭다. 부산은 덩치만 크고 실속은 없는 빈껍데기 정거장에 안주하려 하는가. 부산이 변모하지 않으면 경부고속도로와 KTX는 우리의 미래를 앗아가는 절망의 길이 될 수도 있다.

서울 강남구가 부산 해운대구를 부러워하게 하자

아내와 결혼하고 해운대구에 신혼집을 마련했다. 아내가 해운대 백병원에 근무해서 직장 가까운 곳에 집을 마련한 게 첫 번째 이유였는데, 실은 나도 그쪽에서 살고 싶었다. 어릴 적 한두 번 들러본 게 고작이었지만, 탁 트인 바다와 활처럼 휜 백사장 끝자락의 동백섬이 참 보기 좋았다. 해운대라는 이름은 통일신라 때 최치원 선생이 당신의 호 해운(海雲)을 따서 지었다고 들었다. 그만큼 경치가 좋다는 뜻이겠다. 내게는 외국인 친구들이 많다. 나를 보러 해운대에 오면 모두 탄성을 지른다.

"나도 이런 곳에서 살면 좋겠는데…."

"왜? 안 될 게 뭐 있어?"

"여기에서 무슨 일을 하지?"

"왜 없겠어?"

"그건 네가 할 몫이지. 비즈니스를 만들어봐."

내가 미처 그 생각을 하지 못했다. 유학과 군 복무를 마치고 부산으로 돌아온 이래 워낙 많은 일들에 손을 대느라 눈코 뜰 새 없어서 그랬던 것일까. 해운대구에 둥지를 튼 지 몇 년이 지나자 내가 사는 곳의 명암이 눈에 들어왔다.

해운대구는 부촌으로 유명하다. 센텀시티-마린시티-엘시티로 이어지는 해변의 스카이라인은 서울 강변 아파트들보다 훨씬 더 화려하며, 이곳에 자리 잡은 초고층 주상복합아파트들의 평균 평당 가격은 서울 강남구와 함께 전국에서 가장 높은 수준이다. 하지만, 겉으로 보이는 것과 주민들의 속사정은 같지는 않다. 산업이 관광숙박업에 극단적으로 치우쳐 있기 때문이다.

해운대구 인구는 약 38만 명, 서울 강남구 인구는 약 54만 명이다. 인구는 7/10인데 지역내총생산은 1/9(2022년 해운대구 8조3천억, 강남구 71조8천억)로, 해운대구는 부산 강서구보다 4조5천억원이나 적다. 대기업 본사 주소를 살펴보면 전국 100대 기업 가운데 16개가 서울 강남구에 있는데, 해운대구 아니 부산 전체를 통틀어 단 1개도 없다.

전국의 종사자 300명 이상 사업체 4,479개 가운데 부산에 본사를 둔 기업은 259개인데, 해운대구에는 풍산정밀 1개이고, 이외에 제조, ICT, 금융 기업은 없다. 대형숙박업체들이 있다고 하지만, 그것만으로 38만 인구를 부양할 수 있을까? 해운대가 관광지로 이름이 높은 것은 사실이나, 제주도와 비교하기는 힘들다. 제주도 인구는 67만, 지역내총생산은 20조2천억(2022년)으로, 부산보다 1인당 평균 2배나 많다.

해운대구의 인구감소율은 전국 기초자치단체 중에서 열 번째로 높다(2022년). 양질의 일자리가 절대적으로 부족하기 때문이다. 2021년 6월, 해운대구청은 '인구 변화와 대응 방안 분석'을 내놓았다. 내용을 보면, 2030년까지 해운대구 인구는 연평균 2,600명씩 줄어든다. 저출산도 원인이지만, 전출 인구 특히 청년 1인 가구 전출이 문제다.

2020년, 해운대구에서 전출한 4,820가구 가운데 6,011가구가 수도권 또는 경남으로 전입했고, 20대 1인 가구 전출은 2,159건이었다. 해운대구는 이미 65세 이상 인구가 20% 이상인 초고령사회로 들어섰다. 앞선 자료에서 2030년 65세 이상 인구는 100,392명으로 전체 인구의 30%에 육박하게 되는데, 유소년 인구(0~14세)는 31,295명으로 10%에도 훨씬 못 미친다.

해운대구는 매력적인 주거지이므로 경제적으로 성공한 이들의 전입은 당분간 끊이지 않을 것이다. 실제로, 마린시티나 센텀시티 쪽에는 부유한 외국인들이 꽤 많이 산다. 열에 아홉은 외국 금융기관에서 파견 근무 나온 임원들이다. 부산에는 구글이나 애플, 테슬라 같은 글로벌 빅테크 기업들의 한국 법인 본사가 없고, 첨단산업에 종사하는 외국인들이 드물다는 게 서울 강남구와 다른 점이다.

그렇다면 해운대구는 서울 강남이 될 수 있을까? 현재 시점에서 답한다면 쉽지는 않을 것 같다. 서울 강남구에는 서울만 있는 게 아니다. 판교 테크노밸리에 삼성전자가 300조를 투자한다는 용인

반도체 클러스터가 있다. 서울 강남구에 서초구(40만) 송파구(65만), 강동구(45만), 수원시(120만), 성남시(91만), 하남시(33만), 용인시(107만), 화성 동탄신도시(40만)만 합쳐도 600만으로, 인구는 부산과 경남을 합친 650만에 필적하는데 면적은 1/10에 불과하다.

20대가 빠져나가는 이유는 결국 좋은 일자리 부족과 비싼 집값이다. 설령 부잣집 자녀라고 해도 좋은 일자리 부족에서는 자유롭지 못하다. 부모 돈으로 놀고먹을 작정이 아닌 바에야 대학 입학할 때부터 수도권이나 외국으로 나가게 된다. 이들은 수십 년이 지난 은퇴 이후에나 돌아올 것이다.

부산 · 울산 · 경남이 메가시티를 이루면 해운대구는 서울 강남구가 될 수 있을까? 장담할 수 없을 것 같다. 따지고 보면 서울 강남구는 수도권 인구 2,500만 가운데 상위 1%가 몰려드는 곳이다. 부산 · 울산 · 경남 인구 750만의 1%로는 해운대구 인구를 채울 수도 없을뿐더러, 혁신의 산업 생태계가 존재하지 않는 곳에서 부자들만 사는 도시가 과연 지속 가능할까?

해운대구가 안고 있는 문제는 우리나라 전체가 안고 있는 문제와 같은 맥락에서 바라봐야 한다. 대한민국이 그렇듯이 해운대구도 양극화에 노출되어 있다. 우리가 싱가포르 같은 도시국가나 과거 영국이 지배하던 홍콩처럼 극심한 빈부 격차를 운명처럼 여기고 살아갈 수는 없는 노릇이다. 이 문제는 결국 수도권 집중이라는 우리나라의 고질병을 치유하기 전에는 해결되지 않는다. 이 일은 정치만이 할 수 있다.

해운대구청은 '인구 변화와 대응 방안 분석'에서 청년 인구 유출에 대응하기 위해 센텀2지구에 도시첨단산업단지를 조성하고, 관광 및 MICE 산업을 육성하며, 청년 주택과 월세 지원 사업 등을 추진할 계획이라고 밝혔다. 맞는 말이다. 부산이 바다로 더 뻗어나가야, 부산에 첨단산업 생태계가 구축되어야, 부산의 노른자위인 해운대구도 미래를 기약할 수 있다.

청년주택 분양이나 월세 지원은 근본적인 대책이 되지 못할 것이라는 점은 누구나 알고 있다. 첨단산업단지 역시 마찬가지다. 어떤 기업이 들어올 것이냐, 아니 어떤 기업이 들어오도록 만들 것이냐, 이게 관건이다. 해운대구는 부산에서 유일하게 '굴뚝'이 없는 자치구다. '러스트 벨트'라는 오명으로 고생하는 미국의 디트로이트와 달리 해운대구는 적어도 '녹이 슬 걱정'은 하지 않아도 되니, 이걸 강점으로 삼아야 한다.

우선 데이터, 네트워크, 인공지능 스타트업이 모일 수 있도록 스마트시티를 추진해야 한다. 해운대구 전체가 이를 위한 테스트베드가 되는 것이다. 스마트도시란 하드웨어만으로는 구현되지 않는다. 일과 주거와 문화와 여가가 공존해야 하는데 입지 조건으로는 해운대구가 적격이다. 미래지향적인 교육환경도 빼놓을 수 없다. 우리 아이들과 외국인 아이들이 함께 다닐 국제교육특화학교를 유치해야 한다.

4차 산업혁명의 핵심은 인공지능(AI)과 빅데이터에 기반한 융합이다. 수많은 분야가 존재하는데, 그 가운데 어떤 생태계 구축을 전략적으로 선택하려면 '수박 겉 핥기'나 '장님 코끼리 만지기' 식의 어설픈 지식으로는 글로벌 비즈니스에서 명함도 못 내민다. 이 일은 전문가만이 할 수 있다. "전이암 막는 항암제 개발 목표…2032년 상업화 기대", 2023년 12월 7일자 국제신문에 실린 인터뷰 기사 제목인데, 나를 이렇게 소개하고 있다.

"열악한 여건으로 성장을 멈춘 회사가 성장할 수 있도록 발판을 만드는 데 즐거움을 느낍니다."

바이오 벤처기업인 셀라스타 전성하(42) 대표는 기업을 하는 이유를 이렇게 설명했다. 사실 그는 지역 사회에 몇 안 되는 뇌과학자다. 영국 킹스칼리지런던 대학원에서 신경과학 석사 학위를 받았다. 생화학과 면역학, 뇌과학을 전공했다.셀라스타는 2018년 자본금 11억6500만 원으로 설립했다. 임직원 수도 6명인 소규모 바이오 벤처기업이지만 전 대표는 핵심 파이프라인인 'CAP-1'에 대한 자신감을 나타냈다. CAP-1은 암 환자에서 발현하는 EPB41L5 단백질을 표적하는 항체 후보물질이다. EPB41L5는 암 전이와 관련한 단백질로 이를 차단해 전이암 발생을 막는 항암제를 개발하는 것이 전 대표와 셀라스타의 목표다.항체 발굴에는 정재호 연세대 의과대학 교수 등이 참여했다. 암 환자의 약 90%가 전이성 종양으로 사망하는 것으로 알려져 있다. 세브란스병원에서 위암 환자 78명을 대상으로 진행한 연구에 따르면 EPB41L5 발현이 높은 환자군에서 생존율이 현저하게 감소했다. 전 대표는 "전이를 차단하는 기전의 후보물질이 전 세계적으로 4가지 종류가 있지만 아직 허가를 받은 것은 없다. EPB41L5 단백질을 연구하는 곳은 세계에서 셀라스타가 유일하다"고 설명했다.이런 점을 인정받아 셀라스타는 최근 중소벤처기업부의 디테크 팁스(TIPS) 바이오 분야 기업에 선정돼 3년간 15억 원의 정부 지원금을 받는다. 전 대표는 "곧 환자 암세포를 직접 쥐에 이식해 항암제 효능을 알아보는 PDX 실험에 들어간다. 이 실험을 통해 항체를 최적화하고 임상 1상에 진입해도 되는지 확인하게 된다. 이 실험은 비용이 많이 들지만 후보물질 효능과 향후 임상시험 성공 여부를 더 정확하게 예측할 수 있다"고 말했다.그는 내년 말까지 PDX 실험 등 전 임상을 진행해 2025년부터는 임상 1상을 시작한다는 계획이다. 이를 바탕으로 2032년까지는 CAP-1을 상업화할 수 있을 것으로 기대한다. 그는 전 임상이나 임상 1상을 마치는 대로 국내외 대형 제약사와 라이선스 아웃(기술이전)을 하는 목표를 세우고 있다.전 대표는 올해 3월 부산시 제1호 투자유치협력관에 위촉돼 지역사회를 위해서도 활발한 활동을 하고 있다.

"투자유치협력관은 민간과 관을 연결하는 역할이다. 좋은 기업의 다양한 사업이 부산에서 자리를 잡을 수 있게 돕는다. 민간기업을 운영하는 부분이 투자 유치에도 도움이 된다. 셀라스타처럼 스타트업으로 창업해 정부 지원사업 등 다양한 분야를 직접 경험하면서 지역사회에 맞게 사업을 육성하는 방법을 알 수 있게 됐다."

2023년 12월 18일, 나는 해운대갑 국회의원선거에 출사표를 던졌다.

지난 연말, 해운대갑 국회의원선거 출마를 선언하면서 나는 이렇게 다짐했다.

“생명공학을 전공한 역량으로 4차 산업혁명의 대표 기술, 인공지능과 빅데이터, 의료와 제약 산업이 대한민국의 차세대 대표적 성장 동력이 될 수 있도록 노력하겠습니다.”

부산이 서울과 어깨를 나란히 하는 날, 서울 강남구가 부산 해운대구를 부러워하는 날, 대한민국의 고질병인 양극화도 해결된다. 젊은이들의 탈출을 막아야 한다. 외국인이 들어와도 젊은 외국인, 창업할 외국인, 해운대구에서 아이 낳고 살 외국인이 들어와야 한다. 거듭 말하지만, 이 일은 전문가만이 할 수 있다.

부산시 제1호 투자유치협력관

2021년 부산광역시장 보궐선거 국민의 힘 경선에 출마했을 때, 내 나이는 만 40세였다. "부산을 바꾸는 힘", "부산을 부산답게", "젊은 부산, 젊은 정치, 젊은 후보", "데이터시티, 4차산업 혁신도시 부산"…. 당시 내가 내걸었던 표어들이다. 새로운 인물과 새로운 바람으로 미래 부산 발전의 방향을 제시하고 싶었다. 보람차고 즐거운 도전이었다.

경선 이후 '원팀' 정신으로 보궐선거에 승리하고, 2022년 지방선거에서도 선거대책위원장으로서 대승에 기여했다. 박형준 시장은 당선 직후 부산의 미래 비전을 수립하는 핵심 싱크탱크 역할을 수행할 부산미래혁신위원회를 출범시켰다. 나도 위원으로 들어갔다.

나는 부산 발전을 위해서는 인식의 변화가 선결 과제라고 전제하고, '4차산업도시'를 미래 비전의 핵심으로 제시했다. 20여 년 전 천리안이나 나우누리 등에 부산시가 관심을 갖고 지원했더라면 정보통신 스타트업의 본산인 판교 테크노밸리는 부산의 품에 안겼을 것이며, 이제라도 늦지 않았으니 데이터시티 건립을 서둘러야 한다고 조언했다.

2023년 12월 18일, 나는 해운대갑 국회의원선거에 출사표를 던졌다.

부산은 자타가 공인하는 보수도시이면서도 항구도시라는 특성상 변화에 민감하다. 나는 글로벌 물류의 거점인 부산항의 이점을 살려 홍콩과 상하이, 싱가포르 등과 교류하는 세계적 도시로 만들기 위한 방편으로, 투자자산운용소 유치에 대해 목소리를 높이기도 했다.

또한 청년들이 중심이 된 스타트업의 안정적 정착을 위한 각종 지원이 필요하다. AI나 빅데이터 프로그램, 뇌과학 등 산업 혁신의 원천이 될 과학기술 교육 인프라를 확충해야 하며, 이렇게 구축한 산학연 네트워크가 스타트업 생태계의 젖줄이 되도록 투자를 아끼지 말아야 한다.

사실, 데이터시티 건립을 위한 첫 단추는 꿰어져 있다. 부산은 블록체인특구로 지정돼 있어서, 앞으로 디지털자산거래소를 설립하고 관련 기업과 대학을 유치한다면 4차산업을 선도하는 도시로 거듭날 수 있다. 박형준 시장도 블록체인 관련 사업 활성화를 위해 자문단을 발족했다. 내가 중심이 돼 블록체인을 활용한 '부산시민증'과 '동백전' 발행에 이어 디지털자산거래소 설립을 추진했다.

블록체인의 활용 범위는 무궁무진하다. 예를 들어 부산의료원과 블록체인이 만나면 과거의 병력이나 알레르기 등의 진료기록을 알 수 있어 치료에 용이하다. 또한 노인인구가 많은 부산의 경우 헬스데이터를 만든다면 언제 어느 때든 적절한 대응을 손쉽게 할 수 있다. 핀테크를 통한 '서민경제환원시스템'은 소상공인의 다양한 데이터를 데이터거래소에 판매한 뒤 이익금을 돌려주는 방식으로 서민의 삶의 질을 높일 수 있다.

부산미래혁신위원회, 블록체인 자문단 활동으로 인정을 받은 나는 부산광역시장 정책고문으로 위촉됐는데, 가장 심혈을 기울인 일은 '부산 디지털자산거래소 설립을 위한 추진위원회' 발족이었다. 2022년 12월 19일 추진위가 발족했고, 위원장에는 김상민 전 의

원이, 나도 추진위원으로 참여했다. 나는 이날 발족식을 보도한 TV 뉴스에 출연해 앞으로의 계획을 설명했다.

부산은 블록체인특구로 지정된 지 2년이 지났지만, 가시적인 성과를 내지 못하고 있는 게 현실이다. 원인은 여러 가지가 있겠지만, 법적 준비가 미흡한 게 첫 번째다. 디지털자산 거래에 대한 법 제정은 21대 국회에서는 물 건너간 거나 다름없고, 이 또한 정치가 풀어야 할 일이며, 전문가들이 담당해야 할 역할이다.

2023년 12월 18일, 나는 해운대갑 국회의원선거에 출사표를 던졌다.

2023년 3월 29일, 나는 부산시 제1호 투자유치협력관에 위촉됐다. 다음은 KNN 〈인물포커스〉가 보도한 내 인터뷰다.

부산시가 지난해 투자유치협력관 제도를 신설했습니다. 국내외 기업 정보와 영향력을 겸비한 인사들의 전문 지식과 인적 네트워크를 활용해 투자 유치에 박차를 가하고 있는데요. 오늘은 부산시 제1호 투자유치협력관으로 활동하고 있는 전성하 LF에너지 대표와 함께 이야기 나눠보겠습니다.

이상철 아나운서 : 올 3월에 부산시 제1호 투자유치협력관으로 위촉이 되셨습니다. 구체적으로 어떤 활동을 하고 계신지 소개를 해주시죠.

전성하 투자유치협력관 : 투자유치협력관이라는 것은 민간과 관과의 사업 유치에 있어서 연결해주는 역할을 하고 있고요. 또한 다양한 사업들이 우리 부산에서 실질적으로 자리 잡을 수 있도록 도와주는 역할을 합니다. 가장 중요한 것은 기업 유치뿐만 아니라 투자 유치라든지 외국자본 유치라든지 다양한 부분에 있어서 우리 부산이 필요로 하는 사업들을 소개하고 자리를 잡아갈 수 있도록 설득하는 역할을 하고 있습니다.

이상철 아나운서 : 중간다리 역할로서 많은 지원을 하고 계신다고 보면 되겠네요.

전성하 투자유치협력관 : 네. 그렇습니다.

이상철 아나운서 : 동시에 지금 LF에너지 대표직하고 셀레스타 대표이사직도 맡고 계신데 이런 부분들이 투자 유치에 협력하는 역할을 수행하는 데 있어서 강점이 될 것 같거든요.

전성하 투자유치협력관 : 네, 맞습니다. 일단 LF에너지 같은 경우는 지방자치단체와 함께 다양한 탄소중립, 쉽게 말하면 탄소 배출을 감축하는 역할을 하면서 거기에 관련돼 있는 사업을 많이 하고 있는데요. 아무래도 관과 같이 하고 있는 사업이다 보니까 일단은 어떻게 관과 하는 다른 민간 사업들이 부산시와 함께 일을 할 때 어떤 식으로 도움이 필요하고, 또 어떤 식으로 관에서는 협조를 해줘야 하는지에 대해서 역지사지의 입장으로 많은 도움을 줄 수 있도록 하는 방법이 하나가 있고요. 두 번째로 셀레스타 같은 경우는 새롭게 스타트업으로 창업을 해서 바이오 신산업 분야에서 위암 전이를 차단하는 물질을 개발하고 있는데, 투자도 받고 팁스(TIPS) 정부 지원 사업 등 다양한 분야를 직접 해봄으로 해서 스타트업들이 어떤 식으로 지원을 받아야 되고, 또 그 안에서 자기의 산업을 육성시킬 수 있는 방법에 대해서 알고 있다는 것이 큰 장점이라고 생각하겠습니다.

이상철 아나운서 : 그동안의 투자유치 성과도 궁금한데, 대표적인 성과가 있다면 몇 가지 좀 소개를 해주시죠.

전성하 투자유치협력관 : 투자유치협력관은 여러 사업이나 투자 유치를 돕는 일을 하기 때문에 직접적인 것도 있고 간접적인 것도 있습니다. 우선 모던토이라든가, 여러 기업을 유치한 실적이 있고요. 문화복합공연시설이라는 2,500억 정도 되는 BTP 사업을 지금 추진하고 있습니다. 그 외에도 데이터센터, 지금 에코델타시티에 3만 평 정도 되는 데이터센터 부지를 분양했는데 이게 약 3조 원 정도 규모고요. 영도 영 블루벨트 산업과 수영만 요트경기장 재개발 사업 등 다양한 분야에서 많은 사업들을 유치하려고 노력하고 있습니다.

이상철 아나운서 : 당장 말씀해주신 투자 금액만 봐도 상당한 성과가 있었다, 확인할 수 있었습니다.

"좋은 일이란 나보다 더 많은 사람들에게 이익이 되는 일이다."

할아버지는 늘 깨우치셨고, 어린 손자는 그 말씀을 가슴에 새겼다. 나는 뇌과학자지만, 내 전공에 안주하지 않고 다양한 분야에서 더 많은 이들에게 이익이 되는 길을 고민한다. "내가 탄소를 줄일수록 돈을 벌고, 돈을 벌수록 지구가 기후 위기로부터 안전해진다." 탄소배출권 거래로 눈을 돌려 LF에너지를 설립한 것도 그런 마음가짐에서다.

부산의 대기 오염도 탄소배출권을 통해 일정 부분 해결할 수 있다. 부산항에 가 보면 많은 컨테이너 화물선 등이 정박해 있는 걸 볼 수 있다. 이들이 길게는 한 달 가까이 머무는데 전기가 공급되지 않다 보니 석유를 태워 전력을 만들어서 쓴다. 미국, 유럽, 중국도 선박들에 육상 전력 공급 장치를 통해 전력을 의무적으로 공급한다. 부산도 이런 방법을 활용하면 미세먼지 약 80%가 줄어든다. 여기에서 발생하는 수익만 300억이 넘는다.

성경복지재단의 주요 사업은 어르신들 일자리 만들어 드리기다.

우리나라는 곧 초고령사회로 진입한다. 나는 성경복지재단 이사장을 맡고 있다. 주요 사업 가운데 하나가 시니어클럽인데, 단순한 노동이 아닌 지속 가능한 양질의 일자리를 어르신들에게 제공하려 한다. 현재 33개 사업에 1,500개 일자리를 마련했다. 어르신들에게는 돈만이 목적은 아니다. 오래 사는 것도 중요하지만 건강하게 사는 게 더 중요하다. 그러자면 정신과 육체의 조화를 이뤄야 하는데, 이때 필요한 게 바로 일이다. 일은 관계를 형성시켜주기 때문이다.

제조업은 중국에 많이 따라잡혔다. 초격차 기술은 양보하면 안 되겠지만, 우리만의 장점을 살려 새로운 혁신의 씨앗을 뿌려야 한다. 그것이 산업의 전환을 앞당길 수 있는 지름길이고, 이를 통해서 갈수록 거세어지는 무역전쟁의 파도에 맞서 생존과 번영을 모색해야 한다.

수평이라는 비전

지방분권이 왜 중요한가? 대한민국의 미래를 위해 반드시 실현해야 하기 때문이다. 저명한 도시학자 제인 제이컵스(Jane Jacobs)는 이렇게 말했다.

"국가는 정치적 군사적 실체이다. 그렇다고 해서 꼭 경제적 삶의 기본단위라고 할 수는 없다. 실제 대개의 국가는 여러 개의 경제로 구성된다. 또 그 다양한 경제형태 중에서도 도시야말로 다른 곳의 경제를 결정하는 능력이 탁월하다."

역사적으로도 도시는 성장과 혁신의 요람이었다. 시장은 도시와 더불어 발전했고, 자본주의 이행을 결정지은 대량생산 역시 도시에서 나왔다. 도시화는 근대화의 핵심 지표였으며, 각 도시의 균형발전 여부가 그 나라의 경쟁력을 좌우한다. 특정 도시가 인맥과 금맥을 지배하는 나라는 초기에는 신속한 대응이 가능하겠지만 일정

단계에 이르면 정체한다. 불균등 성장의 덫에 걸려, 국부의 효율적 투자가 가로막히는 것이다.

서울과 부산이 어떻게 같을 수 있겠는가. 지리적 조건, 문화적 특성, 산업구조, 계층 구성 등 다른 게 더 많다. 따라서 성장 및 혁신 전략은 달라야 한다. 서울과 부산은 똑같은 대도시라 하더라도 체급이 다를 뿐 아니라 서울은 정치-행정-사법-교육-금융을 장악하고 있다. 서울이 산업구조 전환을 재빨리 추진할 수 있었던 배경이다. 서울과 같은 속도, 같은 방향으로 변화를 꾀한다면, 부산은 승산이 없다.

우리는 근대화가 늦었다. 변화의 에너지를 수직으로 뽑아냈다. 이른바 '상의하달(上意下達)'이다. 수직은 정치는 물론 경제를 관통했다. 전 산업 분야가 국가 예산과 대기업 아래 수직으로 편제됐다. '갑을관계'의 뿌리가 이것이다. 지역경제 역시 다르지 않다. 서울이 기침하면 지역은 폐렴에 걸린다. 이 수직의 질서를 해체하는 게 지방자치의 임무다.

부산이 경부고속도로에 환호했던 것도 잠시, 기나긴 저성장의 늪에 빠졌듯이 수직의 질서가 온존하면 도시는 서열화된다. 수직으로 종속됐던 도시 간의 연결을 수평으로 나란히 재편해야 이 문제를 해결할 수 있다. 정보화 시대다. 설계도가 없어서 자동차를 생산하지 못하던 시대가 아니다. 필요한 건 도시의 의지다. 제2의 도시라는 허명에 취해 수직에 머무를 것인가, 아니면 수평의 조타수로 나설 것인가.

대기업 유치로 도시를 살리겠다는 구호는 빛이 바랜 지 오래다. 대기업들은 진작부터 일자리를 줄여왔다. 들어오지도 않을뿐더러 들어와도 본사가 서울에 있어서 순소득 유출의 파이프로 기능한다. 일시적으로 지역내총생산이 오르는 반짝 효과를 볼 수는 있겠지만, 결국에는 수직이 더 심화하는 결과를 낳는다. 기업 유치는 해답이 아니며, 창업 투자가 살길이다.

사회간접자본 유치도 마찬가지다. 경부고속도로의 경험이 있었기에, KTX가 개통할 때 부산시민은 그리 큰 기대를 하지 않았다. 유입에 대한 기대보다 유출에 대한 우려가 더 컸다. 부산시민으로서 나는 당연히 찬성한다. 하지만, 공항이 곧 경제의 해법은 아니다. 신공항을 건설하겠다면, 프로젝트의 최종 목표는 동북아의 맨해튼이라는 구상을 먼저 제출해야 한다.

어떤 투자든 실행하기에 앞서, 우리가 서로 합의하고 지켜야 할 원칙과 지점들이 몇 가지 있다. 가장 중요한 원칙은 수평을 지향하는 것이다. 부산은 해양도시다. 바다에 면한 도시들과 손을 잡아야 한다. 부산의 전성기는 남동임해공업단지의 중심이었을 때였다. 굴뚝은 수직에 봉사했고, 굴뚝의 힘이 떨어진 지금 해양의 부가가치를 높여 남해와 동해의 파이를 키워야 한다. 그것이 부산의 전성기를 다시 여는 길이다.

어디에 투자할 것인가. 사람에 투자해야 한다. 창원과 울산이 100만 도시이고, 부산과 사이에 김해와 양산이 있다. 신도시나 베드타운은 부산의 혁신 전략으로 적합하지 않다. 나는 부산의 첫 번째 투자처는 교육이라고 생각한다. 부산은 남동임해공업단지의 산업구조 전환을 이끌 연구개발(R&D)의 모태가 돼야 한다. 유아교육과 초중등교육의 수준을 획기적으로 끌어올려 다양성의 산실이 돼야 한다.

연구개발과 교육만이 새로운 일자리를 만들어낼 수 있다. 부산의 특성에 맞게 해양의 부가가치를 높일 조선공학, 정보통신-데이터 산업, 생명과학을 필두로, 해양-해사법, 국제관계, 금융, 경영 분야의 전문가를 배출하고, 그들에게 창업을 유도해야 한다. 탄소 포집, 액화탄소 수송선, 탄소 매립 등 탈탄소 산업 생태계 구축에도 만반의 준비를 갖춰야 한다. 요컨대 해양도시를 살찌울 지적 자본을 축적하자는 것이다.

사람에 투자함과 동시에 수평의 길에 투자해야 한다. 서쪽으로는 광양 도심, 동쪽으로는 울산 도심을 1시간 이내에 잇는 남동광역고속철도(가칭 STX, Sunbelt Train Express)를 놓는 게 급선무다. 어쩌면 이게 신공항보다 시급하다. 남동광역고속철도는 부산 혼자서 주장한다고 되는 일이 아니므로, 발의부터 개통까지 전 과정에서 수평의 문화를 싹틔우는 기회가 된다. 남해고속도로의 물류 적체도 해소할 수 있다.

선벨트의 기원은 미국이다. 직역하면 햇볕이 내리쬐는 따뜻한 지대인데, 미국 내에서는 1차산업과 서비스산업 그리고 첨단산업이 조화를 이룬 양지바른 동네라는 뜻으로 받아들여지고 있다. 여기에 착안해 남해안 일대를 선벨트로 조성하자는 아이디어가 나온

지는 꽤 됐다. 하지만, 10년 넘도록 진척이 없다. 수평의 길이 뚫리지 않으니 말만 무성하다. 남해안 선벨트는 수도권에 맞서 수직의 질서를 해체할 유일무이한 거점이다.

이 책 첫 장 "저 혼자 남겠습니다!"의 무대는 런던 외곽 도크랜드(Docklands)의 호텔 방이었다. 내가 도착하기 10년 전만 해도 도크랜드는 한물간 부둣가였다. 현재 도크랜드는 영국에서도 가장 잘나가는 금융-업무단지로서, 유럽 금융의 허브다. 재개발 전략을 정교하게 설계하고, 대표적인 몇 개의 금융지주회사를 유치한 결과다.

부산 신항 조감도

홍콩의 유수한 글로벌 금융업체들이 중국이 초래한 불안감에 휩싸여 짐을 싸려고 하고 있다. 부산 시장은 당장 홍콩으로 달려가 그들을 설득해 부산으로 데려와야 한다. 그들은 극동아시아의 베이스캠프를 포기할 수 없고, 부산의 인프라는 그들의 요구를 충분히 충족시켜줄 환경을 갖고 있다. 이를 통해 젊은이들에게 질 좋은 일자리를 공급하고 산업의 체질을 개선해야 한다. 이 기회를 절대 놓쳐서는 안 된다.

해양수도를 자처하는 부산에 여태껏 해상보험사 본사나 해상분쟁 전문 로펌이 없다. 이런 전문 로펌들을 적극적으로 부산에 유치해 차별화된 서비스를 제공해야 한다. 이 분야는 현재 싱가포르가 독식하고 있다. '신남방정책'으로 동남아 사업이 다각화된 지금 한국 기업들의 법률 서비스 수요가 늘어나는 상황에서 부산은 동남아-중앙아시아-중동-아프리카 동부해안을 연결하는 '리걸 허브(legal hub)'로서 역할을 맡아야 한다. 그래야 싱가포르가 독식하고 있는 해양 서비스산업의 부가가치를 부산으로 이전할 수 있다.

부산국제영화제 개막행사

부산은 정말 매력적인 도시이다. 바다와 강과 산의 경관이 이렇게 조화를 이룬 곳은 세계에도 흔치 않다. 자갈치시장과 국제시장의 스토리가 있고, 부산영화제(BIFF)와 같은 문화 컨텐츠도 있다. 또한, 세계 어느 대도시에도 뒤지지 않는 인프라와 IT 전산망, 그리고 항만을 가지고 있다.

우리 부산의 미래를 위한 기반은 지난 10여 년 동안 차곡차곡 쌓였다. 이제는 이 객관적 조건을 적극적으로 활용해서 혁신을 이루어낼 시점이다. 부산에는 이미 블록체인특구와 국제금융센터, 부산진해경제자유구역이 지정되어 있으며, 스마트도시와 데이터센터를 조성하고 있다. 최근에는 부산 도심의 노후 공업지역인 사상공단이 첨단 스마트시티로 변모했고, 영도구와 강서구 일대가 해양모빌리티 규제자유특구로 지정되었다.

부산의 목표는 싱가포르를 뛰어넘는 국제해양도시다. 이 목표에 접근하기 위해서는, 의식의 전환이 필수다. 수직에서 수평으로, 국가발전전략의 패러다임을 근본부터 바꾸어낼 인식의 전환. 진정한 지방분권은 부산이 수평의 길을 여는 도시국가의 역할을 자임하는 데서 출발한다. 부산만이 이 일을 해낼 수 있다. 지역소멸의 위기에 직면한 대한민국. 새롭게 태어나는 젊은 도시국가 부산이 구한다.

청년창업가가 춤추게 하라!

영국에서 유학 생활을 하면서 인상적인 장면들을 많이 만났는데, '영콘'도 그중 하나였다. '영콘'은 '영 콘서버티브(Young Conservative)'의 준말인데, 우리말로는 '어린 보수'쯤 되겠다. 부모들은 자신이 지지하는 보수당의 각종 모임에 자녀들을 데리고 간다. 어른은 와인 한 잔, 아이들은 주스를 마시며 어울린다. 학교에서 토론 수업이나 모임에 익숙해진 터라 아이들끼리도 스스럼없이 여러 이슈를 놓고 의견을 나눈다. 그러면서 자연스럽게 친해진다.

영국 보수당에는 지역 커뮤니티마다 '영콘'이 활동한다. 노동당에도 이런 모임이 있는데, '어린 사자들'의 모임은 보수당에 더 도움이 된다. 아무래도 젊은이들은 점진적인 개혁보다는 쾌도난마(快刀亂麻)에 기우는 성향이 더 높다. '영콘'은 보수당에 '젊은 피'를 수혈하고, 이런 문화는 유능하고 참신한 예비정치인을 배출하는 파이프라인이 된다. 당이 월급을 주면서 키우는 전문 정치인들이 보수당의 허리다.

영콘을 다룬 『옵저버』의 특집 기사 사진(1960년대)

사회 전체적인 측면에서 볼 때 극단적인 양극의 대립은 위험하다고 생각한다. 서로 다른 이해관계나 주장의 구심이 너무 멀리 떨어져 있으면, 소통도 어렵고 인화(人和)는 더 어렵다. 응집력보다 원심분해의 작용이 커지기 때문이다. 정서마저 엇나간다. 한국의 '진보'는 보수를 협치의 파트너로 여기지 않는 것 같다. 무력화할 대상으로 찍는다면, 여론은 평행을 달리게 된다. 무력화되는 건 보수가 아니라 중립, 중도, 포용, 균형 같은 민주주의의 기본 덕목이다.

세대 갈등도 비슷한 점이 있다. 내가 CEO의 책임을 맡은 LF에너지에는 두 세대가 공존한다. 설립 초기에는 세대 차이로 곤란을 겪었다. 하드웨어를 담당한 쪽과 소프트웨어를 담당한 쪽이 융화가 안 되니, 회사가 앞으로 나갈 수가 없다. 행복하게 일하자고 설득했다. 서로가 해결의 주체가 되자고 호소했다. 작은 틈새라고 가볍게 봤다가 메울 수 없는 거리감에 갈라설 수도 있다.

앞으로는 보수도 '진보'에 공감하는 노력을 기울여야 하지 않을까 싶다. 보수의 임무는 급작스러운 변화, 특히 무질서나 낭비의 위험으로부터 국가와 사회의 에너지를 보존해 전진의 기틀을 마련하는 것이다. 그러려면 다양한 의견 수렴에 인색하지 말아야 하고, 정책 융합에 힘을 쏟아야 한다. 사회안전망 구축 같은 사업에는 보수가 더 앞장서야 한다. 소상공인 보호도 원래 보수가 해야 할 일 아닌가.

상대를 프레임으로 공격하면 자신도 그 프레임에 갇힌다. '진보'에 '종북'이나 '극좌'만 포진해 있는 게 아니다. '종북'의 척결은 국가 안보와 직결되는 사안이지만, 그것의 정치적 효과에 맛을 들이면 자기 발등을 찍는 결과를 낳을 수도 있다. 무엇보다 보수의 언어가 강퍅해지는 게 문제다. 보수 내부에도 '진보' 내부에도 분파는 존재하기 마련이다. 극단이 전체를 대표할 때가 가장 위험한 상황이다.

2017년 대선, 2018년 지방선거, 2020년 총선에서 보수가 연속으로 세 번 패배했다. 여러 변수가 개입했을 것이다. 나는 사회 활동을 왕성하게 하는 편이다. 여러 계층과 다양한 분야의 전문가들을 일상적으로 만난다. 유치원에서는 선생님과 학부모를 매일 접촉한다. 여론의 동향을 실감한다. 2018년 지방선거 때는 이미 진 선거라고 느꼈다. 보수는 여전히 탄핵의 짐을 내려놓지 못한 채 사분오열 상태에서 빠져나오지 못했는데, 북미 간의 평화 기류가 중간층을 흡수했다.

변화의 시점에서 움직임을 읽을 만한 통찰력과 지성이 없었다는 것, 국민의 정서를 읽어낼 가슴이 없었다는 것, 최선을 다해서 노력하고 변하는 모습을 보여주지 못했다는 것이 패배의 원인이었다.

변수에 휘둘리지 않으려면, 상수를 단단히 다져야 한다. 그걸 정치공학자들은 '집토끼'라고 부르던데, 내 생각은 조금 다르다. 상수를 특정 지역이나 세대, 이념 지지층에서 구하는 건 수세적인 태도다.

보수가 잘못하면 '진보'를 밀어주고, '진보'가 잘못하면 보수를 밀어주는 게 합리적인 선택이지만, 이런 모습은 50대 이상에서는 잘 나타나지 않는다. 과거 산업화와 민주화 시대의 기억이 강하게 남아 있기 때문이다. '스윙 보트(swing vote)' 현상은 오히려 젊은 유권자들에게서 찾을 수 있다. 2020년 총선에서 20대 남성의 보수 지지율은 10%나 늘었다. '조국 사태'의 여파였다.

반면, 20~30대 여성은 그렇지 않았다. 보수는 자기들 말만 하고 우리 말은 들어주지 않는 세력이라는 고정관념이다. 그리고 이건 사실이다. 나는 이 고정관념을 깨고, 사실을 대체하는 게 상수를 다지는 길이라고 생각한다. 보수를 친근하게 받아들이지 않고, 심지어 경원하는 유권자에게 귀를 열고, 현실과 미래가 상충하지 않도록 정책을 짜는 게 필요하다. 1인가구 비율이 30%를 넘었지만(30.2%, 2019), 우리 사회는 기본적으로 가족사회다. 청년이 어깨를 펴야 어르신도 박수를 쳐준다.

보수에는 다행이었는지 모르겠지만, 문재인 정권은 격변하는 시대에 정부가 무엇을 해야 하는지 도통 감을 잡지도 못한 채 세월만 허비했다. 무능력한 것도 모자라 공정과 상식에 반했다. 기대가 크면 실망도 큰 법이다. 그 결과가 지난 대선과 지방선거에서 보수의 승리였다. 그러나 보수는 문재인 정권의 실패를 반면교사로 삼지 못했다. 강서구청장 보궐선거는 유권자들의 준열한 경고였다.

나는 보수의 지평을 넓히는 방안으로, "청년 창업가가 춤추게 하라!"고 권하고 싶다. 창업을 취업난 해소의 대체재로 보는 시각은 지극히 편의주의적이고 근시안적이다. 기존의 산업구조가 벽에 막힌 작금의 산업 현실에 비추어, 장기적인 관점에서 청년의 창업을 독려하고 지원하는 일은 대한민국의 새로운 먹거리와 일자리를 창출하는 데 있어서 가장 중요한 사업이다.

문재인 정권은 청년창업을 지원해 일자리를 창출하겠다며 청년 창업기업에 대한 법인세, 소득세 면제 등 다양한 정책을 발표했다. 그러나 '진보'는 실물경제에 취약하다. 현장의 목소리는 외면한 채 창업 유도를 분배쯤으로 착각하는 포퓰리즘 정책들이 난무하다 보니, 정작 창업 현장의 청년창업가들은 우리 등을 떠밀어 '청년 빚쟁이'를 만들라고 하느냐고 성토하고 있다.

지난 정부가 내놓았던 청년창업 지원정책은 엄밀히 들여다보면 꼭 청년이 아니더라도 창업기업인이면 누구에게나 혜택이 돌아가는 정책이 다수인데, 이걸 마치 '청년'을 위한 맞춤형 정책인 양 홍보했다. 청년창업 기업에 대한 세제 혜택 등도 실제로는 조건이 매우 까다로워 1인 창업기업 등의 창업가들은 현실적으로 혜택을 받기 어려운 경우가 많다. 또한 '투자' 형태가 아닌 '융자' 형태의 지원을 통해 생색을 내면서도, 공적 영역에서는 위험을 감수하지 않고 청년 창업가에게만 과도한 부담을 지우는 경우도 여전하다.

청년창업 기업의 법인세와 소득세를 5년간 100% 감면한다고 발표하면서 대상 연령층을 15세~29세에서 15세~34세로 확대한 것은 고무적이다. 그러나 세제 지원 대상 업종이 제한적이고, 신청 자격 조건은 여전히 까다롭다. 창업 분야에서도 청년 창업가를 위한 현장 맞춤형 정책이 절실한 것이다.

정부의 지원정책을 현장에서 소화하는 벤처캐피탈 등은 이미 기술이나 제품의 완성단계에 있는 기업들에만 투자를 집행하려는 경향이 있다. 향후 대한민국의 1백년 먹거리로 크게 성장할 아이디어는 있지만 자금력이 부족한 청년 창업가들이 아이디어만으로도 성공의 문을 열 수 있도록, 정부 및 공적 영역이 위험을 감수한 '투자'를 늘리는 적극적인 정책이 나와야 한다.

부산 청년들의 모임인 '내일을 위한 오늘' 초청 강연을 마치고, 회원들과 함께

공공과 민간에서 수많은 청년창업지원센터들이 생겨나고 있지만, 접근성이 좋고 인력도 쉽게 채용할 수 있는 지역에서 임대료 부

담을 덜고 운영할 수 있는 '청년창업밸리'를 많이 조성할 필요가 있다. 단순한 '멘토링 프로그램' 지원 정도가 아니라 '노장청 공동창업'이나 '동업창업' 지원 등을 통해 세대간 노하우를 공유하며 미래를 함께 개척해 나가도록 도와주는 정책도 필요하다.

일자리 창출에 초점을 맞췄던 문재인 정권의 창업지원정책은 미봉책에 그쳤다. 초기 창업기업의 경쟁력 확보에 초점을 둔 정책 집행을 통해 창업기업의 성공을 통한 일자리 창출의 선순환이 일어나도록 정책의 초점을 바꿔야 한다. 이것이 '4차산업혁명' 시대에 걸맞은 지원정책이며, 산업구조 전환의 초석이 될 것이다.

정부가 책임지고 좋은 일자리를 만들겠다는 발상은 굴뚝 시대에나 통했지, 지금은 통하지 않는다. 자칫 정부 만능주의에 빠지기 쉽고, '진보'의 고질병인 포퓰리즘과 결합하면 시장의 동력을 꺾는 불행한 사태를 야기할 수도 있다. 문재인 정권이 그랬던 것처럼 대통령실에 '일자리 상황판'을 설치하는 게 능사가 아니다. 경제를 살리려면 경제 주체들의 주도권을 인정해야 한다. 이 일은 보수가 더 적격이다. 파이를 키우는 건 보수의 전통 아닌가.

코로나19 팬데믹 다음에 올 세상

2년을 넘게 우리의 일상을 지배했던 코로나19 팬데믹이 끝났다. 코로나19가 지구촌을 휩쓸었던 2020년은 두 개의 키워드로 정리할 수 있다. 하나는 코로나19, 또 하나는 물난리. 이 두 개의 키워드는 완전히 다른 별개의 사건으로 보이지만, 인류에게 하나의 거대한 과제를 제시하고 있다. 바로 변화하는 미래에 대처할 우리의 방향성이다.

먼저, 기후변화로 인한 물난리는 대한민국만의 문제가 아닌 전 세계적인 문제이다. 위성 및 현장 관측을 사용하여 지구 환경을 모니터링하기 위해 유럽연합(EU)의 지원으로 운영되는 Flood list에 따르면, 2020년 8월 19일 기준 홍수가 발생한 지역과 피해는 다음과 같다.

중국 양쯔강 유역(후베이, 후난, 장시, 안후이, 저장 등)에서 6월 이후 지금까지 219명이 사망하거나 실종되었으며, 홍수로 인해 6천340만 명이 피해를 입었고, 2천578억 달러의 직접적인 경제적 손실이 발생했으며, 5만4천 채의 붕괴된 주택을 포함한 인프라가 손상되었다. 인도 남부의 텔랑가나 주와 프라데시 주를 포함한 인도 전역도 몬순으로 인해 거의 1천5백만 명이 영향을 받았으며, 약 850명이 목숨을 잃었다. 수단의 홍수는 17개 주에서 18만 명이 넘는 사람들에게 피해를 주었고, 40명이 넘는 사망자가 보고되었다.

2020년 여름, 중국 대륙을 휩쓴 홍수

이상기후로 인한 피해로부터 유럽과 타 대륙도 벗어나지 못했다. 며칠 간의 고온 이후 여름 폭풍으로 인한 폭우로 영국, 프랑스 및 이탈리아 일부 지역에서 홍수와 산사태가 발생했다. 나이지리아, 콩고, 소말리아, 에디오피아 등 아프리카 지역도 홍수로 큰 피해를 입었고, 사우디아라비아, 예멘 등 중동지역 그리고 미국 캐롤라이나 주와 멕시코에서도 피해지역이 속출하고 있다.

기후변화로 인한 폭우는 전 세계적으로 수십 조 단위의 재산적 피해와 억 단위의 피해자를 발생시켰고, 과학잡지 『네이처』에 발표된 리포트에 따르면 이러한 현상은 해마다 더 심각해져 2100년에는 전 세계적으로 14조 달러의 비용과 2억8천7백만 명의 피해자가 생길 것으로 예측했다. 이 같은 피해는 대한민국도 피해갈 수 없었다. 2020년 장마는 역대 최장 장마로 기록됐으며, 집중호우로 인해 1조 원 이상의 재산피해와 50명의 인명피해를 입었다.

그렇다면 왜 이런 이상기후가 나타나는 것인가? 지구 온난화 때문이다. 2020년의 경우 6월 하순께 동시베리아와 우랄산맥 바이칼호 부근에 움직임 없이 멈춰 있는 고기압을 가리키는 '블로킹'이 발달하여 북태평양고기압의 확장을 막아 정체전선(장마전선)이 한반도 북쪽으로 이동하지 못하고 폭우를 쏟아냈다. 시베리아의 30도가 넘는 이상고온 현상과 우리나라 면적의 1/10의 산림 화재 등 여러 가지 악재가 겹친 결과라고 볼 수 있다.

이러한 징조는 지난 몇 년 동안 지속해서 나타났다. 2019년 벨기에 국가 크기에 해당하는 면적이 불탄 시베리아 산불, 캐나다 북극의 빙산 소멸, 상승하는 북극 온도로 인한 대기 에너지의 증가는 대서양에서 4년 연속으로 5등급 허리케인을 생성하여 엄청난 피해를 끼쳤다. 기온상승이 더 많은 비를 내리게 하는 것은 당연한 이치이다. 지구 표면의 70% 이상이 물이며, 기온이 오르면 바다, 호수 및 토양에서 더 많은 물이 증발한다. 온도가 1도 상승할 때마다 4% 더 많은 수증기를 대기가 보유할 수 있게 되기 때문이다.

세계적 기후변화는 글로벌 전략을 요구한다. 각 나라들이 힘을 합쳐 지구 온난화 가스의 배출을 줄이고 기후변화에 대응해야 한다. 예를 들면 탄소배출권 거래제의 활성화로 국가 내 이산화탄소 저감 사업을 통해 수익을 창출할 수 있도록 한다. 그리고 이산화탄소를 배출하는 사업들, 예를 들면 화력발전소나 철강, 시멘트 사업 등은 시설 투자를 통해 자체적인 탄소 저감 사업을 유도하고, 내부감축 또는 외부감축 사업을 적극적으로 활용하여 국내 온실가스 배출양을 줄이는 것이다.

이와 더불어 개발도상국에 국내기업이 자본을 투자하여 탄소 저감 시설을 시공 설비하면 파리협정 체제에서 우리나라의 감축 실적으로 인정되는 해외 감축 실적으로 사용이 인정된다. '2030 온실가스 감축 로드맵 수정안'에 따르면. 우리나라는 해외에서 BAU 대비 4.5%인 약 1천620만t을 감축해야 하며, 해외에 신재생에너지 사업, 매립지 발전사업, 기타 이산화탄소 저감사업을 하면 국내에 그 배출권을 매각할 수 있게 된다.

이 같은 탄소 저감 사업들은 대한민국뿐만 아니라 전 세계가 함께 진행해야 할 핵심적 사업이고, 이는 지속 가능한 세계화에 필수적이며, 이를 해결하지 못하면 지구의 미래는 어둡다.

다음은 코로나(CORVID-19)이다. 코로나19 팬데믹(pandemic)은 기후변화 문제와 정반대의 접근방식이 필요하다. 바로 '세계화 해체(De-Globalization)'이다. 즉, 지금까지 우리는 세계화를 부르짖고 국경의 개방을 당연시해왔다. 하지만 전염병 대란으로 세계화의 문제점이 적나라하게 드러났다. 바로 전염성이 강한 바이러스성 질병의 유행이 세계화를 통해 말 그대로 세계적으로 확대된 것이다.

모든 전염병 대처의 기본은 감염자 격리와 감염경로 차단이다. 이러한 기본적인 사항이 지켜지지 않았을 때 그 문제는 단순히 한 지방 또는 국가의 문제가 아닌 전 세계적인 문제가 되는 사태를 우리는 경험했다.

이러한 팬데믹 징조도 지속해서 나타났다. 사스, 메르스, 조류독감 등 지금까지 면역학자들과 병리학자들은 수없이 감염병의 세계적 확산에 대해 경고해 왔으나, 각 국가의 대책은 일시적이었고 제한적이었다. 만약 사스, 메르스 등을 거치며 모든 국가가 공조하여 '세계적 감염 확산(Possible Global Pandemic)' 현상에 대한 대처 매뉴얼을 만들었다면, 상황은 이렇게까지 악화되지 않았을 것이다.

팬데믹 가능성이 발생했을 때 즉각적으로 '세계화 해체'를 실행해, 국가 간 인구 이동을 완벽히 제한하고 각 국가의 입출국 관리소에서 체계적인 검역 시스템을 일시에 가동했다면, 지금과 같은 확산을 막을 수 있었을 것이다. 세계화 해체는 세계화 자체에 역행하는 '반세계화(Anti-Globalization)'와는 다른 개념으로서, 일시적으로 세계화를 해체하여 감염병의 전염을 최소화하는 방법이다. 전염병 대처 매뉴얼이 국제 공조로 확보되고, 각 국가가 의무적으로 지키겠다고 동의했다면, 지금과 같은 사태는 일어나지 않을 것이다.

다만, 이번 사태를 개기로 비대면(untact) 문화가 급속도로 발전하여 향후 세계적 변화의 방향을 이끌게 되었다는 데 주목해야 한다. 비대면 사업의 발전은 각 국가가 세계화를 해체하였을 때 인구의 유입 및 유출은 전면 금지하되, 비즈니스는 그대로 지속할 수 있게 하여 이번 사태와 같은 일이 다시 일어나도 충분히 대처할 수 있게 된다. 제조업의 경우도 고도화를 통해 스마트팩토리가 늘어나 비상시 지속적으로 물품을 생산할 수 있는 시스템이 도입될 것이다.

가장 이상적인 방식은 지금과 같이 세계적으로 감염병의 확산이 진행될 가능성이 생겨나면 대상 국가는 바로 적색경보를 발동하여 인구유입과 유출을 통제하고, 타 국가들도 동시에 실시한다. 즉 인류의 이동은 제한하되, 물류의 이동은 자유롭게 하는 것이다. 이렇게 시스템을 짜면 인적 피해와 산업 피해를 모두 최소화할 수 있는 방안이 되지 않을까 생각한다.

세계화(Globalization)와 일시적 세계화 해체(De-Globalization)는 인간의 미래를 위해 꼭 필요하다. 함께 문제를 해결해 나가기 위해 더 큰 지혜를 모을 수 있는 집단지성을 플랫폼으로 구축해서 세계적 문제들뿐만 아니라 국가적, 지역적인 문제들까지 다수의 의견을 실시간으로, 동시다발적으로 수렴할 수 있도록 해야 한다. 기후변화와 코로나 팬데믹, 더 나아가 우리 인류의 생존이 걸린 현안들을 다양한 방식으로 해결할 수 있으리라 생각한다.

위기는 곧 기회다. 우리는 기후 위기에 두려워하며 웅크리지 말고 새로운 혁신을 향해 한 발 더 내딛어야 한다. 기회란 모든 이들이 주저앉았을 때 먼저 일어나 한 발 앞으로 나가는 자의 것이다. 그리고 불행이 다시는 반복되지 않도록 대책을 세우는 것이 중요하다. 그렇게 인류와 세계의 미래가 지속되기를 바란다.

자신 없으면 내려놓아라!

초판 발행 | 2024년 1월 5일

지은이 | 전성하
펴낸이 | 박동원
펴낸곳 | 도서출판 다움북스

등록 | 2011년 4월 28일 제251002011000060호
주소 | 07238 서울시 영등포구 국회대로 70길 7 동아빌딩 4층
전화 | 02-784-3933
팩스 | 0505-055-3933
이메일 | epolicom@hanmail.net
온라인 | sc제일 500-20-030192

ISBN | 979-11-85656-15-1(03000)

• 책값은 뒤표지에 있습니다.
• 잘못된 책은 구입한 서점에서 바꿔드립니다.